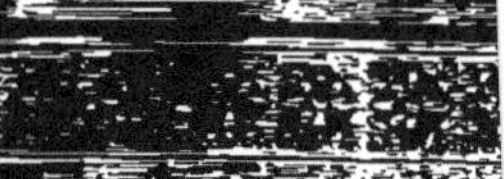

LA PLUS FACILE

DES

GRAMMAIRES,

Par M. ÉMILE DE BONNECHOSE,

LECTEUR DU CHÂTEAU DE SAINT-CLOUD.

PARIS,

CHEZ FIRMIN DIDOT FRÈRES, LIBRAIRES,

RUE JACOB, N° 24;

ET CHEZ HACHETTE, LIBRAIRE,

RUE PIERRE-SARRAZIN, N° 12.

1832.

LA PLUS FACILE

DES

GRAMMAIRES.

IMPRIMERIE DE FIRMIN DIDOT FRÈRES,
RUE JACOB, N° 24.

LA PLUS FACILE

DES

GRAMMAIRES,

Par M. ÉMILE DE BONNECHOSE,

BIBLIOTHÉCAIRE DU CHATEAU DE SAINT-CLOUD.

PARIS,

CHEZ FIRMIN DIDOT FRÈRES, LIBRAIRES,

RUE JACOB, N° 24;

ET CHEZ HACHETTE, LIBRAIRE,

RUE PIERRE-SARRAZIN, N° 12.

1832.

LA PLUS FACILE

DES

GRAMMAIRES,

PAR LA MÉTHODE D'ÉLOCUTION,

PARIS,
CHEZ FIRMIN DIDOT FRÈRES, LIBRAIRES,
RUE JACOB, N° 24;
ET CHEZ HACHETTE, LIBRAIRE,
RUE PIERRE-SARRAZIN, N° 12.

1842.

PRÉFACE.

AUX OUVRIERS DES VILLES ET DES CAMPAGNES.

Mes chers amis,

C'est à vous et à vos enfants que je dédie cet ouvrage entrepris avec le desir et l'espérance de vous être utile. J'ai fondé mon espoir sur la nécessité de rendre familière à tous les Français la connaissance de leur langue, et sur le soin que j'ai mis à écarter de son étude la plupart des difficultés qu'elle présente. Je crois convenable d'entrer ici dans quelques détails sur les résultats utiles que cette étude aurait pour chacun de vous : puissent les considérations que je vous soumettrai déterminer ceux qui parmi vous ignorent les règles du langage à acquérir une connaissance si essentielle, ou du moins à ne

pas priver leurs enfants des moyens de l'obtenir.

Dans un autre ouvrage que je me propose
d'écrire aussi pour votre instruction sur l'his-
toire de notre patrie, vous reconnaîtrez combien la Providence a depuis des siècles amé-
lioré le sort de la classe la plus nombreuse.
Aujourd'hui, avec de l'ordre et de la probité,
l'ouvrier et le cultivateur seront mieux logés,
mieux nourris, mieux vêtus que ne l'étaient
leurs pères. La religion, la raison, les scien-
ces et les arts ont fait disparaître les anciennes barrières élevées par la force des armes ou par les préjugés entre les habitants
d'un même sol : vous pouvez tous espérer
d'arriver à une douce aisance par le travail et
l'économie ; et, si alors la nature a doué vos
enfants de hautes facultés intellectuelles,
vous aurez les moyens de cultiver ces rares
dispositions, sans que plus tard des obstacles
insurmontables s'opposent aux justes espé-
rances que vous aurez conçues pour eux.

Il y a cependant encore sur le sol de notre
patrie, nous le savons tous, beaucoup de
souffrances à adoucir et de nombreuses amé-

liorations à opérer; mais ne vous trompez point, mes amis, sur le choix des moyens qui produiront ces heureux résultats. Les avantages acquis à l'immense majorité de la nation sont le fruit du christianisme et de la raison, aidés du temps et de l'expérience : serait-il sage aujourd'hui, en cherchant à faire de nouveaux pas vers un meilleur avenir, d'entrer dans des voies que n'auraient tracées ni la religion, ni l'expérience, ni la nature? Non, chacun de vous peut s'en convaincre en s'interrogeant lui-même.

Les hommes turbulents qui conseillent à la classe ouvrière d'employer d'autres moyens que l'ordre et le travail, et de recourir à la violence pour améliorer sa condition, non-seulement commettent une action coupable, mais encore égarent ceux qui ont la faiblesse et l'imprudence de les écouter. Combien, par exemple, n'a-t-on pas déclamé contre les machines! que n'a-t-on pas dit pour exciter des hommes crédules à les détruire! Mais considérez, mes chers amis, qu'elles contribuent en général à votre bien-être. Elles multiplient prodigieusement les produits de l'industrie, et donnent ainsi les moyens de les vendre à bas prix; sans elles, un grand nombre d'objets qui servent à votre habillement et à votre usage journalier se vendraient beaucoup plus cher; vous seriez privés d'une multitude de choses nécessaires aujourd'hui à vos besoins. Le plus grand nombre des Français ne portait point de linge, et ignorait l'usage des bas avant l'invention des métiers qui multiplient cette espèce de chaussure, et de ceux qui fabriquent rapidement les étoffes de toile et de coton. Le bas prix des marchandises, en les mettant à la portée de beaucoup plus de monde, a fait augmenter le nombre des métiers en proportion du nombre des consommateurs, et la population ouvrière s'est accrue dans tous les pays où les machines sont en usage. Les ouvriers, d'ailleurs, sentent si bien eux-mêmes l'immense avantage qu'elles ont pour leur bien-être personnel qu'on ne les entendra jamais proscrire les machines en général; chacun ne se plaint que de celles qui sont employées dans le genre d'industrie auquel il se livre, et reconnaît l'utilité de toutes les autres : que faut-il dire de plus pour prouver combien sont injustes, absurdes et dangereux, dans l'intérêt de tous, les reproches et les menaces élevés par quelques esprits faux ou crédules contre les machines et les métiers? D'autres voient avec un œil d'envie les capitaux des manufactures, et cependant ce sont ces mêmes capitaux qui fournissent aux ouvriers leurs salaires : une part plus ou moins considérable en revient à chacun d'eux ; ils ont été accumulés par les années, par le travail et la persévérance, et ce n'est qu'aux mêmes conditions qu'ils peuvent retourner en détail dans les mains de l'ouvrier : celui-ci peut donc à la rigueur les considérer comme son bien ; mais une loi providentielle ne lui permet d'en acquérir la jouissance qu'à l'aide du temps et qu'à raison de son activité, de son zèle, de sa bonne conduite. S'il avait recours à d'autres moyens, les capitalistes inquiétés suspendraient sur-le-champ toutes leurs opérations, les fabricants fermeraient leurs ateliers, l'argent disparaîtrait, plus de travail, plus de salaires. Qui ne sait d'ailleurs que là où la propriété n'est plus sacrée pour quelques-uns, il n'y a plus ni paix, ni liberté, ni sécurité pour personne? Les droits de la propriété sont si profondément gravés dans le cœur humain, que les scélérats eux-mêmes regardent entre eux comme inviolable la part du butin qui leur est échue en partage, et qu'ils ont acquise par le pillage ou le meurtre. La transmission de la propriété par héritage est aussi tellement conforme aux lois de la nature qu'il n'y a aucun père de famille qui ne puise son courage et ses forces dans l'espérance de léguer à ses fils les fruits de son travail et de son économie, et dont la dernière heure ne soit adoucie par la pensée consolante qu'il a travaillé pour eux.

Dieu a voulu le bonheur de l'homme; et c'est en se conformant à sa volonté que l'espèce humaine peut espérer d'améliorer son sort: ce n'est pas en violant les lois de la nature qu'elle atteindra ce but, c'est en les observant pour s'y soumettre et les seconder. Dieu n'a rien fait en vain, il a mis dans le cœur de l'homme les germes de son perfectionnement; il faut donc que l'homme les fasse éclore et se perfectionne pour obéir au vœu de son créateur. La culture de ses sentiments moraux et de ses facultés intellectuelles est son premier devoir; par elle seule l'humanité s'élèvera progressivement à une condition plus heureuse sur la terre.

Il serait facile de démontrer par mille exemples combien les progrès de l'intelligence humaine peuvent avoir d'influence sur l'amélioration de toutes les conditions sociales; mais pour ne pas sortir des limites de cet ouvrage, je ne considérerai, entre tant de preuves, que celles qui résultent de l'étude du langage pour l'intérêt général.

La sagesse divine, en jugeant les hommes, ne fait de distinction qu'entre les bons et les méchants; mais les hommes établissent entre eux d'autres différences : pendant des siècles les droits de la naissance et de la propriété ont partagé à leurs yeux, en classes distinctes, les habitants d'un même sol : aujourd'hui la société tout entière semble n'être plus divisée extérieurement qu'en deux grandes classes, dont l'une est composée des hommes qui ont cultivé leur intelligence et leurs manières, et dont l'autre comprend

tous ceux qui n'ont reçu aucune culture in-
tellectuelle. Ceux-ci reconnaissent eux-mêmes
en présence des autres leur infériorité réelle,
et, quelles que soient d'ailleurs les vertus
qui les distinguent, ils sentent que leur ignorance est une disgrâce et les expose devant
des hommes instruits à des humiliations très-
douloureuses. Il est pénible et même honteux
d'être obligé de parler ou d'écrire avec la conviction de ne pouvoir prononcer un mot sans
faute, ou de provoquer par une orthographe
grossière et ridicule un sourire de pitié. Tout
homme qui connaîtra sa langue fera concevoir une bonne opinion de son intelligence ;
dans toutes ses relations avec la société, on
reconnaîtra sur-le-champ qu'il a reçu de l'instruction, et on sera disposé à lui témoigner
une considération et une estime qu'on ne
montrerait pas à un ignorant.

Ce genre d'instruction, mes amis, ajoutant à la confiance qu'un homme inspire,
n'est pas moins utile à vos intérêts pécuniaires. Si vous êtes instruits des règles du
langage, vous obtiendrez plus aisément de
l'avancement dans vos ateliers, et ceux d'en-

tre vous qui auront acquis le moyen de s'établir pour leur compte dirigeront avec plus de facilité leurs propres entreprises ; en effet, dans toutes les transactions humaines, il faut de la précision et de la clarté, c'est seulement ainsi qu'on peut espérer de réussir en affaires ; et, sans l'étude de la grammaire, il est impossible d'écrire d'une manière claire et précise : sans elle, des fautes graves se glissent dans la rédaction des contrats d'échanges, de ventes ou de locations, et amènent trop souvent de fâcheuses querelles ; de longs procès en résultent, et il peut arriver que le repos d'une famille soit ainsi compromis pour une faute d'orthographe.

La connaissance de la langue, utile à la considération et aux intérêts de celui qui la possède, peut encore beaucoup contribuer à son agrément. N'avez-vous pas souvent souhaité, mes amis, de goûter, dans les jours que vous consacrez au repos, un genre de plaisir qui n'ôtât rien au gain de la semaine et aux ressources de vos familles ? N'avez-vous jamais porté envie à ceux qui trouvent, à très-peu de frais, dans la possession d'un

livre , plus de jouissances que d'autres n'en
goûtent dans les lieux publics, où ils ne s'a-
musent qu'aux dépens de leur bourse et de
leur santé, où les plaisirs grossiers qu'ils vont
y chercher coûtent des privations et quelquefois des larmes à leur famille? Eh bien !
mes chers amis , il est très-difficile de trouver dans la lecture un plaisir intellectuel sans
connaître les principales règles du langage; car,
sans cette connaissance, il est de toute impossi-
bilité de bien comprendre et par conséquent
de bien sentir ce qu'on lit. Un homme qui
en est totalement privé ne peut obtenir une
distraction agréable par la lecture, et ne s'en
fera jamais une occupation douce et habituelle dans ses moments de loisir.

L'étude du langage , si nécessaire à chacun
dans son intérêt particulier, ne l'est pas
moins dans l'intérêt général, dans celui de la
patrie. Il y a une vérité cruelle à dire, et il
est impossible de la dissimuler, avouons-la
donc : les Français ne parlent pas la même
langue , et la plupart ne connaissent point la
langue française. Pour remédier à ce mal, pour
faire disparaître une différence si fâcheuse dans

leur manière de s'exprimer, il est indispensable qu'ils puissent étudier un même modèle, et qu'ils s'y conforment. Une comparaison fera plus aisément apprécier cette nécessité. Admettons pour un moment qu'il existe à Paris un édifice public bien bâti, bien distribué, construit avec d'excellents matériaux, et que son utilité soit généralement reconnue : supposons qu'il s'agisse d'élever un bâtiment pareil sur divers points du territoire, qu'on n'y ait point les matériaux convenables, et que le plan de l'édifice ne soit donné à aucune des compagnies d'ouvriers qui entreprendront l'ouvrage ; chacune d'elles ignorant ce plan, ou les règles suivant lesquelles les matériaux devraient être employés, construira un édifice quelconque ; mais il est certain que tous les bâtiments élevés de la sorte différeront les uns des autres autant que de celui qu'ils s'agissait de reproduire, et jamais ce dernier ne pourra l'être avant que les ouvriers en aient vu et étudié le modèle, et qu'ils se soient procuré les matériaux nécessaires. Maintenant si nous comparons la langue française au bâtiment parisien, et les

milliers de mots qui la composent aux matériaux de cet édifice, il sera facile de reconnaître que jamais cette langue ne sera bien
parlée dans les pays où les mots différeront
des véritables mots français, et où les règles
suivant lesquelles ils doivent s'assembler de-
meureront inconnues. Le peuple de ces contrées continuera de s'exprimer en jargons et
en patois incompréhensibles pour une oreille
française ; les habitants des départements li-
mitrophes et des villes les plus voisines ne
s'entendront souvent pas, et jamais le doux
lien du langage n'unira les enfants de la patrie commune. Il est non-seulement affligeant que ce lien précieux n'existe pas, il
serait même dangereux qu'il ne fût point établi entre tous les Français ; car c'est par lui
que les hommes au premier abord se reconnaissent pour frères, et tout sentiment fra-
ternel s'éteint difficilement parmi ceux qui
parlent une même langue, tandis qu'il semble que les autres liens qui unissent les
hommes peuvent être plus facilement détruits
là où ils ont besoin d'interprètes pour s'entendre. Les germes de guerre civile dans les

contrées où l'ignorance est générale et pro-
fonde, se développent plus aisément que dans
les pays éclairés; et aujourd'hui encore, si
Dieu permettait que cet affreux fléau jetât la
désolation et l'horreur parmi nous, il serait
à craindre que le mal ne sortît des contrées
où la langue française est le moins répandue
et tout-à-fait méconnaissable dans les patois
populaires.

Vous savez sans doute, mes chers amis, que
notre belle langue est parlée dans toutes les
contrées de l'Europe. En Allemagne entre
autres et en Russie, il y a peu de villes où
les hommes qui ont reçu de l'éducation ne
sachent le français aussi bien que leur langue
maternelle : n'est-il donc pas humiliant pour
nous que la langue française, si bien connue
dans les pays étrangers, le soit si mal en
France? N'est-il pas affligeant de penser qu'un
bourgeois hollandais, qu'un officier russe ou
prussien parlent beaucoup mieux français
que la grande majorité de nos compatriotes?
Le temps est venu d'ôter cet avantage aux
étrangers, et de faire que l'hommage, si généralement rendu par eux à notre langue,

devienne pour la France un sujet de gloire
bien pure en cessant d'être pour elle, comme
aujourd'hui, un motif d'humiliation. Ne
croyez pas qu'il soit impossible de donner
cette instruction à la société tout entière; il
ne faut pas dire non plus qu'on n'a jamais vu
de peuple dont le langage fût parlé avec correction par la classe ouvrière. Lors même
qu'il en serait ainsi, vous ne pourriez rien en
conclure contre le succès de vos efforts; car
la nation française est fort intelligente, et les
moyens d'y répandre les lumières sont beaucoup plus multipliés et plus parfaits qu'ils ne
l'ont jamais été; mais cette objection n'est
pas fondée, car il y a eu des pays où les
classes les plus pauvres s'exprimaient avec
élégance et pureté. L'instruction était fort
répandue parmi les peuples de l'ancienne
Grèce, et celui de l'Attique se distinguait entre tous par l'extrême correction de son langage : les historiens rapportent qu'une marchande de légumes reconnut à Athènes * un
homme pour Béotien **, parce qu'il em-

* Athènes était la ville principale de l'Attique.

** La Béotie était une contrée de l'ancienne Grèce voisine
de l'Attique.

ployait en parlant des expressions trop re-
cherchées. Ce peuple si délicat et si instruit
vivait pourtant sous l'empire d'une religion
absurde et de lois qui à certains égards étaient
tyranniques et cruelles : il avait continuelle-
ment à gémir des désordres civils et de la
guerre étrangère; c'est au milieu de tant de
fléaux qu'il avait développé son génie, et que,
l'un des derniers par le nombre entre tous
les peuples, il était devenu le premier de la
terre en gloire et en renommée. Suivons
l'exemple qu'il nous a donné, nous qui pos-
sédons le germe de tout bien dans le christianisme, nous dont les lois et les institutions
tendent à mûrir ce germe précieux, nous qui,
par la fertilité de notre sol, le nombre de ses
habitants et leur génie naturel, sommes l'une
des deux premières nations de l'Europe, et
à qui la mission est donnée de marcher à la
tête de la civilisation du monde.

Ceux d'entre vous qui donneront à leurs
enfants le moyen d'étudier les principes de
la langue, les aideront par cela même à être
meilleurs en leur double qualité d'hommes
et de citoyens. Ils seront plus éclairés, plus

disposés à rechercher des jouissances intellectuelles et morales, plus sobres de plaisirs coûteux, plus dignes enfin de considération par leur langage et leurs manières. Ils éviteront ces fautes choquantes qui trahissent sur-le-champ l'ignorance, et condamneront eux-mêmes ces blasphèmes dégoûtants qui trop souvent échappent à l'homme grossier dans la colère ou dans la douleur; ils sauront que ces expressions ne sont pas françaises, et qu'elles n'indiquent dans celui qui les profère qu'une brutalité sauvage.

Cependant, mes chers amis, en affirmant que cette étude généralement répandue peut contribuer à vous rendre plus heureux et vous donner le moyen d'être plus utiles à la patrie, je ne veux pas être confondu avec ces gens qui se flattent de posséder un spécifique pour tous les maux dans le remède qu'ils vantent. La morale est ce qu'il y a de plus important pour le bonheur. Vous jouissez déjà d'un grand nombre d'avantages dont vos pères étaient privés, le temps fera beaucoup plus encore pour vous; mais c'est surtout par vos propres efforts que votre condition deviendra chaque jour plus heureuse; c'est vous qui pouvez féconder et hâter toutes les améliorations auxquelles travaillent dans votre intérêt des hommes éclairés, sages et bienfaisants, et qu'ils sont certains d'obtenir si vous les secondez par votre zèle et par vos vertus.

Je vous répéterai ce que la religion vous enseigne : *C'est surtout en devenant meilleurs que vous deviendrez plus heureux.* Les travaux de l'intelligence ne vous donneront pas les précieuses qualités du cœur, mais ils vous aideront à les acquérir, à diriger vers le bien les facultés que vous avez reçues du ciel.

Soyez tous fermement convaincus de l'extrême influence que votre propre conduite exercera sur l'éducation de vos enfants; c'est moins encore par de bons préceptes que par de bons exemples que vous les rendrez vertueux et sages. Agissez et vivez comme vous desirez qu'ils agissent et qu'ils vivent eux-mêmes; une seule faute, un moment d'oubli de votre part peut détruire en eux l'effet des soins les plus tendres et les plus assidus. Observez avec une extrême attention leurs bons et leurs mauvais penchants : secondez les premiers dans leur essor, et contenez les autres de tout votre pouvoir dès la première jeunesse. Soignez donc et cultivez la moralité de vos enfants, autant et plus encore que leur intelligence; car il leur importe moins de connaître ce qui est bien, qu'il ne leur importe de le pratiquer, et il vaudrait mieux pour eux qu'ils fussent privés de cette connaissance que de la posséder et de n'en pas faire usage pour la vertu. Développez en eux le sentiment de la justice; enseignez-leur à bien agir, beaucoup moins par l'espoir que cela leur sera profitable que par la haute et sublime conviction que cela est juste. Qu'ils vous voient implorer pour eux les bénédictions du ciel, et ils apprendront par votre exemple à prier pour eux-mêmes; instruisez-les à être reconnaissants envers Dieu en leur montrant tout ce qu'il a créé sur la terre pour la satisfaction de l'homme, et alors sans doute ils éprouveront le desir de mettre leur âme en harmonie avec ses œuvres et de se rapprocher, en se perfectionnant eux-mêmes, de la source de toute perfection.

C'est par de tels moyens, mes chers amis, que vous recueillerez le fruit de vos soins pour vos enfants, et que vous formerez des chrétiens éclairés, des citoyens vertueux, des hommes enfin qui seront votre appui et votre consolation dans vos vieux jours.

AVIS

Je rends plus que personne hommage aux utiles travaux de nos savants grammairiens; je me suis constamment éclairé de leurs lumières, et je n'ai donné aucun précepte qui ne fût d'abord confirmé par leur autorité. Mon but a été, en simplifiant leurs leçons, de faciliter à la classe nombreuse l'étude de la langue française. Si mon travail n'est pas inutile, c'est à eux surtout qu'en appartiendra le mérite, eux seuls auront droit à quelque reconnaissance, car je n'aurai fait que choisir le meilleur grain du champ cultivé et ensemencé par eux.

Il y a une grande différence entre l'usage

* La plupart de ceux qui étudieront cette grammaire peuvent se dispenser de lire cet avertissement, car il suppose la connaissance d'autres ouvrages du même genre, et serait par conséquent peu intelligible pour le plus grand nombre des élèves.

d'une langue et son intelligence logique. Un grand nombre de définitions qui peuvent être utiles pour raisonner savamment sur la langue, cessent de l'être pour apprendre à parler avec correction. C'est seulement sous ce dernier point de vue que j'ai considéré l'étude de la grammaire, et j'ai imaginé de composer un ouvrage qui ne contînt que ce qui est strictement nécessaire à la connaissance du français. Pour y parvenir, je me suis tracé les règles suivantes, qui sont :

1º De n'employer aucun terme qui par lui-même ne rendît raison de son emploi.

2º De diviser les mots dans le plus petit nombre possible de classes.

3º De rejeter de mon livre tout ce qui ne serait pas indispensable pour connaître les règles fondamentales de la langue.

Je commençai par réduire les dix parties du discours adoptées par les grammairiens à cinq grandes divisions. Je formai ainsi cinq classes de mots seulement, qui sont : le *nom*, le *relatif*, le *verbe*, l'*adverbe* et le *conjonctif*; et pour opérer cette réduction, je procédai de la manière suivante.

En examinant un grand nombre d'ouvrages sur la grammaire, je me suis aperçu que la plupart des grammairiens étaient peu d'accord entre eux sur plusieurs points essentiels. Tous reconnaissent une classe de mots qu'ils appellent *adjectifs*, et une autre classe de mots qu'ils appellent *pronoms*; mais les définitions qu'ils en donnent ne sont pas les mêmes : aussi les uns regardent-ils comme *pronoms*, une foule de mots que les autres considèrent comme *adjectifs*. Un grand nombre de grammairiens reconnaissent encore une troisième classe de mots, qu'ils nomment *articles*, et que plusieurs rangent aujourd'hui dans celle des *adjectifs*. Il n'y a donc aucune distinction absolue établie par eux entre les *adjectifs*, les *articles* et les *pronoms*; il en résulte que, faute d'une définition bien claire, les élèves sont souvent très-embarrassés pour distinguer ces trois classes de mots. D'après cela, j'ai pensé qu'il serait à desirer qu'elles fussent réduites à une seule classe, et j'ai cherché s'il n'y aurait pas une fonction commune aux mots qu'elles comprennent. J'ai reconnu qu'ils n'ont isolément aucune valeur par eux-mêmes; mais qu'ils sont toujours en relation avec un autre mot qu'ils déterminent ou désignent de différentes manières. Cette fonction leur est commune à tous. Il m'a donc été possible de n'en faire qu'une seule classe, et je les ai tous compris sous le nom de *relatifs*, qui rend compte de leur emploi.

J'ai procédé absolument de même à l'égard des mots que les grammairiens appellent *prépositions et conjonctions*. J'ai reconnu qu'ils sont définis d'une manière différente dans les grammaires, et qu'un certain nombre de ces mots y sont tantôt indiqués comme *conjonctions*, tantôt comme *prépositions :* de là naissait pour l'élève une très-grande difficulté que j'ai tâché de vaincre, en cherchant quelle pouvait être leur fonction commune, et en les réunissant ensuite dans une même classe, sous un même titre correspondant à cette fonction. L'emploi commun à tous ces mots est d'unir entre elles les phrases ou les différentes parties d'une même phrase: ils servent donc à joindre les autres mots, et je les ai désignés par le nom de *conjonctifs*.

J'ai fait aussi un grand travail sur les *verbes* en partant des mêmes principes. J'ai supprimé les dénominations de verbes *actifs*, *passifs* et *neutres*, et je n'ai considéré que trois temps, le *présent*, le *passé* et le *futur*. J'ai changé tous les noms par lesquels les modifications ou subdivisions de ces temps étaient exprimées jusqu'à ce jour; car l'intelligence de ces expressions abstraites et bizarres présente aux enfants des difficultés insurmontables, et les grammairiens eux-mêmes ne sont pas d'accord sur leur valeur. Les uns, par exemple, nomment *parfait défini* la modification du temps passé, que d'autres désignent sous le nom de *parfait indéfini*. J'ai remplacé toutes ces dénominations par le terme général de *formules*, et j'ai divisé toutes les *formules* en *simples* et en *composées*.

Je suis parvenu, par des moyens semblables, à supprimer plus de cinquante termes abstraits, employés dans la plupart des grammaires, et dont l'effet, le moins fâcheux peut-être, est de fatiguer inutilement les jeunes intelligences dont ils ne peuvent être compris.

J'ai enfin rejeté dans le Dictionnaire, qui

fait suite à ma Grammaire, un grand nombre d'explications et d'exemples de locutions vicieuses et corrigées, qui renfermées dans le premier travail, auraient eu le grand inconvénient d'embarrasser la mémoire des élèves et de détourner leur attention de l'ensemble des règles générales.

ENSEIGNEMENT

DE LA GRAMMAIRE (*).

Il faut d'abord que les élèves soient exercés à bien distinguer le nombre et le sens des différents mots de chaque phrase. Prononcez devant eux un grand nombre de phrases courtes et simples, dont tous les mots soient à la portée de leur intelligence; demandez-leur le nombre de ces mots, et ce que désigne chacun d'eux en particulier. S'ils sont embarrassés, faites-leur les gestes qui expriment les idées correspondantes. Ainsi, par exemple, pour expliquer cette phrase : *Je te touche*, faites trois gestes, 1° pour le mot *je*,

* Plusieurs des premières considérations que je présenterai à cet égard, sont empruntées à la *Grammaire française* de MM. Michelot, Meissas et Picard. Je me plais à rendre justice à cet ouvrage, que j'ai consulté souvent, et qui est écrit avec beaucoup de méthode et de clarté. Les mêmes auteurs viennent de publier des tableaux de lecture très-ingénieux au moyen desquels les enfants apprennent à lire plus promptement et sans épellation.

un geste qui indique la personne qui parle; 2° pour le mot *te*, un geste qui indique la personne à qui l'on parle; 3° pour le mot *touche*, un geste qui indique l'action de *toucher*.

En exerçant les élèves sur l'explication d'un grand nombre d'exemples aussi faciles, tels que *venez me voir*, *prenez votre livre*, *taillez une plume*, etc., on leur apprendra à éviter deux fautes dans lesquelles ils sont sujets à tomber; la première est de confondre deux ou plusieurs mots en un seul; la seconde, de faire d'un seul mot deux ou plusieurs mots distincts.

Les mots *le*, *la*, *les*, *de*, *du*, *des*, *à*, *au*, *aux*, *que*, pourront arrêter les élèves dans cet exercice. Ces dix monosyllabes n'expriment que les rapports d'autres mots. Les élèves ne sauront d'abord quel sens y attacher. Il faudra donc les leur faire apprendre par cœur, en leur disant qu'ils comprendront leur signification lorsqu'ils seront plus instruits. En attendant, ils se contenteront de les distinguer dans les phrases, sans chercher à les interpréter. Ainsi, dans cette phrase : *Tirez le verrou de la porte*, ils diront: *tirez*, mot qui indique l'action de tirer; *le*, l'un des dix monosyllabes; *verrou*, mot qui indique une chose que vous voyez; *de* et *la*, deux des dix monosyllabes; *porte*, mot qui indique une autre chose que vous voyez.

Quand les élèves auront été suffisamment exercés à séparer les mots d'une phrase et à en rendre le sens, on leur fera connaître les INSTRUCTIONS PRÉPARATOIRES de la grammaire, et l'on passera ensuite à LA SIGNIFICATION DES MOTS (*).

Il importe surtout que l'élève comprenne parfaitement ce qu'on lui enseigne, et cette intelligence s'acquiert beaucoup moins par l'exercice de la mémoire que par celui de la réflexion. Il faut donc que le maître s'attache à lui rendre compte de chaque chose, et à obtenir de l'élève des réponses explicatives qui prouvent que celui-ci a bien compris. *Le maître procédera constamment avec ses élèves par demandes et par réponses, et ne leur*

---

* La Grammaire renvoie au Dictionnaire pour le sens et l'emploi de certains mots. Il faut les négliger pendant l'étude de la Grammaire et ne s'en occuper qu'en faisant celle du Dictionnaire.

fera apprendre par cœur et répéter mot à mot que les définitions les plus importantes et les règles générales. Il exigera toujours aussi qu'ils trouvent eux-mêmes, pour chaque règle, des exemples différents de ceux donnés par la grammaire.

Il faut que l'intelligence de l'élève soit toujours préparée à étudier ce qu'on veut qu'il apprenne.

D'après cela, avant de commencer un chapitre, celui du *nom*, par exemple, il serait à desirer qu'il s'engageât entre le maître et l'élève un dialogue tel que celui-ci.

Le Maître. Que désigne le mot *Paul?*

L'Élève. Il désigne une personne.

M. A quoi sert le mot *Paul?*

É. A nommer cette personne.

M. Que désigne le mot *Charles?*

É. Une personne.

M. Que désignent les mots *Père*, *mère*, *capitaine*, *général?*

É. Tous ces mots désignent des personnes.

M. Tous ces mots sont des *noms*. Pourriez-vous, d'après cela, me dire ce que c'est qu'un *nom*, et à quoi sert ce mot?

É. *Le nom* est un mot qui désigne une personne, et qui sert à la nommer.

M. Trouvez vous-même des *noms de personnes*.

É. *Frère, sœur, Jules, maçon, tailleur*.

M. Vous connaissez bien les noms de personne; passons à d'autres mots. Que désigne le mot *table*?

É. Une chose.

M. A quoi sert le mot *table*?

É. A nommer cette chose.

M. Que désignent les mots *rivière, maison, cheval, habit*, etc.

É. Ils désignent des choses.

M. Tous ces mots sont aussi des *noms*. Dites-moi donc ce que c'est qu'un nom, et à quoi sert ce mot?

É. *Le nom* est un mot qui désigne une personne ou une chose et qui sert à la nommer.

Pour faire comprendre aux élèves ce que c'est qu'un verbe, il conviendrait d'engager le dialogue suivant.

Le Maître. Que désigne le mot *blesser*?

L'Élève. Il désigne l'action d'une personne ou d'une chose qui blesse.

M. Que désigne le mot *marcher?*

É. Il désigne l'action d'une personne qui marche.

M. Que désignent les mots *battre*, *venir*, *courir*, *punir*, *toucher?*

É. Tous ces mots désignent une action d'une personne ou d'une chose.

M. Tous ces mots sont des *verbes*; pourriez-vous, d'après cela, me dire ce que c'est qu'un verbe?

É. C'est un mot qui désigne l'action d'une personne ou d'une chose.

M. Trouvez vous-même des *verbes qui désignent une action.*

É. *Jouer*, *manger*, *boire*, *arriver.*

M. Vous connaissez le nom des mots qui désignent une action; passons à d'autres mots. Que désigne le mot *souffrir?*

É. L'état d'une personne ou d'une chose qui souffre.

M. Que désignent les mots *être*, *exister*, *naître*, *mourir?*

É. Tous ces mots désignent l'état d'une personne ou d'une chose.

M. Tous ces mots sont des *verbes*; dites-moi donc ce que c'est qu'un *verbe* ?

É. C'est un mot qui désigne l'*action* ou l'*état d'une personne ou d'une chose.*

On pourrait, par des dialogues semblables, faire concevoir à l'élève ce que c'est que le *relatif*, l'*adverbe* et le *conjonctif*, avant de commencer à lui faire étudier les chapitres qui traitent de ces différentes espèces de mots.

Le maître ne fera jamais passer l'élève d'un chapitre à un autre, avant d'avoir acquis la certitude que le premier est parfaitement compris.

Après chacun des chapitres de la première partie, le maître exigera de l'élève un commencement d'analyse, en lui présentant un grand nombre de phrases, dans lesquelles celui-ci devra distinguer les mots qu'il aura appris à connaître dans les chapitres déja étudiés. C'est ainsi qu'après l'étude du premier chapitre l'élève s'habituera à reconnaître, au premier coup d'œil, les *noms* dans les phrases ; après l'étude du second, les *noms* et les *relatifs* ; après celle du troisième, les *noms*, les *relatifs* et les *verbes*, et ainsi de suite.

Jusqu'à la fin de la première partie de l'ouvrage, l'élève en fesant ces analyses préparatoires, n'entrera dans aucun détail sur l'emploi des mots. Elles seront d'une grande utilité pour lui faire concevoir la signification des mots, et pour assurer le maître que toutes ses instructions sont parfaitement comprises.

Après l'étude de la seconde et de la troisième partie, les élèves passeront à l'EXERCICE GRAMMATICAL, page 124, et feront successivement les *analyses* dont j'ai donné trois tableaux pour modèles. Le maître aura soin de ne choisir pour l'analyse que des phrases très-simples et d'une grande clarté.

Les élèves feront deux fois l'étude de la grammaire avant de passer à celle du dictionnaire. Lorsqu'ils verront la grammaire pour la première fois, il convient de leur faire négliger, dans la première partie, les n^{os}* 5o, 55 et 56; et dans la seconde, depuis le n*^{o}* 64 jusqu'au n*^{o}* 74 *inclusivement, et depuis* 91 *jusqu'à la fin de cette partie.*

Les instituteurs sont libres de faire étudier les règles de *l'orthographe* avant la seconde partie, s'ils le jugent à propos; mais dans tous les cas, la *ponctuation* ne doit être enseignée qu'en dernier lieu.

Quand les élèves connaîtront très-bien la grammaire, ils étudieront le dictionnaire, et dans cette étude, comme dans la précédente, le maître procédera toujours avec eux par interrogations. Il leur donnera une ou plusieurs pages à étudier, et leur demandera quel est l'emploi de chaque mot, quand cet emploi est expliqué dans le Dictionnaire; et quelle est la différence entre deux ou plusieurs mots semblables pour lesquels le dictionnaire en établit une; enfin le maître questionnera ses élèves sur les locutions vicieuses, et s'assurera qu'ils connaissent les bonnes. Ils n'apprendront pas non plus par cœur les mots contenus dans les deux appendices du Dictionnaire qui donnent l'un le genre et l'autre la prononciation de certains mots. Le maître leur citera successivement tous les mots du premier appendice, et leur demandera s'ils sont masculins ou féminins. Il écrira ensuite sur le tableau de la classe, ou fera écrire les mots du second appendice, et invitera tous les élèves à les prononcer; il continuera cet exercice jusqu'à ce que leur prononciation ne laisse plus rien à désirer.

Il sera utile que le maître fasse suivre chaque leçon ou chaque séance consacrée à l'étude du Dictionnaire par la lecture de quelques pages de morceaux choisis de littérature (*). Il fera lui-même cette lecture pendant les premiers jours, à haute et intelligible voix, pour donner l'exemple dans ce genre d'exercice; il exigera ensuite qu'elle soit faite par les élèves eux-mêmes, et les reprendra avec grand soin pour chaque faute qui leur échapperait contre la ponctuation, la prononciation et la liaison des mots. Les élèves seront ainsi exercés tour à tour. Ce moyen est le meilleur à employer pour leur faire bien comprendre et sentir ce qu'ils lisent, et pour leur apprendre à parler avec agrément et pureté.

* L'auteur de cette Grammaire s'occupe de former un recueil de morceaux de littérature et de morale à l'usage des écoles primaires. Ce recueil paraîtra prochainement.

(NOTE DE L'ÉDITEUR.)

INSTRUCTIONS PRÉPARATOIRES.

C'est au moyen du langage ou des langues que nous exprimons nos pensées, soit en parlant, soit en écrivant.

La grammaire française est l'art de parler et d'écrire la langue française sans fautes contre les règles établies par l'usage.

Pour parler et pour écrire on emploie des mots, les mots sont composés de lettres.

On appelle *alphabet* le recueil de toutes les lettres d'une langue.

Il y a vingt-six lettres dans l'alphabet français ; elles se divisent en voyelles et en consonnes.

Les lettres qui peuvent former un son sans le secours d'aucune autre lettre sont nommées *voyelles* : il y en a six, qui sont *a*, *e*, *i*, *o*, *u*, *y*.

Les lettres qui, pour former un son, ont

besoin d'être jointes à une voyelle, se nomment *consonnes*. Il y en a vingt, qui sont *b*, *c*, *d*, *f*, *h*, *j*, *k*, *l*, *m*, *n*, *p*, *q*, *r*, *s*, *t*, *v*, *w*, *x*, *z*.

On distingue trois sortes d'*e* : l'*e muet*, dont le son est peu sensible, et quelquefois presque nul, comme dans *gloire*, *offrande*, *homme*.

L'*e fermé*, appelé ainsi parce qu'il se prononce la bouche presque fermée. Exemple : *bonté*, *café*.

L'*e ouvert*, qui se prononce en ouvrant la bouche et desserrant les dents. Exemple : *succès*, *procès*, *excès*.

La consonne *h* se prononce dans certains mots et ne se prononce pas dans d'autres : lorsqu'elle se prononce, on dit qu'elle est aspirée, comme dans *héros*, *hardi*, *hausser*; lorsqu'elle ne se prononce pas, on dit qu'elle est muette, comme dans *homme*, *honneur*, *héroïsme*.

Quelques mots terminés par une voyelle la perdent quand ils sont suivis d'un autre mot qui commence par une voyelle ou par une *h* muette. Alors on met ce signe ('), nommé apostrophe, à la place de la lettre retranchée; ces mots sont : *je*, *me*, *te*, *se*, *ce*, *de*, *ne*, *la*, *que*, qui s'écrivent avant une voyelle ou une *h* muette *j'*, *m'*, *t'*, *s'*, *c'*, *d'*, *n'*, *l'*, *qu'*. On dit : J'*ai perdu* L'*espérance*, et non pas Je *ai perdu* La *espérance*. Il faut dire aussi : *Je* N'*attendrai pas* qu'*il* M'*implore pour* L'*aider dans son malheur;* et non : *Je* Ne *attendrai pas* que *il* Me *implore pour* Le *aider*.

Le mot *si* perd aussi la dernière lettre, mais seulement avant *il*.

S'il *cherche à me nuire, je lui pardonnerai ;* ne dites pas : Si il *cherche à me nuire*, etc.

Lorsqu'on retranche ainsi une voyelle, on dit que cette voyelle s'*élide*, ou qu'il y a *élision* dans le mot où elle est supprimée.

Syllabes, mots, phrases, périodes.

On appelle *syllabe* une lettre qui, seule, fait un son distinct dans la prononciation d'un mot, ou la réunion de plusieurs lettres qui, dans un mot, se prononcent en même temps et ensemble, de manière à ne former qu'un son.

Dans le mot *ami*, il y a deux syllabes, parce qu'il y a deux sons distincts : *a-mi*. La première syllabe est formée d'une seule lettre, et la seconde de deux. Dans le mot *jeu*, il n'y a qu'une syllabe, parce que les trois lettres de ce mot se prononcent ensemble et ne forment qu'un son.

Le *mot* est toujours formé d'une ou de plusieurs syllabes ayant une signification quelconque. Il n'y a qu'une syllabe dans le mot *art*, il y en a trois dans le mot *artisan*, il y en a quatre dans le mot *agriculteur*.

On appelle *phrase* la réunion de plusieurs mots nécessaires pour former un sens. *Aimez Dieu*, est une phrase composée de deux mots. *Honorez vos parents*, est une phrase composée de trois mots.

La *période* est une suite de phrases qui, réunies, forment un sens complet.

Division générale des mots.

On divise tous les mots en MOTS VARIABLES et en MOTS INVARIABLES.

Les MOTS VARIABLES sont ceux dont la forme peut changer. On en distingue trois classes, qui sont : le NOM, le RELATIF et le VERBE.

Les MOTS INVARIABLES sont ceux dont la

forme ne change jamais. On en distingue deux classes, qui sont : l'ADVERBE et le CONJONCTIF.

Division générale de l'ouvrage.

Cette grammaire sera divisée en trois parties. La première partie traitera de la signification des mots ; la seconde, de l'emploi des mots ; la troisième, de l'orthographe ou de la manière d'écrire les mots.

PREMIÈRE PARTIE.

DE LA SIGNIFICATION DES MOTS.

CHAPITRE 1ᵉʳ.

Des Noms.

1.

Le nom est un mot qui sert à nommer une personne ou une chose. *Henri, Jacques, Paul, père, mère*, sont des noms de personnes. *Table, livre, râteau*, sont des noms de choses.

2.

Nombres et Genres.

On considère dans les noms le nombre et le genre.

3.

Nombres.

Il y a deux nombres, le singulier et le pluriel.

Lorsque le nom n'indique qu'un seul objet, on dit qu'il est de nombre singulier. *Un homme, une femme, le livre, la maison*, sont des noms de nombre singulier.

Lorsque le nom désigne plusieurs objets du même nom que lui, on dit qu'il est de NOMBRE PLURIEL. *Les hommes, les femmes, trois livres, vingt maisons*, sont des noms de NOMBRE PLURIEL.

On indique en général que le nom est de nombre pluriel, en ajoutant la lettre *s* à sa terminaison, comme on le voit ci-dessus dans les noms cités pour exemple.

Les exceptions à cette règle seront données dans la troisième partie de l'ouvrage.

4.

Genres.

On distingue deux sexes dans l'espèce humaine et dans chaque espèce animale. On est convenu de distinguer aussi par des signes particuliers, en deux sexes ou en deux GENRES les noms qui désignent la plupart des être vivants. Le GENRE MASCULIN appartient aux noms d'hommes et d'animaux mâles; le GENRE FÉMININ appartient aux noms de femmes et d'animaux femelles. *Père, frère, fils, lion, cheval*, sont du GENRE MASCULIN. *Mère, sœur, fille, lionne, jument*, sont du GENRE FÉMININ.

Pour marquer la différence des sexes, quelquefois on a donné des noms différents aux mâles et aux femelles; comme l'*homme* et la *femme*, le *belier* et la *brebis*, le *bouc* et la *chèvre*, le *cheval* et la *jument*, etc.

Souvent on s'est servi du même mot pour exprimer le mâle et la femelle ; comme la *baleine*, la *moule*, l'*éléphant*, la *bécasse*, le *corbeau*, la *corneille*, la *grenouille*, le *crapaud*, etc., tous de différentes espèces.

D'autres fois enfin, on s'est contenté de les disinguer en leur donnant une terminaison différente ; comme *tigre* et *tigresse*, *loup* et *louve*, *canard* et *cane*, *chien* et *chienne*, *chat* et *chatte*.

Par imitation, ou plutôt par caprice, on a donné aussi le *genre masculin* ou le *genre féminin* à des objets qui ne sont ni mâles ni femelles. Les mots *râteau*, *métier*, *marteau*, *four*, etc., sont, par l'usage, du GENRE MASCULIN ; les noms *charrue*, *toile*, *cravate*, *bêche*, etc., sont, par l'usage, du GENRE FÉMININ.

Il n'y a point de règle qui détermine le genre des noms qui n'appartiennent pas à des êtres vivants, l'usage est seul à consulter.

Tout nom avant lequel l'usage permet qu'on mette *le* ou *un* est de GENRE MASCULIN ; tout nom avant lequel il permet qu'on mette *la* ou *une*, est de GENRE FÉMININ.

5.

Remarques.

1re. Certains noms sont quelquefois de genre

masculin, et quelquefois aussi de genre féminin, sans changer de signification. Tels sont : *amour, automne, couple, délices, gens, orgue, personne.*

2e. Il y a d'autres noms qui changent de signification en changeant de genre. Ceux de ces noms dont l'usage est le plus commun sont : *aune, coche, enfant, garde, greffe, guide, hymne, livre, manche, manœuvre, mémoire, môle, moule, mousse, office, pâques, parallèle, pendule, période, pourpre, poêle, poste, relâche, remise, somme, source, tour, vase, voile.*

Consultez pour tous ces noms le dictionnaire grammatical qui suit la grammaire.

3e. Pour abréger, en désignant le nombre et le genre des noms, on supprime les mots NOMBRE et GENRE : ainsi, pour le *père*, on dit tout simplement, nom SINGULIER MASCULIN ; pour les *mères*, on dit, nom PLURIEL FÉMININ.

CHAPITRE II.

DU RELATIF.

6.

Définition du relatif.

LE RELATIF est un mot qui est en relation avec

une personne ou une chose, et qui la désigne ou la détermine d'une certaine manière.

Le nom de la personne ou de la chose peut être joint au relatif, ou ne pas être exprimé. Lorsque le nom n'est pas exprimé, on dit qu'il est sous-entendu : quelquefois alors le relatif en tient la place.

Dans cette phrase : *Le travail est* UTILE, il y a relation entre le nom de chose *travail* et le mot *utile ;* ce dernier mot désigne le travail comme ayant de l'utilité : *utile* est *un relatif.* Dans cet exemple le nom de la chose est exprimé.

Dans cette autre phrase : *Il faut tâcher d'être le* PREMIER *élève de la classe*, le mot *premier* est en relation avec élève, il détermine le rang que l'élève doit tâcher d'obtenir : *premier* est un *relatif*, avec lequel le nom de la personne est exprimé. Enfin dans cette troisième phrase : QUI *est venu me voir ?* c'est comme s'il y avait, QUELLE PERSONNE *est venue me voir ?* Il y a relation entre le mot *qui* et le mot sous-entendu *personne*, dont il tient la place. *Qui* désigne la personne comme inconnue et détermine une interrogation. *Qui* est un *relatif* avec lequel le nom ne s'exprime pas.

7.

Nombres et genres des relatifs.

Plusieurs noms et plusieurs relatifs peuvent entrer dans une même phrase ; il est utile que l'on reconnaisse sur-le-champ le relatif qui se rapporte à chaque nom. Pour y parvenir avec la plus grande facilité, on écrit le plus souvent d'une certaine manière le relatif qui se rapporte à un nom masculin singulier, et d'une autre manière le relatif qui se rapporte à un nom féminin ou à un nom pluriel. Ainsi on dira : *Pierre est* égal *à Paul en mérite.* — *Votre fortune est* égale *à la mienne.* — *Ces hommes sont* égaux. Dans ces exemples les relatifs *égal*, *égale*, *égaux*, signifient tous trois la même chose, ils expriment qu'il y a égalité entre les choses et les personnes comparées ; mais ils s'écrivent différemment : *égal* se rapporte à un nom singulier masculin, qui est *Pierre* ; *égale* se rapporte à un nom singulier féminin, qui est *fortune* ; *égaux* se rapporte à un nom pluriel masculin, qui est *hommes*. Cependant un grand nombre de relatifs ne varient pas en se rapportant à des noms de genre différent, et plusieurs relatifs restent toujours invariables. Ils seront tous indiqués soit dans ce chapitre, soit dans la troisième partie.

8.

Différentes espèces de relatifs.

Les *relatifs* désignent ou déterminent les personnes et les choses d'un grand nombre de manières ; on peut les diviser en plusieurs espèces.

9.

Relatifs de qualité.

Ces relatifs expriment une qualité ou une manière d'être de la personne ou de la chose.

La *prudence* est *utile.* — La *politesse* est *aimable.*

Dans ces exemples les relatifs *utile* et *aimable* désignent une qualité, l'un de la prudence, l'autre de la politesse.

Le *jeune* et *noble Desaix* est mort à Marengo.

Les relatifs *jeune* et *noble* indiquent une manière d'être du général Desaix.

Le nom de la personne ou de la chose est toujours exprimé avec les relatifs de qualité.

Les relatifs de qualité sont les plus nombreux. Les règles de leur formation au féminin et au pluriel seront données dans la 3e partie de l'ouvrage.

10.

Relatifs de quantité.

Les relatifs de quantité sont *un, deux, trois, quatre, cinq, six.... dix.... vingt.... trente.... cent.... mille.... dix mille.... cent mille.... demi....*

Trois hommes. — *Vingt chevaux.* — *Cent Bœufs.*

Les relatifs *trois, vingt, cent* désignent la quantité d'hommes, de chevaux, de bœufs.

Le nom de la personne ou de la chose est toujours exprimé avec les relatifs de quantité.

11.

Relatifs de rang ou d'ordre.

Tels sont *premier, second.... vingtième....*

Premier soldat, *dernier* écolier.

Le relatif *premier* désigne le rang du soldat, le relatif *dernier* désigne celui de l'écolier.

Le nom de la personne ou de la chose est toujours exprimé avec les relatifs de rang ou d'ordre.

12.

Relatifs de nombre.

Ces relatifs servent à déterminer toujours le nombre et souvent le genre du nom qui est joint à eux. Ce sont : *le, la, les, du, des, au, aux.*

Le, du, au font connaître que le nom est masculin singulier. Ex. : Le *fusil* du *soldat.*

La fait connaître que le nom est féminin singulier : la *femme,* la *servante.*

Les, des, aux font connaître que le nom est au pluriel de l'un ou de l'autre genre. Ex. : les *écoliers doivent être soumis* aux *maîtres.*

13.

Relatifs de possession.

Ces relatifs déterminent à qui appartiennent les

personnes ou les choses auxquelles ils se rapportent. Ils sont de deux espèces. Le nom s'exprime avec les uns, et ne s'exprime pas avec les autres.

Les *relatifs de possession* avec lesquels le nom s'exprime sont : *mon*, *ton*, *son*, employés avec un nom masculin singulier; *ma*, *ta*, *sa*, employés avec un nom féminin singulier; *notre*, *votre*, *leur*, employés avec un nom singulier des deux genres; *nos*, *vos*, *leurs*, employés avec un nom pluriel des deux genres :

Nous devons avoir soin de notre *réputation.*

Il faut donner de bons exemples à nos *enfants.*

Notre, dans le premier exemple, désigne la réputation comme à nous appartenant. *Nos* dans le second exemple désigne les enfants comme étant à nous.

Les *relatifs de possession* avec lesquels le nom ne s'exprime pas sont : *le mien*, *le tien*, *le sien*, *le nôtre*, *le vôtre*, *le leur*, employés avec un nom singulier masculin; *la mienne*, *la tienne*, *la sienne*, *la nôtre*, *la vôtre*, *la leur*, employés avec un nom singulier féminin. Tous ces relatifs changent *le* ou *la* en *les* au pluriel et on ajoute une *s* à leur terminaison.

Mon cheval est malade, prêtez-moi le vôtre.

Dans cet exemple il est évident que le nom du

cheval, auquel se rapporte le relatif *le vôtre*, n'est pas exprimé, et que ce relatif désigne ce cheval comme étant possédé par vous. C'est comme s'il y avait :

Mon cheval est malade, prêtez-moi le cheval qui est à vous.

14.

Relatifs d'indication.

Ces relatifs servent à indiquer la personne ou la chose à laquelle ils se rapportent. Le nom s'exprime avec les uns et ne s'exprime pas avec les autres.

Les *relatifs d'indication* avec lesquels le nom s'exprime sont : *ce*, *cet*, pour le masculin singulier; *cette*, pour le féminin singulier; *ces*, pour le pluriel des deux genres, etc.

Ce tableau vous fait honneur.
Ces citoyens sont dignes d'estime.

Les *relatifs d'indication* avec lesquels le nom ne s'exprime pas, mais qui en tiennent lieu, sont : *celui*, *celui-ci*, *celui-là*, pour le masculin singulier; *celle*, *celle-ci*, *celle-là*, pour le féminin singulier.

Ceux, *ceux-ci*, *ceux-là*; *celles*, *celles-ci*, *celles-là*, pour le pluriel.

Aux qualités de l'esprit il faut préférer celles du cœur.

Celles remplace ici le mot *qualités*, et il indique particulièrement les qualités qu'il faut préférer; c'est comme s'il y avait : *Aux qualités de l'esprit, il faut préférer les* qualités *du cœur.*

15.

Relatifs d'incertitude.

Ces relatifs expriment une incertitude au sujet de la personne ou de la chose à laquelle ils se rapportent, et servent aussi à interroger. Le nom s'exprime avec les uns et ne s'exprime pas avec les autres : ces derniers tiennent la place du nom.

Les *relatifs d'incertitude* avec lesquels le nom s'exprime sont *quel*, pour le masculin singulier, *quelle*, pour le féminin singulier, *quels, quelles,* pour le pluriel.

Quel *cheval monterez-vous?*

Le relatif *quel* exprime ici l'incertitude sur le cheval, et détermine une interrogation à ce sujet.

Vous ignorez quel *ami vous avez perdu.*

Le relatif *quel* exprime ici l'incertitude sur l'ami, mais il ne détermine pas d'interrogation.

Les *relatifs d'incertitude* avec lesquels le nom ne s'exprime pas, sont : *qui, que, quoi,* tous trois invariables, et *lequel, laquelle, lesquels, lesquelles.*

Que *peut-on espérer d'un fourbe?*

C'est comme s'il y avait : *Qu'elle chose peut-on espérer d'un fourbe ?*

Le relatif *que* détermine qu'il y a incertitude ou interrogation au sujet du mot *chose* qui n'est pas exprimé.

Regardez ces deux tableaux, lequel *préférez-vous ?*

C'est comme s'il y avait : *Quel tableau préférez-vous ?* Le relatif *lequel* détermine qu'il y a incertitude au sujet du tableau dont le nom n'est pas exprimé.

16.

Relatifs indéterminés.

Ces relatifs désignent la personne ou la chose d'une manière générale et indéterminée. Les uns se joignent au nom, d'autres ne s'y joignent jamais; il y en a enfin avec lesquels le nom peut s'exprimer ou être sous-entendu.

Les *relatifs indéterminés* qui se joignent toujours au nom, sont : *chaque, quelque, quelconque, maint, certain.*

Chaque *moment de la vie doit être utilement employé.*

Le relatif *chaque* désigne le nom *moment* d'une manière générale, car il ne détermine aucun moment en particulier.

Les *relatifs indéterminés* avec lesquels le nom ne s'exprime pas, sont : *chacun, quelqu'un, on, personne, rien, l'un, autrui.* On peut joindre à cette espèce de relatifs indéterminés les expressions suivantes invariables : *qui que ce soit*, *quoi que ce soit*, *quoique*.

Ne faites pas à autrui ce que vous ne voulez pas qu'on vous fasse.

Le relatif *autrui* signifie ici *toute autre personne*, il désigne d'une manière générale le nom sous-entendu *personne*, auquel il se rapporte, et ne détermine pas une personne en particulier.

Enfin, les *relatifs indéterminés* avec lesquels le nom s'exprime, ou peut être sous-entendu, sont : *nul*, *tout*, *autre*, *tel*, *plusieurs*, *aucun*.

Plusieurs *personnes pensent avec raison que la vie n'est qu'un temps d'épreuves.*

Ici le nom *personnes*, auquel se rapporte le relatif indéterminé *plusieurs*, est exprimé. On peut dire également : *plusieurs* pensent avec raison, etc., et dans ce cas le nom *personnes* est sous-entendu.

Remarque. Les relatifs indéterminés *on*, *chaque*, *plusieurs*, *personne*, *rien*, *autrui*, sont invariables. (Pour les mots *plusieurs*, *personne*, *rien*, voyez le Dict. grammatical.)

17.

Relatifs de liaison.

Ces relatifs désignent que le nom auquel ils se rapportent se lie à la partie de phrase qui les suit ; et ils unissent cette partie de phrase au nom.

Les relatifs de liaison sont *qui, que, quoi, où, dont,* tous invariables; et *lequel, laquelle, lesquels, lesquelles.*

Le nom s'exprime toujours avec ces relatifs, et se place avant eux.

Dieu se souvient des bonnes actions que le monde oublie.

Le relatif *que* unit la partie de phrase *le monde oublie* au mot *actions* auquel il se rapporte.

La charité est une vertu dont tous les hommes ont besoin.

Le relatif *dont* unit la partie de phrase *tous les hommes ont besoin* au mot *vertu* auquel il se rapporte.

18.

Relatifs personnels.

Ces relatifs servent principalement à déterminer si le nom auquel ils se rapportent, et qui n'est jamais exprimé, est celui d'une personne qui parle, ou d'une personne à qui l'on parle, ou d'une personne ou d'une chose de qui l'on parle.

On voit d'après cela, qu'on peut distinguer trois classes de personnes. On est convenu d'appeler *première personne* celle qui parle, *seconde personne* celle à qui l'on parle, et *troisième personne* celle de qui l'on parle.

Les relatifs personnels *je, me, moi, nous,* sont de la *première personne.*

Les relatifs personnels *tu, te, toi, vous,* sont de la *deuxième personne.*

Les relatifs personnels *il*, *elle*, *lui*, *soi*, *le*, *la*, *les*, *y*, *en*, *eux*, *leur*, sont de la *troisième personne*.

Je serai heureux si j'emploie utilement ma vie.

Je est un *relatif personnel* de la *première personne*, parce qu'il représente la personne qui parle.

Tu seras puni par ta conscience, si tu es méchant.

Tu est un *relatif personnel* de la *seconde personne*, parce qu'il représente la personne à qui l'on parle.

Il a effacé ses torts, car il s'est repenti sincèrement.

Il est un *relatif personnel* de la *troisième personne*, parce qu'il représente la personne de laquelle on parle.

Remarques.

1° *Me*, *te*, *se*, *nous*, *vous*, s'emploient souvent pour *à moi*, *à toi*, *à soi*, *à nous*, *à vous*. Ex. : *Je te donnerai une bourse*, c'est-à-dire *je donnerai une bourse* à toi. — *Je leur rendrai ce qu'ils m'ont prêté*, c'est-à-dire *je rendrai* à eux. — *Il nous a remis une lettre*, c'est-à-dire *il a remis* à nous.

2° *En* s'emploie pour des noms ou pour des relatifs précédés du mot *de*; *y* pour la plupart de ces relatifs, ou pour des noms précédés du mot *à*. Ex. : *Ce jeune homme est estimable, j'en ai entendu parler*, pour *j'ai entendu parler de lui*. — *J'y penserai*, pour *Je penserai* à cela *ou* à cette chose.

TABLEAU GÉNÉR

(Ce tableau doit être appris par cœur.)

(Les Relatifs placés ci-dessous entre la 1re et la 2e colonne, ou entre la 3e et la 4e,

ESPÈCES de RELATIFS.	I SINGULIER. 2 masculin.	féminin.	3 PLURIEL. 4 masculin.	féminin.	OBSERVATIO
1° Relatifs de qualité.	bon utile aimable jeune vieux				
—					Le nombre des rela de qualité, de qu tité et de rang, illimité. Les règ de leur formation féminin et au p riel seront donu dans la 3e partie.
2° Relatifs de quantité.	un deux trois vingt cent mille.				
—					
3° Relatifs de rang.	premier second dernier				
4° Relatifs de nombre.	le du au	la	les des aux		
5° Relatifs de possession.	mon ton son	ma ta sa notre votre leur	mes tes ses nos vos leurs		Le nom s'exprime av cette première e pèce de relatifs possession.
	le mien le tien le sien le nôtre le vôtre le leur	la mienne la tienne la sienne la nôtre la vôtre la leur	les miens les tiens les siens les nôtres les vôtres les leurs	les miennes les tiennes les siennes	Le nom ne s'exprim pas avec cette s conde espèce de r latifs de possessio
6° Relatifs d'indication.	ce	cette	ces		Le nom s'exprime ave ces relatifs.
	celui celui-ci celui-là	celle celle-ci celle-là	ceux ceux-ci ceux-là	celles celles-ci celles-là	Le nom ne s'exprim pas avec cette se conde espèce de re latifs d'indication.

DES RELATIFS.

es deux genres ; les Relatifs indiqués entre la 2ᵉ et la 3ᵉ colonne sont invariables.

ESPÈCES de RELATIFS	1 SINGULIER 2 masculin.	féminin.	3 PLURIEL. 4 masculin.	féminin.	OBSERVATIONS
7° RELATIFS d'incertitude.	quel lequel	quelle laquelle	quels lesquels qui que quoi	quelles lesquelles	Ces relatifs se joignent au nom. Le nom est sous-entendu avec ces relatifs.
	maint certain quelque quelconque	mainte certaine	maints certains quelques quelconques chaque	maintes certaines	Ces relatifs indéterminés de la première espèce sont toujours joints au nom.
3° RELATIFS indéterminés.	quelqu'un l'un chacun	quelqu'une l'une chacune	quelques-uns les uns on personne rien autrui	quelques-unes les unes	Les relatifs indéterminés de cette seconde espèce tiennent toujours la place du nom qui n'est pas exprimé.
	nul tout tel aucun autres	nulle toute telle aucune	nuls tous tels aucuns plusieurs	nulles toutes telles aucunes autres	Avec cette troisième espèce de relatifs indéterminés le nom peut être exprimé ou sous-entendu.
° RELATIFS de liaison.	lequel	laquelle	lesquels qui que quoi où dont	lesquelles	
	je moi		nous		Relatifs personnels de la 1re personne.
	tu te toi		vous		Relatifs personnels de la 2e personne.
6° RELATIFS personnels.	il lui le	elle lui la	ils eux se soi y en	elles leur les	Relatifs personnels de la 3e personne.

CHAPITRE III.

LE VERBE.

20.

Instructions générales sur le verbe.

LE VERBE est un mot qui exprime l'état ou l'action des personnes et des choses. *Exister, vivre, frapper, aimer, chanter, boire, manger, rire,* sont des verbes.

Dans cette phrase : *Dieu existe,* je trouve un nom qui est *Dieu,* et un mot *existe,* qui exprime que l'état d'existence convient à Dieu. Le mot *existe* se nomme le VERBE, et le mot *Dieu* se nomme le *sujet du verbe.*

Dans cette autre phrase : *Pierre frappe Paul,* on trouve un premier nom qui est *Pierre,* un mot *frappe,* qui indique que l'action de frapper est celle de *Pierre,* et un nom *Paul,* qui indique que la personne que Pierre frappe ou à l'égard de laquelle s'effectue l'action de Pierre est *Paul.* Le mot *frappe* est le VERBE de la phrase, *Pierre* est le *sujet du verbe, Paul* est le *régime direct du verbe.*

21.

Sujet du verbe.

On appelle toujours *sujet du verbe* la personne

ou la chose qui agit, ou dont le verbe exprime l'état.

Un verbe peut ne pas avoir de sujet, car on peut concevoir en général un état ou une action sans concevoir une personne ou une chose qui soit dans cet état, ou qui fasse cette action. Exemple : *Exister*, *être*, *aimer*, *chanter*, *dormir*.

Pour connaître le *sujet du verbe* il faut interroger par le verbe même précédé de ces mots *qui est-ce qui* :

Pierre frappe Paul.

Qui est-ce qui frappe? Réponse : Pierre. *Pierre* est le *sujet* du verbe.

Charles aime son frère.

Qui est-ce qui aime ? Réponse : Charles. *Charles* est le *sujet* du verbe.

22.

Régime direct du verbe.

On appelle toujours *régime direct du verbe* la personne ou la chose à l'égard de laquelle l'action indiquée par le verbe s'effectue.

Un verbe exprimant une action peut n'avoir pas de régime direct, car une action peut être faite par quelqu'un ou par quelque chose sans s'effectuer à l'égard d'une personne ou d'une chose. Ex. : *Je viens, je marche, j'entre, je sors.*

Les verbes qui, sans exprimer d'action, n'expriment que l'état d'une personne ou d'une chose, n'ont pas de régime direct. Ex. : *Je suis*, *Dieu existe*.

Pour connaître le *régime direct du verbe* il faut interroger par le verbe même suivi de ces mots *qui* ou *quoi*.

Pierre frappe Paul.

Frappe qui ? Réponse : PAUL. *Paul* est le *régime direct* du verbe *frappe*.

Charles aime son frère.

Aime qui ? Réponse : SON FRÈRE. *Son frère* est le *régime direct* du verbe *aime*.

23.

Modifications du verbe.

Chaque verbe est susceptible de recevoir un grand nombre de modifications, ou d'être exprimé de beaucoup de manières; *aimer*, *aime*, *aimons*, *j'aimais*, *j'avais aimé*, *j'aimerai*, *nous aimerons*, sont autant de modifications différentes du même verbe *aimer*. Les modifications d'un verbe servent à indiquer les *nombres*, les *personnes*, les *temps* et les *modes* de ce verbe.

24.

Des nombres dans les verbes.

Il y a *deux nombres* pour les verbes, comme pour

les noms et les relatifs, le *singulier* et le *pluriel*.

Le verbe de nombre singulier est celui dont le sujet est au *singulier : j'aime*, *tu aimes*, *il* ou *elle aime*.

Le verbe de nombre pluriel est celui dont le sujet est au *pluriel : nous aimons*, *vous aimez*, *ils* ou *elles aiment*.

25.

Des personnes des verbes.

On considère *trois personnes* dans les verbes, *celle qui parle, celle à qui l'on parle, celle de qui l'on parle.*

Le verbe de première personne est celui qui a pour sujet l'un des relatifs personnels de première personne, *moi, je* ou *nous*, c'est-à-dire *la personne qui parle.*

Je *partirai demain.* — Nous *félicitons votre ami.*

Les deux verbes *partirai, félicitons*, sont de *première personne*, parce que *je*, sujet du premier, et *nous*, sujet du second, sont des relatifs personnels de première personne.

Le verbe de deuxième personne est celui qui a pour sujet l'un des relatifs personnels de deuxième personne, *toi, tu* ou *vous*, c'est-à-dire *la personne à qui l'on parle.*

Tu *recevras cet argent.* — Vous *marchez vite.*

Les deux verbes *recevras*, *marchez*, sont de *deuxième personne*, parce que *tu*, sujet du premier verbe, et *vous*, sujet du second, sont des relatifs personnels de deuxième personne.

Le verbe de troisième personne est celui qui a pour sujet l'un des relatifs personnels de troisième personne, *il*, *elle*, *ils*, *elles*, *lui*, *eux* ou *le nom* de la personne ou de la chose dont on parle.

Il *expire*. — Elles *arriveront bientôt*.

Les deux verbes *expire*, *arriveront*, sont de *troisième personne*, parce que *il*, sujet du premier, et *elles*, sujet du second, sont des relatifs personnels de troisième personne.

*L'*homme *doit obéir à Dieu*.

Le verbe *doit* est de *troisième personne* parce qu'il a pour sujet *l'homme*, nom de la personne dont on parle.

26.

Temps des verbes.

On considère les *temps* dans les verbes; car un verbe peut exprimer qu'une action se fait au moment où l'on parle, ou qu'elle a été faite auparavant, ou qu'elle sera faite après.

27.

Division des temps.

Il y a trois temps, le *présent*, le *passé*, le *futur*.

Le verbe de TEMPS PRÉSENT indique l'état ou l'action du sujet dans le moment où l'on parle : *je lis, j'entre, je sors, vous lisez, nous entrons, ils sortent.*

Le verbe de TEMPS PASSÉ indique l'état ou l'action du sujet avant le moment où l'on parle : *je lisais ce livre — vous étiez occupé — nous vivions à Paris.*

Le verbe de TEMPS FUTUR indique l'état où sera le sujet, ou bien l'action que fera le sujet après le moment où l'on parle : *il* sera *récompensé de ses peines — nous* réussirons *par le travail et la patience — nous* sauverons *notre patrie.*

28.

Modes.

Le verbe peut exprimer l'existence ou l'action d'une manière positive, ou moyennant une condition.

Il peut aussi exprimer le desir ou la volonté, la nécessité ou la possibilité qu'une chose existe, ou soit faite, et le doute ou la crainte qu'une chose n'existe pas, ou ne soit faite. Enfin le verbe peut exprimer l'existence ou l'action d'une manière générale.

Ces différentes manières d'exprimer l'existence ou l'action se nomment MODES *du verbe*, et sont indépendantes *du nombre, de la personne* et *du temps.*

29.

Division des modes.

Il y a six modes : 1° le *mode affirmatif*, le *mode conditionnel*, le *mode exhortatif*, le *mode subjonctif*, le *mode infinitif* et le *mode participe*.

On les divise en *modes personnels* et *modes impersonnels*.

Dans les *modes personnels*, la forme du verbe varie selon *la personne* du sujet.

Dans les *modes impersonnels*, la forme du verbe n'est point sujette à ces variations.

30.

Modes personnels.

Le verbe de MODE AFFIRMATIF affirme d'une manière positive qu'une personne ou qu'une chose est, a été, ou sera, ou bien qu'une action se fait, s'est faite, ou se fera.

Je vous recevrai *avec plaisir.*

Recevrai est un verbe de *mode affirmatif*, parce qu'il affirme d'une manière positive que l'on fera l'action de recevoir.

Tout change, *Dieu seul* demeure *toujours le même.*

Change et *demeure* sont deux verbes de *mode affirmatif*, parce qu'ils affirment, le premier que tout *change*, le second que Dieu *demeure* le même.

Le verbe de MODE CONDITIONNEL exprime qu'on serait ou qu'on agirait moyennant *une condition.*

L'homme serait *heureux s'il remplissait ses devoirs.*

Serait est au conditionnel, parce qu'il affirme que l'homme sera heureux moyennant une condition exprimée par ces mots, *s'il remplissait ses devoirs.*

Le verbe de MODE EXHORTATIF exprime une exhortation avec volonté ou desir qu'une chose existe ou qu'une action soit faite.

Marchons aux ennemis.

Marchons est un verbe de *mode exhortatif*, parce qu'il exhorte avec volonté.

Aimons *Dieu et nos semblables·*

Aimons est un verbe de *mode exhortatif*, parce qu'il exhorte avec désir.

Le verbe de MODE SUBJONCTIF est presque toujours subordonné à un autre verbe qui le précède ou le suit, et auquel son sujet est joint par le mot *que.* Le sens de ce dernier verbe exprime ordinairement le doute, la possibilité, la crainte, le desir ou la nécessité :

Je souhaite que mon fils perde *la vie plutôt que l'honneur.*

Dans cet exemple le verbe *perde* est de *mode subjonctif*, parce qu'il est subordonné au verbe *souhaite* qui le précède, et auquel son sujet *mon fils* est joint par le mot *que.*

Le mot *subjonctif*, exprimant d'une manière abrégée la double idée de subordination et de jonction, rend par lui-même compte de l'emploi du mode auquel ce nom a été donné.

31.

Modes impersonnels.

Le verbe de MODE INFINITIF exprime l'existence ou l'action d'une manière générale dans un temps qui n'est point déterminé ou fini, et n'admet point de sujet :

Il faut payer *nos dettes.*

Payer est un verbe de *mode infinitif*, parce qu'il exprime l'action dans un temps indéterminé et d'une manière générale sans admettre de sujet.

Le verbe de MODE PARTICIPE qualifie son sujet en exprimant l'existence ou l'action. Il participe donc également du *relatif de qualité* et du *verbe.*

Un bon père est honoré *de ses enfants.*

Honoré exprime une *qualité* du père et l'*action* des enfants qui *honorent ; honoré* est donc un verbe de *mode participe.*

32.

Subdivisions des temps.

On peut considérer l'action ou l'état, qu'exprime un verbe dans chaque mode, avec ou sans rapport à une autre action ou à un autre état exprimés par un autre verbe :

Je vous écrivis *une lettre hier.*

Dans cet exemple, l'action exprimée par le verbe *écrivis* est considérée isolément, sans rapport avec toute autre action; mais en employant cette forme du verbe, on est obligé d'indiquer à quelle époque l'action s'est accomplie dans le temps passé.

Je vous ai écrit *une lettre.*

Dans cet autre exemple, l'action exprimée par le verbe *ai écrit* est aussi considérée isolément, sans rapport avec toute autre action; mais en employant cette forme du verbe, on peut ne pas indiquer à quelle époque du temps passé l'action s'est accomplie.

Je vous écrivais *quand vous êtes entré.*

Ici l'action exprimée par le verbe *écrivais*, n'est plus envisagée seule, elle l'est aussi par rapport au verbe *êtes entré.* La forme du premier verbe indique que l'action marquée par lui, s'est accomplie *dans le même temps* que l'action exprimée par le second verbe.

Je vous avais écrit *quand vous êtes entré.*

L'action exprimée par le verbe *avais écrit*, est encore considérée par rapport au verbe *êtes entré.* Cette nouvelle forme du premier verbe indique

que l'action marquée par lui, s'est accomplie *avant* l'action exprimée par le second verbe.

Dans les quatre exemples cités, le verbe affirme d'une manière positive que l'action d'écrire s'est faite avant le moment où l'on parle; le verbe est donc de *mode affirmatif* et de *temps passé*.

On comprend d'après cela qu'il peut y avoir plusieurs manières d'exprimer, dans certains modes de chaque verbe, l'action de *temps passé*.

L'action de *temps futur* peut être exprimée de deux différentes manières dans le *mode affirmatif*. La démonstration à ce sujet serait toute semblable à la précédente. Ces considérations ont donné naissance aux *formules* des verbes.

33.

Définition des formules.

Toutes les subdivisions *des temps*, ou toutes les formes employées pour exprimer dans chaque mode du verbe *le présent*, *le passé* et *le futur*, sont appelées FORMULES DU VERBE.

Toutes *les formules* sont *simples* ou *composées*.

On appelle FORMULES SIMPLES, celles dans lesquelles le verbe n'est exprimé que par un seul mot, comme : J'*aime*, tu *vois*, je *cherchais*, j'é-crivis, j'écrivais.

On appelle FORMULES COMPOSÉES, celles dans lesquelles le verbe est exprimé par deux mots, comme : *J'ai aimé*, tu *avais vu*, nous *avions cherché*, j'ai écrit, j'avais écrit.

34.

Classement des formules dans les modes.

LE MODE AFFIRMATIF a une formule simple de *temps présent*; cinq formules de *temps passé*, dont deux simples et trois composées; et deux formules de *temps futur*, l'une simple, l'autre composée.

LE MODE CONDITIONNEL a une formule simple de *temps présent*, et deux formules composées de *temps passé*.

LE MODE EXHORTATIF n'a qu'une formule; elle est simple et de *temps présent*.

LE MODE SUBJONCTIF a une formule simple de *temps présent*; et trois formules de *temps passé*, dont une simple et deux composées.

LE MODE INFINITIF a une formule simple de *temps présent*, et une formule composée de *temps passé*.

LE MODE PARTICIPE a une formule simple de *temps présent*, et deux formules de *temps passé*, l'une simple, l'autre composée.

CHAPITRE IV.

35.

Conjugaison des verbes.

On appelle *conjuguer* un verbe, réciter dans un ordre régulier toutes les modifications ou expressions différentes qu'un verbe peut recevoir suivant *ses modes, ses temps, ses formules, ses nombres et ses formules.*

Les verbes se partagent en quatre conjugaisons.

La première a l'infinitif terminé en *er*, comme, *chanter, aimer, blâmer,* etc.

La seconde a l'infinitif terminé en *ir*, comme, *finir, avertir, servir,* etc.

La troisième en *oir*, comme, *recevoir, savoir, concevoir,* etc.

La quatrième en *re*, comme, *rendre, prétendre, descendre,* etc.

Toutes les formules composées des verbes sont formées du participe passé du verbe précédé d'une des formules simples des verbes *être* ou *avoir*. Il convient donc de faire connaître d'abord ces deux verbes, puisqu'ils entrent daus la composition de tous les autres.

36.

Verbe Avoir.

(Les formules composées de ce verbe sont for-

mées de son participe passé *eu* précédé de toutes
ses formules simples).

Formules simples. | *Formules composées.*

MODE AFFIRMATIF.

PRÉSENT.	1ᵉʳ PASSÉ COMPOSÉ.
j'ai	j'ai eu
tu as	tu as eu
il a	il a eu
nous avons	nous avons eu
vous avez	vous avez eu
ils ont.	ils ont eu.

1ᵉʳ PASSÉ SIMPLE.	2ᵉ PASSÉ COMPOSÉ.
j'avais	j'avais eu
tu avais	tu avais eu
il avait	il avait eu
nous avions	nous avions eu
vous aviez	vous aviez eu
ils avaient.	ils avaient eu.

2ᵉ PASSÉ SIMPLE.	3ᵉ PASSÉ COMPOSÉ.
j'eus	j'eus eu
tu eus	tu eus eu
il eut	il eut eu
nous eûmes	nous eûmes eu
vous eûtes	vous eûtes eu
ils eurent.	il eurent eu.

FUTUR SIMPLE.	FUTUR COMPOSÉ.
j'aurai	j'aurai eu
tu auras	tu auras eu
il aura	il aura eu
nous aurons	nous aurons eu
vous aurez	vous aurez eu
ils auront.	ils auront eu.

MODE CONDITIONNEL.

PRÉSENT.	1ᵉʳ PASSÉ.
j'aurais	j'aurais eu
tu aurais	tu aurais eu
il aurait	il aurait eu
nous aurions	nous aurions eu
vous auriez	vous auriez eu
ils auraient.	ils auraient eu.

	2ᵉ PASSÉ.
	j'eusse eu
	tu eusses eu
	il eût eu
	nous eussions eu
	vous eussiez eu
	ils eussent eu.

MODE EXHORTATIF.

PRÉSENT.

aie
qu'il ait
ayons
ayez
qu'ils aient.

MODE SUBJONCTIF.

PRÉSENT.

Il faut
- que j'aie
- que tu aies
- qu'il ait
- que nous ayons
- que vous ayez
- qu'ils aient.

1er PASSÉ COMPOSÉ.

Il a fallu
- que j'aie eu
- que tu aies eu
- qu'il ait eu
- que nous ayons eu
- que vous ayez eu
- qu'ils aient eu.

PASSÉ SIMPLE.

Il fallait
- que j'eusse
- que tu eusses
- qu'il eût
- que nous eussions
- que vous eussiez
- qu'ils eussent.

2e PASSÉ COMPOSÉ.

Il aurait fallu
- que j'eusse eu
- que tu eusses eu
- qu'il eût eu
- que nous eussions eu
- que vous eussiez eu
- qu'ils eussent eu

MODE INFINITIF.

PRÉSENT.

avoir.

PASSÉ.

avoir eu.

MODE PARTICIPE.

PRÉSENT.

ayant.

PASSÉ SIMPLE.

eu, eue

PASSÉ COMPOSÉ.

ayant eu.

37.

VERBE ÊTRE.

(Les formules composées de ce verbe sont formées de son participe passé *été* précédé des
formules simples du verbe avoir.)

Formules simples. | *Formules composées.*

MODE AFFIRMATIF.

PRÉSENT.

je suis
tu es
il est
nous sommes
vous êtes
ils sont.

1er PASSÉ COMPOSÉ.

j'ai été
tu as été
il a été
nous avons été
vous avez été
ils ont été.

1er PASSÉ SIMPLE.	2e PASSÉ COMPOSÉ.
j'étais	j'avais été
tu étais	tu avais été
il était.	il avait été
nous étions	nous avions été
vous étiez	vous aviez été
ils étaient.	ils avaient été.

2e PASSÉ SIMPLE.	3e PASSÉ COMPOSÉ.
je fus	j'eus été
tu fus	tu eus été
il fut	il eut été
nous fûmes	nous eûmes été
vous fûtes	vous eûtes été
ils furent.	ils eurent été.

FUTUR SIMPLE.	FUTUR COMPOSÉ.
je serai	j'aurai été
tu seras	tu auras été
il sera	il aura été
nous serons	nous aurons été
vous serez	vous aurez été
ils seront.	ils auront été.

MODE CONDITIONNEL.

PRÉSENT.	1er PASSÉ COMPOSÉ.
je serais	j'aurais été
tu serais	tu aurais été
il serait.	il aurait été.
nous serions	nous aurions été
vous seriez	vous auriez été
ils seraient.	ils auraient été.

	2e PASSÉ COMPOSÉ.
	j'eusse été
	tu eusses été
	il eût été
	nous eussions été
	vous eussiez été
	ils eussent été.

MODE EXHORTATIF.

PRÉSENT.

sois
qu'il soit
soyons
soyez
qu'ils soient.

MODE SUBJONCTIF.

	PRÉSENT.		1er PASSÉ COMPOSÉ.
	que je sois		que j'aie été
	que tu sois		que tu aies été
Il faut	qu'il soit	Il a fallu	qu'il ait été
	que nous soyons		que nous ayons été
	que vous soyez		que vous ayez été
	qu'ils soient.		qu'ils aient été.

	PASSÉ SIMPLE.		2ᵉ PASSÉ COMPOSÉ.
Il fallait	que je fusse que tu fusses qu'il fût que nous fussions que vous fussiez qu'ils fussent.	*Il aurait* *fallu*	que j'eusse été que tu eusses été qu'il eût été que nous eussions été que vous eussiez été. qu'ils eussent été.

MODE INFINITIF.

	PRÉSENT.		PASSÉ.
être.		avoir été.	

MODE PARTICIPE.

	PRÉSENT.		
étant.			

	PASSÉ SIMPLE.		PASSÉ COMPOSÉ.
été.		ayant été.	

38.

MODÈLE DES QUATRE CONJUGAISONS.

(Avant de faire écrire des exemples des 4 conjugaisons aux élèves, il faut qu'ils étudient le tableau
de l'orthographe des verbes, n° 115.)

PREMIÈRE CONJUGAISON.

Chanter.

Formules simples.   *Formules composées.*

MODE AFFIRMATIF.

PRÉSENT.	1ᵉʳ PASSÉ COMPOSÉ.
je chante	j'ai chanté
tu chantes	tu as chanté
il chante	il a chanté
nous chantons	nous avons chanté
vous chantez	vous avez chanté
ils chantent.	ils ont chanté.

1ᵉʳ PASSÉ SIMPLE.	2ᵉ PASSÉ COMPOSÉ.
je chantais	j'avais chanté
tu chantais	tu avais chanté
il chantait	il avait chanté
nous chantions	nous avions chanté
vous chantiez	vous aviez chanté
ils chantaient.	ils avaient chanté.

2ᵉ PASSÉ SIMPLE.

je chantai
tu chantas
il chanta
nous chantâmes
vous chantâtes
ils chantèrent.

3ᵉ PASSÉ COMPOSÉ.

j'eus chanté
tu eus chanté
il eut chanté
nous eûmes chanté
vous eûtes chanté
ils eurent chanté.

FUTUR SIMPLE.

je chanterai
tu chanteras
il chantera
nous chanterons
vous chanterez
ils chanteront.

FUTUR COMPOSÉ.

j'aurai chanté
tu auras chanté
il aura chanté
nous aurons chanté
vous aurez chanté
ils auront chanté.

MODE CONDITIONNEL.

PRÉSENT.

je chanterais
tu chanterais
il chanterait
nous chanterions
vous chanteriez
ils chanteraient.

1ᵉʳ PASSÉ.

j'aurais chanté
tu aurais chanté
il aurait chanté
nous aurions chanté
vous auriez chanté
ils auraient chanté.

2ᵉ PASSÉ.

j'eusse chanté
tu eusses chanté
il eût chanté
nous eussions chanté
vous eussiez chanté
ils eussent chanté.

MODE EXHORTATIF.

PRÉSENT.

chante
qu'il chante
chantons
chantez
qu'ils chantent.

MODE SUBJONCTIF.

PRÉSENT.

Il faut
que je chante
que tu chantes
qu'il chante
que nous chantions
que vous chantiez
qu'ils chantent.

1ᵉʳ PASSÉ COMPOSÉ.

Il a fallu
que j'aie chanté
que tu aies chanté
qu'il ait chanté
que nous ayons chanté
que vous ayez chanté
qu'ils aient chanté.

PASSÉ SIMPLE.

Il fallait
que je chantasse
que tu chantasses
qu'il chantât
que nous chantassions
que vous chantassiez
qu'ils chantassent.

2ᵉ PASSÉ COMPOSÉ.

Il aurait fallu
que j'eusse chanté
que tu eusses chanté
qu'il eût chanté
que nous eussions chanté
que vous eussiez chanté
qu'ils eussent chanté.

MODE INFINITIF.

PRÉSENT.	PASSÉ.
chanter.	avoir chanté.

MODE PARTICIPE.

PRÉSENT.	PASSÉ COMPOSÉ.
chantant.	ayant chanté.

PASSÉ SIMPLE.
chanté, chantée.

39.
DEUXIÈME CONJUGAISON.

Finir.

Formules simples.   *Formules composées.*

MODE AFFIRMATIF.

PRÉSENT.	1er PASSÉ COMPOSÉ.
je finis	j'ai fini
tu finis	tu as fini
il finit	il a fini
nous finissons	nous avons fini
vous finissez	vous avez fini
ils finissent.	ils ont fini.

1er PASSÉ SIMPLE.	2e PASSÉ COMPOSÉ.
je finissais	j'avais fini
tu finissais	tu avais fini
il finissait	il avait fini
nous finissions	nous avions fini
vous finissiez	vous aviez fini
ils finissaient.	ils avaient fini.

2e PASSÉ SIMPLE.	3e PASSÉ COMPOSÉ.
je finis	j'eus fini
tu finis	tu eus fini
il finit	il eut fini
nous finîmes	nous eûmes fini
vous finîtes	vous eûtes fini
ils finirent.	ils eurent fini.

FUTUR SIMPLE.	FUTUR COMPOSÉ.
je finirai	j'aurai fini
tu finiras	tu auras fini
il finira	il aura fini
nous finirons	nous aurons fini
vous finirez	vous aurez fini
ils finiront.	ils auront fini.

MODE CONDITIONNEL.

PRÉSENT.	1er PASSÉ.
je finirais	j'aurais fini
tu finirais	tu aurais fini
il finirait	il aurait fini
nous finirions	nous aurions fini
vous finiriez	vous auriez fini
ils finiraient.	ils auraient fini.

2ᵉ PASSÉ.

j'eusse fini
tu eusses fini
il eût fini
nous eussions fini
vous eussiez fini
ils eussent fini.

MODE EXHORTATIF.

PRÉSENT.

finis
qu'il finisse
finissons
finissez
qu'ils finissent.

MODE SUBJONCTIF.

PRÉSENT.

Il faut
que je finisse
que tu finisses
qu'il finisse
que nous finissions
que vous finissiez
qu'ils finissent.

1ᵉʳ PASSÉ COMPOSÉ.

Il a fallu
que j'aie fini
que tu aies fini
qu'il ait fini
que nous ayons fini
que vous ayez fini
qu'ils aient fini.

PASSÉ SIMPLE.

Il fallait
que je finisse
que tu finisses
qu'il finît
que nous finissions
que vous finissiez
qu'ils finissent.

2ᵉ PASSÉ COMPOSÉ.

Il aurait fallu
que j'eusse fini
que tu eusses fini
qu'il eût fini
que nous eussions fini
que vous eussiez fini
qu'ils eussent fini.

MODE INFINITIF.

PRÉSENT.

finir.

PASSÉ.

avoir fini.

MODE PARTICIPE.

PRÉSENT.

finissant.

PASSÉ COMPOSÉ.

ayant fini.

PASSÉ SIMPLE.

fini, finie.

40.

TROISIÈME CONJUGAISON.

Recevoir.

Formules simples.   *Formules composées.*

MODE AFFIRMATIF.

PRÉSENT.

je reçois
tu reçois
il reçoit
nous recevons
vous recevez
ils reçoivent.

1ᵉʳ PASSÉ COMPOSÉ.

j'ai reçu
tu as reçu
il a reçu
nous avons reçu
vous avez reçu
ils ont reçu.

1er PASSÉ SIMPLE.

je recevais
tu recevais
il recevait
nous recevions
vous receviez
ils recevaient.

2e PASSÉ SIMPLE.

je reçus
tu reçus
il reçut
nous reçûmes
vous reçûtes
ils reçurent.

FUTUR SIMPLE.

je recevrai
tu recevras
il recevra
nous recevrons
vous recevrez
ils recevront.

2e PASSÉ COMPOSÉ.

j'avais reçu
tu avais reçu
il avait reçu
nous avions reçu
vous aviez reçu
ils avaient reçu.

3e PASSÉ COMPOSÉ.

j'eus reçu
tu eus reçu
il eut reçu
nous eûmes reçu
vous eûtes reçu
ils eurent reçu.

FUTUR COMPOSÉ.

j'aurai reçu
tu auras reçu
il aura reçu
nous aurons reçu
vous aurez reçu
ils auront reçu.

MODE CONDITIONNEL.

PRÉSENT.

je recevrais
tu recevrais
il recevrait
nous recevrions
vous recevriez
ils recevraient.

1er PASSÉ.

j'aurais reçu
tu aurais reçu
il aurait reçu
nous aurions reçu
vous auriez reçu
ils auraient reçu.

2e PASSÉ.

j'eusse reçu
tu eusses reçu
il eût reçu
nous eussions reçu
vous eussiez reçu
ils eussent reçu.

MODE EXHORTATIF.

PRÉSENT.

reçois
qu'il reçoive
recevons
recevez
qu'ils reçoivent.

MODE SUBJONCTIF.

PRÉSENT.

Il faut
que je reçoive
que tu reçoives
qu'il reçoive
que nous recevions
que vous receviez
qu'ils reçoivent.

1er PASSÉ COMPOSÉ.

Il a fallu
que j'aie reçu
que tu aies reçu
qu'il ait reçu
que nous ayons reçu
que vous ayez reçu
qu'ils aient reçu.

PASSÉ SIMPLE.		2ᵉ PASSÉ COMPOSÉ.
Il fallait	que je reçusse que tu reçusses qu'il reçût. que nous reçussions que vous reçussiez qu'ils reçussent.	*Il aurait fallu*	que j'eusse reçu que tu eusses reçu qu'il eût reçu que nous eussions reçu que vous eussiez reçu qu'ils eussent reçu.

MODE INFINITIF.

PRÉSENT.	PASSÉ.
recevoir.	avoir reçu.

MODE PARTICIPE.

PRÉSENT.	PASSÉ.
recevant.	ayant reçu.

PASSÉ SIMPLE.

reçu , reçue.

41.
QUATRIÈME CONJUGAISON.

Rendre.

Formules simples. *Formules composées.*

MODE AFFIRMATIF.

PRÉSENT.	1ᵉʳ PASSÉ COMPOSÉ.
je rends	j'ai rendu
tu rends	tu as rendu
il rend	il a rendu
nous rendons	nous avons rendu
vous rendez	vous avez rendu
ils rendent.	ils ont rendu.

1ᵉʳ PASSÉ SIMPLE.	2ᵉ PASSÉ COMPOSÉ.
je rendais	j'avais rendu
tu rendais	tu avais rendu
il rendait	il avait rendu
nous rendions	nous avions rendu
vous rendiez	vous aviez rendu
ils rendaient.	ils avaient rendu.

2ᵉ PASSÉ SIMPLE.	3ᵉ PASSÉ COMPOSÉ.
je rendis	j'eus rendu
tu rendis	tu eus rendu
il rendit	il eut rendu
nous rendîmes	nous eûmes rendu
vous rendîtes	vous eûtes rendu
ils rendirent.	ils eurent rendu.

FUTUR SIMPLE.	FUTUR COMPOSÉ.
je rendrai	j'aurai rendu
tu rendras	tu auras rendu
il rendra	il aura rendu.
nous rendrons	nous aurons rendu
vous rendrez	vous aurez rendu
ils rendront.	ils auront rendu.

MODE CONDITIONNEL.

PRÉSENT.	1er PASSÉ.
je rendrais	j'aurais rendu
tu rendrais	tu aurais rendu
il rendrait	il aurait rendu
nous rendrions	nous aurions rendu
vous rendriez	vous auriez rendu
ils rendraient.	ils auraient rendu.

2e PASSÉ.

j'eusse rendu
tu eusses rendu
il eût rendu
nous eussions rendu
vous eussiez rendu
ils eussent rendu.

MODE EXHORTATIF.

PRÉSENT.

rends
qu'il rende
rendons
rendez
qu'ils rendent.

MODE SUBJONCTIF.

PRÉSENT.

Il faut
que je rende
que tu rendes
qu'il rende
que nous rendions
que vous rendiez
qu'ils rendent.

1er PASSÉ COMPOSÉ.

Il a fallu
que j'aie rendu
que tu aies rendu
qu'il ait rendu
que nous ayons rendu
que vous ayez rendu
qu'ils aient rendu.

PASSÉ SIMPLE.

Il fallait
que je rendisse
que tu rendisses
qu'il rendît
que nous rendissions
que vous rendissiez
qu'ils rendissent.

2e PASSÉ COMPOSÉ.

Il aurait fallu
que j'eusse rendu
que tu eusses rendu
qu'il eût rendu
que nous eussions rendu
que vous eussiez rendu
qu'ils eussent rendu.

MODE INFINITIF.

PRÉSENT.	PASSÉ.
rendre.	avoir rendu.

MODE PARTICIPE.

PRÉSENT.
rendant.

PASSÉ COMPOSÉ.
ayant rendu

PASSÉ SIMPLE.
rendu , rendue.

42.

Modèle de conjugaison avec le verbe être.

Il y a des verbes qui au lieu de prendre le verbe *avoir*, prennent le verbe *être* dans les temps composés. Il n'y a aucune autre différence dans la conjugaison de ces verbes, qui appartiennent tous à l'une des quatre conjugaisons dont nous avons donné le modèle. Pour apprendre à les conjuguer, il n'y a qu'à remplacer chaque formule du verbe *avoir* par la formule correspondante du verbe *être*. Il suffira de donner un seul modèle de conjugaison pour ces verbes, en n'indiquant que la première personne de chaque formule.

CONJUGAISON DU VERBE *Tomber.*

MODE AFFIRMATIF.

Formules simples.	*Formules composées.*
PRÉSENT.	1er PASSÉ COMPOSÉ.
je tombe	je suis tombé
tu tombes	tu es ou
il tombe	il *ou* elle est tombée.
nous tombons	nous sommes tombés
vous tombez	vous êtes ou
ils tombent.	ils *ou* elles sont tombées.
1er PASSÉ SIMPLE.	2e PASSÉ SIMPLE.
je tombais	j'étais tombé ou tombée.
2e PASSÉ SIMPLE.	3e PASSÉ COMPOSÉ.
je tombai.	je fus tombé ou tombée.
FUTUR SIMPLE.	FUTUR COMPOSÉ.
je tomberai.	je serai tombé ou tombée.

MODE CONDITIONNEL.

PRÉSENT.	1er PASSÉ.
je tomberais.	je serais tombé ou tombée.
	2e PASSÉ.
	je fusse tombé ou tombée.

MODE EXHORTATIF.

tombe.

MODE SUBJONCTIF.

PRÉSENT.	1er PASSÉ COMPOSÉ.
que je tombe.	que je sois tombé ou tombée.
PASSÉ SIMPLE.	2e PASSÉ COMPOSÉ.
que je tombasse.	que je fusse tombé ou tombée.

MODE INFINITIF.

PRÉSENT.	PASSÉ.
tomber.	être tombé ou tombée.

MODE PARTICIPE.

PRÉSENT.	PASSÉ COMPOSÉ.
tombant.	étant tombé ou tombée.
PASSÉ.	
tombé ou tombée.	

Ainsi se conjuguent avec le verbe *être* dans leurs formules composées, *aller, venir, arriver, descendre, monter, partir, sortir, entrer.*

43.

Verbes dont le sujet agit sur lui-même.

Il y a des verbes qui indiquent que *le sujet agit sur lui-même*, en sorte que le *sujet* et le *régime direct* du verbe expriment la même personne ou la même chose. Exemple : *Je me repens, je me promène, je m'abstiens, je m'arroge.* Ces verbes se conjuguent toujours dans leurs formules composées avec le verbe *être.*

On reconnaît qu'un verbe est de cette espèce, lorsqu'il est inséparable d'un des relatifs personnels *me, te, se, nous, vous.* On ne peut pas dire *je repens, je promène, j'abstiens, j'arroge.* Ces verbes sont donc de l'espèce de ceux dont le sujet agit sur lui-même. Ils appartiennent aussi tous à l'une des quatre conjugaisons.

44.

Modèle des verbes dont le sujet agit sur lui-même.

CONJUGAISON DU VERBE *se repentir.*

MODE AFFIRMATIF.

Formules simples.

PRÉSENT.

je me repens
tu te repens
il se repent
nous nous repentons
vous vous repentez
ils se repentent

1er PASSÉ SIMPLE.

je me repentais.

2e PASSÉ SIMPLE.

je me repentis.

FUTUR SIMPLE.

je me repentirai.

Formules composées.

1er PASSÉ COMPOSÉ.

je me suis
tu t'es
il *ou* elle s'est } repenti *ou* repentie.

nous nous sommes
vous vous êtes
ils *ou* elles se sont } repentis *ou* repenties.

2e PASSÉ COMPOSÉ.

je m'étais repenti ou repentie.

3e PASSÉ COMPOSÉ.

je me fus repenti ou repentie.

FUTUR COMPOSÉ.

je me serai repenti ou repentie.

MODE CONDITIONNEL.

PRÉSENT.

je me repentirais.

1er PASSÉ.

je me serais repenti ou repentie.

2e PASSÉ.

je me fusse repenti ou repentie.

MODE EXHORTATIF.

PRÉSENT.

repens-toi
qu'il se repente
repentons-nous
repentez-vous
qu'ils se repentent.

MODE SUBJONCTIF.

PRÉSENT.

que je me repente.

PASSÉ SIMPLE.

que je me repentisse.

1er PASSÉ COMPOSÉ.

que je me sois repenti ou repentie.

2e PASSÉ COMPOSÉ.

que je me fusse repenti ou repentie.

MODE INFINITIF.

PRÉSENT.

se repentir.

PASSÉ.

s'être repenti ou repentie.

MODE PARTICIPE.

PRÉSENT.	PASSÉ COMPOSÉ.
se repentant.	s'étant repenti ou repentie.
PASSÉ SIMPLE.	
repenti ou repentie.	

Conjuguez ainsi *se promener*, *s'abstenir*, *s'arroger*, *se taire*, etc.

45.

Considérations générales sur la conjugaison des verbes.

1° Tous les verbes qui indiquent une action faite par le sujet sur une personne ou sur une chose autre que le sujet, ou bien qui ont un régime direct, et dont ce régime est différent du sujet, se conjuguent dans leurs formules composées avec les formules simples du verbe *avoir*, comme : *blámer*, *punir*, *blesser*. On dit : *J'ai blámé votre frère ; j'ai puni votre frère ; j'ai blessé votre frère*. Dans ces exemples, *votre frère* qui est le régime direct du verbe, est différent du sujet qui est moi.

2° Le *participe passé simple* de tous les verbes qui indiquent une action faite par le sujet sur une personne ou sur une chose différente du sujet, peut être joint à toutes les formules du verbe *être*, et alors l'action exprimée par ce participe est reçue ou soufferte par le sujet du verbe *être*. Exemple : *Mon frère est blámé ; mon frère sera puni ; mon frère a été blessé*. L'action exprimée par les participes *blâmé*, *puni*, *blessé*, est évidemment soufferte par le sujet des verbes *est*, *sera*, *a été*, qui est *mon frère*.

3° Les verbes qui ont un régime direct, ou qui expriment une action faite sur quelqu'un ou sur quelque chose, peuvent presque tous exprimer que le sujet agit sur lui-même. Exemple : *Je me blâme*, *je me punis*, *je me blesse*. Dans ce cas particulier où le sujet et le régime direct sont la même personne ou la même chose, les verbes se conjuguent toujours avec *être* dans leurs formules composées, et alors ils deviennent inséparables des relatifs personnels *me*, *te*, *se*, *nous*, *vous*. Exemple : *Je me suis blâmé*, *je me suis puni*, *je me suis blessé*.

Il en est de même pour les verbes qui indiquent une réciprocité d'action, ou une action faite réciproquement par plusieurs personnes. Comme : *Nous nous écrivons*, *nous nous sommes écrits*, *ils se parlent*, *ils se sont parlés*, *ils s'embrassent*, *ils se sont embrassés*.

4° Plusieurs verbes qui n'expriment pas qu'une action se fait sur quelqu'un ou sur quelque chose, ou qui ne peuvent pas avoir de régime direct, se conjuguent avec le verbe *être* dans leurs formules composées. Tels sont *arriver*, *aller*, *mourir*, *naître*, *partir*, *venir*, et les composés de ces deux derniers verbes.

5° Quelques verbes qui n'indiquent pas ordinairement une action faite sur quelqu'un ou sur quelque chose, se conjuguent tantôt avec le verbe *être*, tantôt avec le verbe *avoir* dans leurs formules composées. Le sens de la phrase doit déterminer quel est celui de ces deux verbes qu'il faut employer. Tels sont *monter, diminuer, descendre, sortir, entrer,* etc. (Voyez à cet égard dans la 2ᵉ partie le n° 101, et consultez le Dictionnaire grammatical.)

46.

Division générale des verbes.

On divise les verbes en VERBES RÉGULIERS et VERBES IRRÉGULIERS.

47.

Verbes réguliers.

Les VERBES RÉGULIERS sont ceux qui se conjuguent régulièrement, c'est-à-dire, d'après les modèles donnés pour les quatre conjugaisons. *Blâmer, aimer, fermer, finir, partir, sentir, recevoir, concevoir, rendre, défendre, prétendre,* etc., sont des verbes réguliers.

48.

Verbes irréguliers.

Les VERBES IRRÉGULIERS sont ceux qui se conjuguent irrégulièrement, c'est-à-dire sans se conformer aux modèles donnés.

Il y a des *verbes irréguliers* qui ne se conjuguent qu'à la troisième personne du singulier. Ces verbes sont nommés UNIPERSONNELS. Ils n'expriment jamais d'action. Ex. : *Il neige*, *il pleut*, *il grêle*, *il faut*, etc.

D'autres verbes irréguliers manquent de certaines formules. *Absoudre*, *dissoudre* manquent du *second passé simple de l'affirmatif*; on ne dit point, *j'absolvai*, *je dissolvai*. *Déchoir* n'a point de *participe présent*, on ne dit pas *déchevant*.

Enfin le plus grand nombre des verbes irréguliers se conjuguent avec toutes les formules et toutes les personnes des verbes réguliers, mais ils diffèrent de ces verbes dans la formation de leurs formules. Tels sont *aller*, *acquérir*, *asseoir*, *savoir*, *prendre*, etc. (Consultez, pour les verbes irréguliers dont l'usage est le plus général, le Dict. gram. à l'article *Verbe*.)

Observation. Il n'est pas nécessaire que les élèves apprennent par cœur la conjugaison de tous les verbes irréguliers dont la liste est donnée dans le Dictionnaire : mais il faut qu'ils sachent parfaitement le nom de tous les verbes irréguliers simples ou non dérivés d'autres verbes; il faut aussi qu'ils étudient avec soin la conjugaison de ceux dé ces verbes dont l'emploi est le plus fréquent. Ce sont : *aller, envoyer, acquérir, courir, cueillir, fuir, haïr, mourir, ouvrir, partir, sentir, servir, sortir, tenir, venir, asseoir, falloir, concevoir, pleuvoir, pouvoir, savoir, valoir, voir, vouloir, battre, boire, coudre, croire, dire, écrire, faire, lire, mettre, naître, peindre, prendre, rire, suivre, vaincre, vivre.*

CHAPITRE IV.

MOTS INVARIABLES.

49.

Adverbe.

L'*adverbe* est un mot invariable qui se joint à des relatifs de qualité ou à des verbes, et qui en détermine le sens.

Ce mot reçoit son nom de son principal emploi, qui est d'être adjoint au verbe.

Quand on dit :

> Je dors *mal.*
> Je dors *bien.*
> Je dors *beaucoup.*

On voit que ces différents mots *mal, bien, beaucoup*, se joignent au verbe *dors*, et en déterminent le sens, c'est-à-dire, indiquent la manière dont *je dors.*

Quand on dit :

> Il est *assez* prudent.
>
> Il est *peu* prudent.
>
> Il est *très-*prudent.

Ces mots *assez*, *peu*, *très*, se joignent au relatif de qualité *prudent*, et en déterminent le sens.

Un *adverbe* peut aussi être joint à un autre adverbe, et déterminer celui-ci, ou en modifier le sens. *Il est* très-peu *riche*, *il se conduit* assez mal, Dans ces exemples les adverbes *très* et *assez* modifient les autres adverbes *peu* et *mal*, auxquels ils sont joints.

50.

Transformation de quelques relatifs de qualité en adverbes.

Quelques *relatifs de qualité* peuvent, dans certains cas, devenir *adverbes*, tels sont *clair*, *trouble*, *fort*, *juste*, *bon*, etc. En effet, quand on dit *ce miroir est* clair, *cette eau est* trouble, les relatifs *clair* et *trouble* expriment la qualité du miroir et de l'eau. Mais quand on dit : *cet enfant voit* clair, *mon œil voit* trouble, *clair* et *trouble* n'expriment plus la qualité de la personne ou de la chose, mais la manière dont elle voit. Ils déterminent le sens du verbe, ce sont alors des *adverbes*.

51.

Division des adverbes.

Les adverbes peuvent se diviser en deux classes, les adverbes simples, qui s'expriment par un seul mot, comme *toujours*, *ici*, *mal, peu,* etc., et les *adverbes composés*, qui s'expriment par deux ou par plusieurs mots, comme *tout à coup, à l'envi, tour à tour, à regret.*

52.

Tableau des principaux adverbes simples.

(Les mots marqués de ce signe * sont des relatifs de qualité qui, dans certains cas, deviennent adverbes.)

LES PRINCIPAUX ADVERBES SIMPLES EXPRIMENT :

1° *le temps*..... alors, après, aujourd'hui, auparavant, aussitôt, autrefois, bientôt, déjà, demain, depuis, désormais, dorénavant, encore, enfin, ensuite, environ, hier, incessamment, incontinent, jadis, jamais, long-temps, lors, maintenant, naguère, parfois, quelquefois, * soudain, souvent, tantôt, tard, tôt, toujours.

2° *le lieu*...... ailleurs, alentour, auprès, avant, céans, ci *pour* ici, dedans, dehors, derrière, dessous, dessus, devant, ici, là, loin, partout, près, * proche.

3° *la manière*... ainsi, aussi, autrement, bien, comme, ensemble, exprès, gratis, incognito, instamment, mal, mieux, notamment, pis, plutôt, sciemment, sévèrement, surtout, * vite, volontiers.

4° *la quantité*.. assez, autant, beaucoup, davantage, *fort, guère, moins, peu, plus, presque, que, * quelque, si, tant, * tout, très, trop.

5° *la négation*.. ne, non, nullement.

6° *l'affirmation*. certes, certainement, * même, oui, véritablement, vraiment.

7° *l'interrogation* combien ? comment ? où ? pourquoi ? quand ?

53.

Tableau des principaux adverbes composés.

LES PRINCIPAUX ADVERBES COMPOSÉS EXPRIMENT :

1° *le temps*.... à présent, d'abord , sans cesse, à jamais , une fois,
tout à coup, tout d'un coup, tout de suite.
2° *le lieu*...... à part, au travers, en travers, çà et là, quelque part,
en deçà, nulle part, vis-à-vis, en haut, en bas.
3° *la manière*.. à la fois, à l'envi , à même, à regret, d'accord , de
suite, d'ordinaire, par hasard, pêle-mêle, tour à tour,
à tort , à la hâte, en vain.
4° *la quantité*.. au moins , en sus, tout-à-fait, ni plus ni moins.
5° *la négation*.. ne pas, ne point , point du tout.
6° *l'affirmation*. sans doute.
2° *le doute*.... peut-être.

CHAPITRE V.

54.

Conjonctif.

Le *conjonctif* est un mot invariable qui sert à
joindre ou à lier les phrases entre elles, ainsi que
les mots d'une même phrase. *De, à, pour, sans,
mais, ni,* sont des conjonctifs.

*Le cheval de mon père. — Je vais à la maison. — Je ferai
cette chose pour vous. — Je voudrais aller vous voir, mais
je ne puis sortir. — Mon père et ma sœur sont arrivés.*

Dans ces phrases, les conjonctifs *de, à, sans,
mais, et,* lient tous les mots qui les précèdent aux
mots qui les suivent.

Un grand nombre de conjonctifs peuvent être
placés au commencement des phrases, et ne point
lier en apparence les mots de ces phrases entre eux.

Pour aller de France en Angleterre, il faut passer la mer.

Sans franchise, on ne peut être honnête homme.

Les conjonctifs *pour, sans,* sont les premiers mots de ces phrases : mais dans toutes celles où le même cas se présente, on remarquera que la phrase est composée de deux parties distinctes, et alors en plaçant la seconde partie de chaque phrase avant la première, on reconnaîtra qu'elles sont, dans la réalité, toutes deux liées par le conjonctif, quoiqu'elles ne le soient pas en apparence.

Ainsi, dans les deux exemples cités, les deux parties de la phrase sont : 1° *pour aller de France en Angleterre ;* 2° *il faut passer la mer.* En mettant la seconde partie avant la première, on dira :

Il faut passer la mer pour *aller de France en Angleterre.*

Et l'on reconnaîtra que le conjonctif *pour* lie, dans la réalité, les deux membres de la phrase.

Dans le second exemple, les deux parties de la phrase sont : 1° *sans franchise ;* 2° *on ne peut être homme de bien.* En mettant la seconde partie de la phrase avant la première, on dira : *On ne peut être homme de bien* sans *franchise.*

Et l'on reconnaîtra que le conjonctif *sans* lie, en effet, les deux parties de la phrase.

55.

Transformation de quelques adverbes en conjonctifs.

Quelques adverbes deviennent conjonctifs lorsqu'ils cessent de modifier ou de déterminer le sens du verbe ou du relatif de qualité auquel ils sont joints, et ne servent plus qu'à joindre le mot qui les précède, au mot qui les suit. Quand on dit : *Travaillons avec zèle, nous nous reposerons* après ; —*Faisons le bien sans intérét, et songeons qu'il faut toujours le faire* ainsi. Dans ces exemples, les mots *après*, *ainsi*, sont des adverbes, parce qu'ils déterminent le sens des verbes *reposerons*, *faire*, auxquels ils sont joints : mais quand on dit : *C'est notre prochain que nous devons aimer* après *Dieu* ; — *Nous devons nourrir nos enfants et les vétir*, ainsi *travaillons* ; dans ces phrases, les mots *après*, *ainsi* ne déterminent point le sens des verbes *aimer*, *vétir*, qui les précèdent ; mais ils servent à les joindre au mot suivant ; ils deviennent conjonctifs.

56.

Transformation de quelques autres mots en con-jonctifs.

Les mots *sauf*, *excepté*, *vu*, *durant*, *concernant*, *suivant*, *touchant*, peuvent, dans certains cas, être *conjonctifs*. (Voyez le Dict. gram.)

57.

Remarque sur les conjonctifs de *et* à.

Le relatif de nombre *le* précédé du conjonctif *de*,

se change en *du*, avant un nom masculin singulier qui ne commence pas par une voyelle ou une *h* muette. On ne dit pas : *Je viens* de le *jardin ;* mais il faut dire : *Je viens* du *jardin*. Quand ce même conjonctif précède le relatif de nombre *les*, celui-ci se change en *des* avant un nom pluriel des deux genres. On ne dit pas : *La majesté* de les *cieux*, mais on dit : *La majesté* des *cieux*.

Le relatif de nombre *le* précédé du conjonctif *à*, se change en *au* avant un nom masculin singulier qui ne commence pas par une voyelle ou une *h* muette. On ne dit pas : *Monter* à le *ciel;* il faut dire : *Monter* au *ciel*. Quand ce même conjonctif précède le relatif *les*, celui-ci se change en *aux* avant un nom pluriel des deux genres. Ne dites pas : *La sagesse divine s'est révélée* à les *hommes ;* mais dites : *La sagesse divine s'est révélée* aux *hommes*.

58.

Division du conjonctif.

On peut diviser les conjonctifs en *conjonctifs simples* qui s'expriment par un seul mot, tels que *car, de, à, pendant,* et en *conjonctifs composés* qui sont formés de plusieurs mots tels que : *à moins que, c'est-à-dire, tandis que, si ce n'est que, vis-à-vis, hors de*.

59.

Tableau des conjonctifs simples.

(Les mots marqués de ce signe * sont des adverbes qui, dans certains cas, deviennent des conjonctifs.)

LES CONJONCTIFS SIMPLES EXPRIMENT :

1° *le lieu* ..... chez, dans, * derrière, * devant, en, entre, parmi,
sous, sur.
2° *le temps* .... * après, * avant, * depuis, dès, durant, pendant,
lorsque, quand.
3° *la condition.* si.
4° *l'union* ... avec, outre, et, ni, puis.
5° *le but* ..... à, envers, pour, vers.
6° *la cause* ... attendu, vu, car, parce que, puisque.
7° *le moyen* ... moyennant, par.
8° *l'opposition.* cependant, mais, néanmoins, pourtant, quoique,
toutefois, contre, malgré.
9° *la séparation* ou, soit, sinon, excepté, hormis, hors, sans, sauf.
10° *la désignation*
des objets .. concernant, selon, de, suivant, touchant.
11° *d'autres ser-*
vent à expli-
quer .... or, comme, * ainsi, * aussi, donc, que.

60.

Tableau des conjonctifs composés.

(On peut regarder comme conjonctifs composés,
toutes les expressions formées d'un adverbe et
du conjonctif *que*.)

LES CONJONCTIFS COMPOSÉS EXPRIMENT :

1° *le temps* .... tandis que, dès que, aussitôt que.
2° *le lieu* ..... à côté de, autour de, par delà, à travers, au travers de.
3° *la cause* ... afin de, à cause de, vu que, de peur que.
4° *la condition.* à moins que, en cas que, si ce n'est que.
5° *l'opposition.* au contraire.
6° *la distinction* ou bien, soit que.
7° *d'autres ser-* {quant à, c'est pourquoi, par conséquent, au reste,
vent à expli- {d'ailleurs, en outre, de plus, au surplus, c'est-à-dire,
quer .... {de façon que, de manière que, de sorte que.

DEUXIÈME PARTIE.

DE L'EMPLOI DES MOTS.

CHAPITRE Ier.

61.

Accord du relatif avec le nom.

Le relatif s'accorde ordinairement en genre et en nombre avec le nom auquel il se rapporte. *On aime* l'homme bienfaisant ; les femmes vertueuses *sont honorées.*

62.

Quand un relatif se rapporte à plusieurs noms de nombre singulier et de même genre, ce relatif se met au pluriel. Ex. : *Le père et le fils également* habiles ; *la mère et la fille également* prudentes.

63.

Quand un relatif se rapporte à plusieurs noms de genre différent, ce relatif se met au pluriel masculin. **Ex.** : *Le père et la mère* heureux *par leurs enfants.*

Cependant lorsqu'un relatif de qualité est placé après deux noms d'une signification à peu près semblable, il ne s'accorde très-souvent qu'avec le dernier. **Ex.** : *Le maréchal Ney a montré à l'heure de sa mort* un calme *et* une fermeté parfaite. — *Il y a dans cette jeune fille* un charme *et* une grâce touchante.

64.

Place des relatifs de qualité.

Il y a des relatifs de qualité qui se mettent avant les noms. **Ex.** : beau *jardin;* grand *arbre;* petit *enfant.* Il y en a d'autres qui se mettent après. **Ex.** : *habit* rouge, *table* ronde, *maison* neuve. L'usage est seul à consulter à cet égard.

Il y a des relatifs de qualité dont la signification est différente, suivant qu'ils sont placés *avant* ou *après* certains noms. Ceux de ces relatifs dont l'usage est le plus général sont : *grand, mauvais, brave, certain, commun, sage, grosse, galant, nouveau, pauvre, plaisant, honnête, furieux, mortel, vilain.*

(Consultez pour ces mots le Dict. gram.)

65.

Emploi des relatifs de nombre.

On emploie les relatifs de nombre avant les noms pris d'une manière déterminée.

Les noms sont pris d'une manière déterminée, lorsqu'ils désignent un genre, une espèce de personnes ou de choses, ou un individu.

Les hommes *sont mortels.*

Dans cette phrase, les hommes sont pris pour tout le genre humain.

Les hommes sans principes *sont sujets à tomber dans de graves erreurs.*

Ici, on désigne une espèce particulière d'hommes, ceux qui sont *sans principes.*

Confiez vos intérêts à l'homme le plus vertueux *de la ville.*

Dans ce troisième exemple, *l'homme* n'indique qu'un individu. Il faut donc, dans les trois phrases citées, employer le relatif de nombre avant le nom, puisque celui-ci est pris d'une manière déterminée.

66.

On supprime le relatif de nombre lorsque le nom est pris d'une manière indéterminée, c'est-à-dire lorsqu'il ne désigne ni un genre, ni une espèce, ni un individu. C'est pour cette raison que l'on dira : *Une table de marbre*, lorsqu'on ne désigne aucune espèce de marbre; *monter à cheval*, lorsqu'on ne désigne aucun cheval en particulier. C'est ainsi qu'on dira encore : *Ces chemins sont bordés de peupliers et de saules*, si on ne veut désigner aucune espèce de peupliers et de saules. Mais on emploierait le relatif de nombre avec ces noms, s'ils étaient déterminés. On dirait : *Une table* du *marbre le plus beau. — J'ai monté* le *cheval de mon oncle. — Ces chemins sont bordés* des *peupliers et* des *saules que j'ai plantés.*

Dans certaines expressions proverbiales, on n'emploie pas le relatif de nombre :

Contentement passe richesse.

67.

Remarque sur les relatifs de nombre du *et* des.

On emploie souvent le relatif de nombre *du* avant un nom qui n'est pas déterminé; mais dans ce cas, le relatif *du* signifie presque toujours *une portion de, une certaine quantité de.* Ex. : *Donnez-moi* du *pain;* c'est-à-dire, *une portion de pain, une certaine quantité de pain.*

On emploie souvent aussi le relatif de nombre *des* avant un nom qui n'est pas déterminé; dans ce cas, *des* signifie *quelques.* Ex. : Des *ignorants*

s'imaginent tout savoir, c'est-à-dire, *quelques* igno‑
rants.

68.

Emploi des relatifs de liaison.

Les relatifs de liaison doivent être placés im‑
médiatement après les mots auxquels ils se rap‑
portent, afin qu'il n'y ait aucune obscurité dans le
sens de la phrase. Ainsi, l'on ne dirait pas :

Il y a de mauvais penchants *dans le cœur de l'homme*
qu'*il faut étouffer*.

Il faut dire :

Il y a dans le cœur de l'homme de mauvais penchants
qu'*il faut étouffer*.

Le relatif de liaison *qui*, précédé d'un conjonc‑
tif, ne se dit que des personnes ; on le remplace
par *lequel, laquelle, quoi, dont,* dans les autres
cas.

Le bonheur appartient à qui *fait des heureux*.

La science à laquelle *je m'applique*.

Dans ces deux exemples, les relatifs *qui, la‑
quelle*, sont précédés du *conjonctif à*. On emploie
qui, dans le premier exemple, parce que le relatif
se rapporte à des personnes. On emploie *laquelle*,
dans le second exemple, parce que le relatif se
rapporte à une chose, qui est *la science*.

On emploie *d'où* pour exprimer une idée de

lieu, et *dont* pour exprimer une idée d'origine ou de source :

Voilà la maison d'où je sors.

Les bons exemples de nos pères sont la source dont *nous devons tirer les règles de notre conduite.*

69.

Emploi des relatifs avec lesquels le nom ne s'exprime pas.

Ces relatifs doivent, ainsi que tous les autres, être employés d'une manière très-claire. Il faut que l'on puisse reconnaître sur-le-champ, et sans aucune espèce de doute, le nom dont ils tiennent la place. La phrase suivante est donc vicieuse :

Les enfants doivent chercher à imiter leurs pères dans tout ce qu'ils ont fait de mieux.

En effet, on ne voit pas d'abord si le relatif *ils* se rapporte aux pères ou aux enfants.

Il fallait dire :

Les enfants doivent chercher à imiter leurs pères dans tout ce que ceux-ci ont fait de mieux.

Il suit de cette règle, qu'un relatif de cette espèce ne peut pas s'employer deux fois dans la même phrase pour exprimer des objets différents, comme dans celle-ci :

George était dévoué au capitaine Édouard, quand il eut été tué, il ne voulut pas accepter sa place.

Il fallait dire :

George était dévoué au capitaine Édouard, quand celui-ci *eut été tué*, il *ne voulut pas accepter sa place.*

70.

Emploi des relatifs d'indication.

Lorsqu'on désigne des objets par les relatifs *ci* et *là*, on désigne toujours par *ci* l'objet le plus proche, et par *là* l'objet le plus éloigné. On dira, en parlant d'un livre que l'on tient : *prêtez-moi ce livre-*ci; et en parlant d'un livre que tient une autre personne, *prêtez-moi ce livre-*là.

On obéit au même principe avec les relatifs *celui-ci, ceux-ci, celui-là, ceux-là.* Lorsqu'on parle de plusieurs objets, on emploie *celui-ci* pour indiquer l'objet dont on a parlé en dernier lieu, et *celui-là* pour indiquer l'objet dont on a parlé d'abord :

Il y a en Afrique des peuples de différente couleur, des Maures et des Nègres; ceux-ci *sont noirs*, ceux-là *ont le teint cuivré.*

71.

Emploi des relatifs personnels.

Les relatifs personnels *lui, leur, eux, elle*, précédés d'un conjonctif, servent à désigner les personnes ; le relatif *y* sert le plus souvent à désigner dés choses inanimées. Ainsi, en parlant d'une somme d'argent, on dira : *j'y ajouterai vingt francs*, et non pas, *je* lui *ajouterai vingt francs*.

Dans certains cas cependant, *lui*, *leur*, *eux*, *elle* s'emploient pour des choses, et *y* pour des personnes :

Le travail est un bienfait du ciel, nous lui *devons le bonheur.*

Pensez-vous à moi ? — J'y pense.

Les bons auteurs sont à consulter à cet égard.

72.

Observations sur quelques relatifs.

Le relatif *le* est invariable toutes les fois qu'il remplace un verbe, ou un relatif de qualité, ou un nom exprimant une qualité :

Dieu veut que les hommes s'instruisent autant qu'ils le *peuvent.*

C'est-à-dire, autant qu'ils peuvent *s'instruire*; le relatif *le* tient ici la place du verbe *instruire*, il est invariable.

Madame, êtes-vous malade ? — Oui, je le *suis;*

C'est-à-dire, je suis *malade*; le relatif *le* tient ci la place du relatif de qualité *malade*, il est invariable, on ne pourrait dire : *Oui, je* la *suis.*

Une femme répondrait de même à la question : *Êtes-vous mère ?* elle dirait : *Je* le *suis*, et non pas *je la suis*, parce que le nom de mère exprime une *qualité*.

73.

Le relatif *en* s'emploie le plus souvent au lieu de *son*, *sa*, *ses*, *leur*, *leurs*.

Cet ouvrage a ses beautés, les parties en *sont bien distribuées.*

Au lieu de, ses *parties sont bien distribuées.*

74.

Les relatifs personnels *me*, *te*, *se*, *nous*, *vous*, lorsqu'ils sont régimes directs, se répètent devant chaque verbe employé à une formule simple :

Un homme qui nous *flatte et* nous *loue est souvent dangereux.*

Mais on ne les répète pas avant une formule composée :

Cet homme qui nous *a flattés et loués, est dangereux.*

Souvent on emploie *vous* au lieu de *tu*, et *nous* au lieu de *je*, ou de *moi*. Dans ce cas, les mots auxquels ces relatifs se rapportent sont toujours au singulier.

Monsieur, vous *êtes obligeant.*

Dans cet exemple, les mots *monsieur* et *obligeant* sont au singulier, parce que c'est comme s'il y avait, *monsieur* tu *es obligeant*.

L'usage veut qu'en général on emploie par politesse *vous* au lieu de *tu*, en adressant la parole à quelqu'un.

75.

Leur est quelquefois *relatif de possession*, et quelquefois *relatif personnel.*

Lorsque *leur* précède un verbe, c'est un *relatif personnel.* Ex. : *Je* leur *dirai*; *je* leur *donnerai du pain*; c'est comme s'il y avait, je dirai *à eux*, je donnerai *à eux*. Dans ces deux exemples *leur* précède le verbe, il est donc relatif personnel, et dans ce cas il est toujours invariable.

Lorsque *leur* précède un nom, il est *relatif de possession*. Ex. : *Ils vendront* leurs *chevaux et* leurs *voitures* ; *leurs* précède les noms *chevaux* et *voitures*, *leurs* est donc relatif de possession ; et en effet, c'est comme s'il y avait : Ils vendront les chevaux et les voitures *qu'ils possèdent.* Dans ce cas, lorsque *leurs* est relatif de possession, il s'accorde en nombre avec les noms auxquels il se rapporte.

Ces hommes se repentent, Dieu leur *pardonnera* leurs *fautes.*

Dans cet exemple, le premier *leur* précède un verbe (pardonnera), c'est donc un relatif personnel, et il est invariable; le second *leurs* précède un nom (fautes), c'est donc un relatif de possession, et il prend le signe du pluriel.

(Consultez le Dict. gram. pour les relatifs *feu*, *demi*, *nu*, *même*, *tout*, *quel que*, *quelque*, *soi*, *on*, *quiconque*, *chacun*, *aucun*, *l'un et l'autre*).

76.

Comparaison des noms et des relatifs de qualité.

Lorsqu'en comparant les qualités de deux ou de plusieurs objets, on veut exprimer qu'un de ces objets *vaut mieux* qu'un autre, ou que tous les autres, il faut mettre *plus* ou *le plus*, *la plus*, *les plus*, avant le relatif qui indique la qualité de cet objet.

La sagesse est plus *précieuse que l'or.*

Paris est la plus *grande ville de France.*

Les vertus sont les plus *précieux biens auxquels l'homme puisse prétendre.*

Lorsqu'on veut exprimer qu'un des objets comparés *vaut moins* qu'un autre, ou que tous les autres, il faut mettre *moins* ou *le moins*, *la moins*, *les moins*, avant le relatif :

L'Europe est moins *grande que l'Asie.*

Ces fleurs sont les moins *belles de mon jardin.*

Lorsqu'il y a *égalité* entre les qualités de deux ou de plusieurs objets, on met *aussi* ou *autant* avant le relatif :

Pierre est aussi *bon soldat que Paul.*

Cet homme est prudent autant *qu'habile.*

1re *Remarque.* Le conjonctif *que* sert à joindre les noms ou les relatifs comparés.

2e *Remarque.* On dit *meilleur* au lieu de *plus
bon*, qui ne se dit pas ; on dit *pire* au lieu de *plus
mauvais* ; — *moindre* au lieu de *plus petit* ou de
moins grand.

CHAPITRE II.

DE L'EMPLOI DU VERBE.

77.

Accord du verbe avec son sujet.

Le verbe s'accorde avec son sujet en nombre et
en personne :

Les lois punissent *les crimes.*

Je crains *Dieu, cher Abner, et n'ai pas d'autre crainte.*

78.

Quand le verbe se rapporte à plusieurs sujets,
il se met au pluriel :

La jeunesse *et l'*inexpérience *nous exposent à bien des
fautes.*

79.

Le verbe qui a plusieurs sujets ne s'accorde
qu'avec le dernier, quand les sujets signifient à
peu près la même chose :

La colère, *l'audace du méchant n'excite que le mépris
dans le cœur de l'homme de bien.*

80.

Quand un des relatifs indéterminés, *personne,*

tout, *rien*, remplace tous les sujets qui précèdent, le verbe s'accorde avec le relatif, et est de nombre singulier :

Trésors , grandeurs , plaisirs, rien ne nous satisfait comme une bonne action.

81.

Lorsque les différents sujets sont liés par le conjonctif *ou*, le verbe se met quelquefois au singulier, quelquefois au pluriel.

On dit également :

L'amour-propre ou la vertu est la cause des actions généreuses.

Et *l'amour propre* ou *la vertu* produisent *les actions généreuses.*

82.

Quand un verbe a rapport à plusieurs sujets de différentes personnes, il se met dans tous les cas au pluriel, et à celle des personnes qui a le premier rang, c'est-à-dire à la première personne de préférence à la seconde, et à la seconde de préférence à la troisième :

Vous et moi nous sommes sauvés et devons rendre grace à Dieu.

C'est vous ou lui qui avez mérité une récompense.

83.

Devant ces expressions *une infinité de, une*

multitude de, *peu de*, *beaucoup de*, *un grand nombre de*, etc., le verbe s'accorde avec le nom qui les suit :

Peu d'hommes sont *capables de se diriger eux-mêmes, et tous veulent diriger les autres.*

Une multitude d'hommes sont *malheureux par leur propre faute.*

84.

Quand on interroge, on place ordinairement après le verbe le relatif personnel sujet du verbe :

*Dois-je? viens-tu? allons-*nous ?

Mais l'usage ne permet pas d'employer cette tournure à la première personne, quand le verbe est terminé par deux consonnes.

Ainsi l'on ne dira pas : *Dors-je? Mens-je? Bats-je?* etc. Il faut prendre un autre tour, et dire : *Est-ce que je dors? Est-ce que je mange?*

85.

Des régimes des verbes.

On entend par *régime*, les mots qui dépendent d'un autre mot, et qui en complètent le sens.

Il aime la promenade.

La promenade sert à compléter le sens du verbe *aime*, dont il dépend; *la promenade* est le régime de ce verbe.

Dieu secourt le malheureux.

Le malheureux sert à compléter le sens du

verbe *secourt*, et en dépend; *le malheureux* est le régime de ce verbe.

86.

Régime direct.

Le régime direct d'un verbe se connaîtra toujours en interrogeant par le verbe suivi de *qui* ou *quoi*. Dans ces deux exemples : *Il aime la promenade* ; — *Dieu secourt le malheureux* ; en faisant les questions : *aime quoi? secourt qui?* on connaîtra que *la promenade* est le régime direct du verbe *aime*, et que *le malheureux* est le régime direct du verbe *secourt*.

87.

Régime indirect.

Outre le régime direct, les verbes peuvent en avoir un autre.

L'homme charitable donne ses soins au pauvre.

Le sens du verbe *donne* est complété non-seulement par le mot *soins*, qui est le régime direct, mais encore par le mot *pauvre*. Ce mot, dans l'exemple précédent, s'appelle *régime indirect*.

Un grand nombre de relatifs de qualité possèdent aussi ce régime :

Habile à la manœuvre, terrible à l'ennemi, vainqueur de l'Autrichien.

Ce régime est toujours lié au verbe ou au relatif par les mots *par, de , du , des, à , au , aux*.

On le connaîtra toujours en interrogeant par le verbe ou le relatif suivi des mots *par qui* ou *par quoi, de qui* ou *de quoi , à qui* ou *à quoi.*

Le laboureur doit remercier Dieu de ses dons.

Remercier qui? *Dieu ;* voilà le régime direct. *Remercier* de quoi? *de ses dons ;* voilà le régime indirect.

88.

Régime indirect précédé des conjonctifs de *ou* par.

Les participes passés accompagnés du verbe *être*, ont presque toujours un régime indirect, et ce régime indirect est ordinairement précédé des conjonctifs *de* ou *par.*

On emploie *par*, quand le participe passé exprime une action physique ou un travail de l'esprit :

L'imprimerie fut inventée par *Guttemberg.*

L'empire Romain fut envahi par *les barbares.*

Dans les autres cas, on emploie *de*, et quelquefois aussi *par.*

On peut dire :

Il est beau d'être chéri de ses concitoyens , ou par *ses concitoyens.*

89.

Un même régime pour plusieurs verbes.

Plusieurs verbes peuvent avoir un même régime, pourvu que ces verbes demandent des régimes de même espèce. Ainsi l'on dira :

Un homme d'honneur respecte *et* garde sa parole.

Parce que ces deux verbes demandent un régime direct.

Mais on ne dira pas :

Le bon citoyen s'informe et sait remplir *ses* devoirs *envers sa patrie.*

Parce que *s'informer* veut un régime indirect, et *remplir* un régime direct.

Mais on dit :

Le bon citoyen s'informe de ses devoirs *envers sa patrie, et sait* les remplir.

Cette règle est applicable aux relatifs de qualité et à tous les mots qui peuvent avoir un régime.

90.

Place des régimes directs et indirects.

Le régime direct précède ordinairement le régime indirect :

Dieu donna des lois *aux* Juifs.

Il faut dire : *Laissez-la-moi*, et non pas *laissez-moi-la.*

Cependant on doit rejeter presque toujours à la fin les parties de phrase les plus longues. Il faut dire :

Le prêtre offre à Dieu le vœu *de tous les fidèles.*

et non pas, suivant la règle générale,

Le prêtre offre le vœu *de tous les fidèles* à Dieu.

91.

RÈGLES POUR LES PARTICIPES.

Participe présent.

Les participes présents sont invariables, c'est-à-dire ne changent ni de genre, ni de nombre :

Un homme courant, *une femme* courant, *des hommes* courant, *des femmes* courant.

Remarque. Il ne faut pas confondre le participe présent avec le relatif terminé comme lui par *ant*, et dérivé du verbe. Ce relatif n'exprime qu'une qualité, tandis que le participe qui lui ressemble exprime, en outre, l'existence ou l'action.

Je vous ai toujours vu obligeant *vos amis au besoin.*

Ici, *obligeant* est un participe, parce qu'il indique l'action d'*obliger*.

Nous devons être obligeants *pour tout le monde.*

Ici, *obligeants* est un relatif de qualité, parce qu'il n'indique que la qualité d'*obligeance*.

Ce guerrier triomphe en courant.

Courant est participe, parce qu'il exprime l'action de *courir*.

De bons chiens courants.

Courants ici est un relatif de qualité, parce qu'il exprime simplement la qualité des chiens, sans exprimer d'action.

Le relatif de qualité dérivé du verbe suit la règle générale des relatifs, et s'accorde toujours avec le nom auquel il se rapporte.

92.

Participe passé.

Le verbe au participe passé peut s'accorder ou avec son sujet, ou avec son régime, ou rester invariable.

93.

Accord du participe passé avec son sujet.

Le participe passé qui est accompagné du verbe *être*, s'accorde toujours avec son sujet, à moins que le verbe *être* ne puisse se tourner par le verbe *avoir*. Ex. : *Mon habit est* fait, *ta robe est* faite, *mon frère est* aimé, *ma sœur est* aimée, *mes frères sont* venus, *mes sœurs sont* venues.

Le participe passé qui n'est accompagné d'aucun verbe s'accorde avec son sujet, parce qu'alors le verbe *être* est toujours sous-entendu.

Les récompenses accordées au mérite ne doivent pas être le prix de l'intrigue.

C'est comme s'il y avait : *les récompenses* qui sont *accordées au mérite*, etc.

Les actions faites sans intérêt sont les plus pures.

C'est comme s'il y avait : *les actions* qui sont *faites*, etc.

94.

Accord du participe passé avec son régime direct.

Le participe passé s'accorde avec son régime direct lorsqu'il est accompagné du verbe *avoir*, ou du verbe *être* pouvant se tourner par *avoir*, et lorsqu'il est précédé de ce régime.

Remarque. On connaîtra toujours le régime direct du participe, en interrogeant par ce participe suivi de *qui* ou *quoi*.

La fable *que mon père a* lue.

Dans cet exemple, *la fable* est le régime direct du participe *lue*, ce régime est placé avant le participe, il y a accord entre eux.

Nous devons suivre les bons exemples *que nous avons* reçus.

Les bons exemples, voilà le régime direct du participe *reçus*, ce régime précède le participe, il y a accord entre eux.

Plaignons la Pologne, *que trois souverains ambitieux se sont* partagée.

Le verbe *être*, qui accompagne le participe *partagée*, peut se tourner par le verbe *avoir*, c'est comme s'il y avait :

Plaignons la Pologne *que trois souverains ont* partagée *entre eux*.

La Pologne est le régime direct du participe *partagée*, ce régime est placé avant le participe, il s'accorde avec lui.

95.

Participe passé invariable.

Le participe passé est invariable, lorsque étant accompagné du verbe *avoir*, ou du verbe *être* pouvant se tourner par *avoir*, il n'a pas de régime direct, ou précède ce régime.

Mon père a lu une fable. — Nous avons reçu *de* bons exemples. — *Trois souverains* se sont partagé *la* Pologne.

Les participes *lu, reçu, partagé*, sont invariables, parce qu'ils précèdent tous trois leur régime direct.

Ma sœur a chanté.

Le participe *chanté* est invariable, parce qu'il n'a pas de régime.

Mon frère et le vôtre ne se sont jamais parlé.

Dans cet exemple, le verbe *être* qui accompagne le participe *parlé*, peut se tourner par *avoir*. C'est comme s'il y avait : *Mon frère et ma sœur n'ont jamais parlé entre eux.* Le participe *parlé* n'a point de régime direct, donc il est invariable.

Première remarque. On voit, d'après ce qui précède, que lorsqu'un participe est accompagné du verbe *être*, il faut d'abord examiner si ce verbe peut se tourner par le verbe *avoir* sans changer le sens de la phrase, et, dans ce cas, il faut suivre les règles données pour les participes accompagnés du verbe *avoir* : c'est-à-dire que le participe s'accorde alors avec son régime direct si celui-ci le précède, et qu'il reste invariable si son régime le suit, ou s'il n'a pas de régime direct.

Deuxième remarque. Les participes passés des verbes *unipersonnels* ou des verbes employés comme tels, sont invariables. On reconnaîtra qu'un verbe est de ce nombre lorsque le mot *il*, qui le précède, n'est point relatif personnel, c'est-à-dire, ne tient la place ni d'un nom de personne, ni d'un nom de chose. Dites : *Il s'est présenté plusieurs hommes. — Il est arrivé de grands malheurs. — Les chaleurs qu'il a fait cette année. — Il s'est glissé une faute dans votre ouvrage.*

96.

Observations sur le participe passé suivi d'un autre verbe.

Quand le participe passé est suivi d'un autre verbe, il faut voir si le régime direct placé avant le participe est régime de ce participe, ou s'il est régime du verbe suivant. Dans le premier cas, le participe passé s'accorde avec lui; dans le second, il est invariable.

On reconnaît que le régime direct dépend du participe, quand on peut le placer immédiatement après ce participe.

Les courriers *que j'ai* vus *arriver.*

Les courriers sont ici le régime direct du participe *vus* : en effet, on peut placer ces mots immédiatement après le participe, et dire : *j'ai vu les courriers qui arrivaient.* Ainsi l'on doit faire accorder *vus* avec *courriers.*

Je les *ai* entendus *parler.*

Le participe *entendus* s'accorde avec son régime direct *les*, car *les* est ici pour *eux*, et l'on peut dire : *j'ai entendu* eux *parler.*

Nous nous sommes crus *obligés d'obéir.*

Le participe *crus* s'accorde avec son régime direct *nous*; car on peut dire : *nous avons cru* nous *obligés d'obéir.*

Mais quand on dit :

Les arbres *que j'ai* vu *planter.*

Le participe *vu* reste invariable, car *les arbres* n'en sont pas le régime direct ; ils sont le régime de *planter.* En effet, on ne dirait pas : *j'ai vu* les arbres *planter ;* mais on dirait : *j'ai vu planter* les arbres.

La voiture *que j'ai* envoyé *chercher.*

Envoyé est ici invariable ; car *la voiture* n'est pas le régime de ce participe, mais c'est celui du verbe *chercher.* En effet, on ne pourrait pas dire : *j'ai envoyé* la voiture *chercher ;* mais on dirait : *j'ai envoyé chercher* la voiture.

Remarque. Les participes *pu*, *dû*, *voulu*, sont

invariables. On en comprendra le motif en répétant après eux le premier verbe de la phrase où ils se trouvent.

Il a réuni tous ceux qu'il a voulu.

C'est comme si l'on disait : *tous ceux qu'il a voulu* réunir.

Heureux qui meurt après avoir fait toutes les bonnes actions qu'il a pu.

C'est comme si l'on disait : *toutes les bonnes actions qu'il a pu* faire.

On voit dans ces exemples que ce sont les verbes *réunir* et *faire*, qui ont un régime direct, et que les participes *pu* et *voulu* n'en ont pas.

97.

EMPLOI DE QUELQUES MODES DES VERBES.

Emploi de l'affirmatif.

Quelquefois pour donner plus de rapidité au discours, on se sert du *présent de l'affirmatif* au lieu du *passé :*

Après avoir laissé approcher l'ennemi, nous nous montrons, *nous* marchons *droit à lui et nous le* chassons *de la* plaine.

L'expression la plus régulière eût été, *nous nous montrâmes, nous marchâmes droit à lui, et le chassâmes de la plaine.*

On se sert encore quelquefois du *présent* au lieu du *futur.*

On peut dire : *Je* pars *bientôt* ; pour , *je* pártirai *bientôt.* — *Où* allez-*vous demain ?* pour *où* irez-*vous demain ?*

98.

Emploi du conditionnel.

Avec les temps du *conditionnel*, le verbe qui suit le conjonctif *si* doit être au *premier passé simple* ou au *second passé composé* de l'affirmatif :

Si *nous* fesions *toujours notre devoir, nous* serions *plus heureux.*

Nous nous épargnerions *bien des maux*, si *nous* savions *modérer nos désirs.*

Si *tu avais agi* noblement , *tu* aurais secouru *ce malheureux.*

Quelquefois on remplace le *second passé composé de l'affirmatif* par le *second passé composé du conditionnel :*

Si *tu eusses agi* noblement , *tu* aurais secouru *ce malheureux.*

99.

Emploi du subjonctif.

Le *mode subjonctif* exprime le doute , l'incertitude, la crainte, le désir, la possibilité, la nécessité.

On l'emploie :

1º Après un relatif de liaison précédé de *nul, aucun, rien, le seul, peu,* ou de *le plus, le moins,* etc., ou enfin des relatifs de rang *le premier, le second, le dernier,* etc. :

L'Evangile est le plus *beau présent* que *Dieu* ait *pu faire aux hommes.*

Il n'y a aucun *malheur* qui *ne* puisse *donner une leçon utile.*

2° Après un premier verbe qui, dans la première partie de la phrase, exprime une interrogation ou une négation :

Pensez-vous *que Dieu vous* sache *gré de votre faiblesse ?*

Je nie *que votre conduite* soit *honorable.*

3° Après *quelque, quel que, quoique.*

Quelque *riche que vous* soyez.

Quoi que *je* fasse.

Quelle que soit *leur fortune.*

4° Après plusieurs conjonctifs , tels que, *afin que , lorsque , quoique , jusqu'à ce que , soit que ,* etc.

Quoi que *vous* fassiez, *vous serez à plaindre,* jusqu'à ce que vous soyez *vertueux.*

100.

Emploi des différentes formules du mode subjonctif.

Le présent s'emploie après le présent ou le futur de l'affirmatif; on emploie *le passé simple* après tous les autres temps.

Ainsi l'on dira :

Il faut
Il faudra } que tu lises.
Il aura fallu

Il fallait
Il fallut
Il a fallu
Il avait fallu } que tu lusses.
Il faudrait
Il aurait fallu

Le premier passé composé du mode subjonctif s'emploie dans les mêmes cas que le présent de ce mode, et, de plus, après le premier *passé composé de l'affirmatif.*

Il veut
Il a voulu } que j'aie été chez lui.
Il voudra
Il aura voulu

Le *second passé composé* du mode subjonctif s'emploie après toutes les autres formules, et aussi après le premier passé composé de l'affirmatif.

Il voulait
Il voulut
Il a voulu
Il avait voulu } que j'eusse été chez lui.
Il voudrait
Il aurait voulu

101.

Emploi des verbes conjugués avec avoir *et* être.

Quelques verbes se conjuguent tantôt avec le verbe *être*, et tantôt avec le verbe *avoir*. Tels sont, *cesser, diminuer, demeurer,* etc.

Ces verbes se conjuguent avec le verbe *avoir*, quand ils expriment l'action du sujet ou lorsqu'ils ont un régime direct.

On dit :

La rivière a diminué *de deux pieds en un jour.*

On exprime ainsi l'action que la rivière a faite dans le jour ; mais on emploie avec les mêmes verbes le verbe *être*, lorsqu'on exprime simplement l'état dans lequel est le sujet au moment dont on parle.

Ainsi l'on dira :

La rivière est *bien* diminuée.

Pour indiquer l'état dans lequel se trouve la rivière.

(Voyez le Dict. Gram. pour les verbes *contrevenir, subvenir, concourir, demeurer, monter, rester, passer, entrer, sortir, tomber, échapper.*)

CHAPITRE III.

EMPLOI DE QUELQUES MOTS INVARIABLES.

102.

Usage de la négation.

1° Après les mots *plus*, *moins*, *autre*, *autrement*, qui indiquent une comparaison, le verbe est accompagné de *ne*.

On est plus heureux par le travail, qu'on ne *peut l'être par l'oisiveté.*

On se voit d'un autre œil qu'on ne *voit son prochain.*

Cependant si la partie de phrase où se trouvent ces mots est interrogative ou négative, le verbe suivant n'est pas précédé de *ne*.

Dites :

Le sage n'est pas autre dans la prospérité qu'il est dans le malheur.

Et non :

Le sage n'est pas autre dans la prospérité qu'il n'est dans le malheur.

2° Les verbes *craindre*, *appréhender*, *trembler*, *avoir peur*, *prendre garde*, *empêcher* veulent après eux le mot *ne*, à moins que la phrase ne soit négative ou interrogative.

Je crains que mon frère ne tarde.

Vous empêcherez qu'on ne me fasse du mal.

Dans ces deux exemples on emploie *ne* après les verbes *craindre*, *empêcher*, parce que la phrase n'est ni négative ni interrogative.

Craignez-vous que mon frère tarde ?

Empêcherez-vous qu'on me fasse du mal ?

Dans ces deux derniers exemples on n'emploie pas le mot *ne*, parce que la phrase est interrogative.

C'est une faute d'employer le mot *pas* après *ne* lorsqu'il se trouve dans la phrase un des mots négatifs *ni, rien, aucun, jamais,* etc.

dites :

Je ne vois aucun de vos juges. — Rien n'est *beau que le vrai.* — *Je n'aime* ni *les prodigues* ni *les avares.*

Ne dites pas :

Je ne vois pas aucun de vos juges. — Rien n'est pas

beau que le vrai. — *Je n'aime* pas ni *les prodigues ni les avares.*

(Consultez dans le Dict. Gram. , pour l'emploi de la négation, les mots *de crainte que, de peur que, à moins que, sans que, défendre.*)

103.

Emploi de quelques conjonctifs.

Après les conjonctifs *de, à, en, sans,* le nom se met au singulier.

Des marchands de vin, des soldats à pied . des fruits à noyau.

Cependant, lorsqu'il est de toute évidence que le nom qui suit ces conjonctifs exprime plusieurs personnes ou plusieurs choses, on emploie le pluriel, et l'on dit :

Un marchand de vins fins.   (Qui vend des vins fins).
Sauter à pieds joints.   (Avec les pieds joints).

Ces mêmes conjonctifs, excepté *sans,* se répètent avant chaque mot, nom, relatif ou verbe.

Le Christianisme fut d'abord prêché à *Antioche,* à *Ephèse,* à *Athènes,* à *Rome.*

Les apôtres tâchaient d'instruire les peuples et de réformer leurs mœurs.

Les premiers chrétiens souffrirent de grands maux en Judée, en *Syrie et en Italie.*

104.

Les autres conjonctifs ne se répètent pas quand

les noms ont entre eux une signification à peu près semblable:

Il est honteux de passer sa vie dans *la* mollesse ou l'oisiveté.

Jésus-Christ nous a prescrit d'être indulgents envers *nos* ennemis *et nos* persécuteurs.

Ils se répètent dans tous les autres cas :

Remplissez vos devoirs envers *Dieu* , envers *vos parents et* envers *la patrie.*

105.

Au lieu de répéter les conjonctifs, *comme* , *lorsque* , *puisque* , *quand* , *quoique* , *si* , etc., on les remplace par *que.*

Dites :

Quand *on n'écoute que la passion* , et qu'*on méprise tous les conseils* , *on se perd.*

Ne dites pas :

Quand *on n'écoute que la passion* , et quand *on méprise* , etc.

Dites aussi :

Si vous aimez la vertu , et que *vous vouliez le prouver* , *faites le bien.*

Et non :

Si vous aimez la vertu et si *vous voulez le prouver* , etc.

On voit d'après cet exemple que le conjonctif *que* , employé pour *si* , veut que le verbe suivant soit au mode subjonctif.

106.

Les conjonctifs *et, ni, avec,* ne doivent pas lier de phrase dont la nature est différente, ni des mots de différente espèce ; des noms avec des verbes ou des relatifs, etc.

On ne peut pas dire :

Il est noble d'avouer ses torts et qu'on se repent.

Mais on dira :

Il est noble d'avouer qu'on a eu des torts et qu'on se repent.

On ne peut dire non plus :

L'Évangile nous recommande l'obéissance à Dieu et d'être charitables envers tous les hommes.

Il faut dire :

L'Évangile nous recommande d'obéir à Dieu et d'être charitables envers tous les hommes.

107.

Le conjonctif *ni* s'emploie pour lier les phrases négatives.

Je ne le connais, ni ne veux le connaître.

Cependant on emploie *et* au lieu de *ni,* lorsque les deux phrases expriment des choses tout-à-fait distinctes.

Nous ne céderons pas à l'opinion publique, et nous n'en serons pas moins estimables.

108.

Plus, mieux, moins, autant, répétés au commencement de deux parties distinctes d'une phrase, rendent inutile l'emploi du conjonctif *et* pour les joindre.

Ne dites pas :

Plus *on remplit ses devoirs*, et plus *on sent le charme de la vertu*.

Dites :

Plus *on remplit ses devoirs*, plus *on sent le charme de la vertu*.

(Consultez le Dict. Gram., pour les mots invariables *dessus*, *dessous*, *dedans*, *plus*, *davantage*, *plutôt*, *de suite*, *tout de suite*, *si*, *très*, *comme*, *aussitôt*, *pire*, *tant pis*, *ni*, *soit*, *soit que*, *proche*, *très*, *autour*, *à l'entour*, *contre*, *vis-à-vis*, *en face*).

TROISIÈME PARTIE.

DE L'ORTHOGRAPHE, OU DE LA MANIÈRE D'ÉCRIRE LES MOTS.

CHAPITRE 1.

DES NOMS.

109.

Pluriel des noms.

1° On forme ordinairement le pluriel des noms en ajoutant une *s* à la fin.

Un homme, les hommes. — Une femme, les femmes. — Le lion, les lions.

2° Les noms terminés au singulier par *s*, *x* ou *z*, ne changent pas au pluriel.

Le fils, les fils. — La voix, les voix — Le nez, les nez.

3° La plupart des noms terminés au singulier par *au*, *eau*, *eu*, *ou*, prennent un *x* au pluriel au lieu d'une *s*.

Le noyau, les noyaux. — Le château, les chateaux. — Le cheveu, les cheveux. — Le chou, les choux.

Cependant les mots *cou*, *clou*, *écrou*, *matou*, *sou*, *trou*, *verrou*, quoique terminés au singulier par *ou*, suivent la règle ordinaire, et reçoivent une *s* au pluriel.

4° La plupart des noms terminés au singulier par *al* et *ail*, changent au pluriel leur terminaison en *aux* :

Le mal, les maux. — Le cheval, les chevaux. — Le travail, les travaux.

Cependant les noms, *bal*, *pal*, *cal*, *régal*, *carnaval*, *attirail*, *camail*, *détail*, *épouvantail*, *éventail*, *gouvernail*, *poitrail*, *portail*, *sérail*, prennent une *s* au pluriel.

Travail fait *travails*, quand on parle des poteaux où l'on attache les chevaux pour les ferrer.

(Consultez pour *aïeul*, *ciel*, *œil*, le Dict. Gram.)

5° Beaucoup de personnes retranchent le *t* au pluriel des noms terminés par *ant* ou *ent*; cette règle n'est pas généralement reçue, et l'on peut écrire également au pluriel : *des enfans* ou *des enfants*; *des appartemens* ou *des appartements*. La suppression du *t* étant une abréviation, il convient de l'adopter comme règle. Mais il faut toujours conserver cette lettre dans les noms d'une seule syllabe.

Des gants, des dents, des vents.

6° Les noms d'hommes ne prennent pas ordinairement la marque du pluriel. Ex. : *Les deux Jérôme, les trois Henri.*

On donne cependant la marque du pluriel au nom des familles royales ou célèbres.

Les Bourbons, les Capets, les Guises.

110.

Formation du féminin dans les noms.

1° Les noms qui finissent par un *e muet* ne changent pas ordinairement au féminin.

Un élève, une élève.

Cependant plusieurs noms terminés par un *e muet* changent cet *e muet* en *esse* pour former le féminin.

Prince, princesse. — Prophète, prophétesse. — Hôte, hôtesse. — Maître, maîtresse. — Tigre, tigresse. — Ane, ânesse.

2° Les noms terminés en *eau* changent *eau* en *elle* pour former le féminin.

Un pastoureau, une pastourelle. — Un tourtereau, une tourterelle.

3° Les noms terminés en *ien, on, et*, redoublent la dernière consonne, à laquelle on ajoute l'*e muet* pour former le féminin :

Un chien, une chienne. — Un lion, une lionne. — Un minet, une minette.

Cependant *compagnon, larron*, font *compagne, larronnesse.*

4° Les noms terminés en *eur* forment le féminin par le changement d'*eur* en *euse*, en *rice* ou en *eresse.*

Chanteur, chanteuse. — *Lecteur,* lectrice. — *Pécheur,* pécheresse.

Cependant *gouverneur* fait *gouvernante, serviteur* fait *servante.*

5º Tous les autres noms prennent un *e muet* pour former le féminin.

Un marchand, une marchande. — *Le boulanger, la boulangère.* — *Le bourgeois, la bourgeoise.*

Remarque. *Paysan* fait au féminin *paysanne,* *chat* fait *chatte.*

CHAPITRE II.

DES RELATIFS.

111.

Pluriel des relatifs de rang et de qualité.

1º Les relatifs de rang et de qualité suivent dans la formation du pluriel les mêmes règles que les noms. *Bon, jeune, heureux, nouveau, premier,* font au pluriel, *bons, jeunes, heureux, nouveaux, premiers.*

2º D'après cette règle, les relatifs terminés au singulier en *al,* forment le pluriel masculin en changeant *al* en *aux. Égal, communal,* font au pluriel *égaux, communaux.*

Cependant plusieurs relatifs terminés en *al* n'ont pas de pluriel au masculin, tels sont : *austral, boréal, fatal, filial, final, frugal, jovial, naval, natal, pectoral, virginal.*

112.

Féminin des relatifs de rang et de qualité.

1° Les relatifs terminés au masculin par un *e* muet, par *eau* et par *eur*, suivent dans leur formation au féminin la même règle que les noms : *aimable, beau, flatteur, troisième,* font au féminin, *aimable, belle, flatteuse, troisième.*

Cependant les relatifs terminés en *érieur* prennent un *e muet* au féminin : *Supérieur, inférieur,* font au féminin *supérieure, inférieure.*

2° Les relatifs en *el, eil, en,* doublent au féminin leur dernière consonne en prenant un *e* muet.

Immortel, immortelle. — Pareil, pareille. — Ancien, ancienne.

Les relatifs *coquet, muet, net, cet, sujet, sot, épais, gras, gros, gentil, nul,* doublent aussi leur dernière consonne : *coquette, muette, nette, cette, sujette, sotte, épaisse, grasse, grosse, gentille, nulle.*

3° Les relatifs terminés par *f,* changent *f* en *ve* au féminin : *neuf, neuve ; vif, vive ; actif, active.*

4° Les relatifs terminés par *x,* forment le féminin en changeant *x* en *se.*

Heureux, heureuse. — Généreux, généreuse.

5° Les relatifs de qualité et de rang autres que ceux déjà désignés prennent un *e* muet au féminin, comme les noms : *joli*, *jolie*; *vrai*, *vraie*; *grand*, *grande*; *petit*, *petite*; *premier*, *première*.

6° Le tableau qui suit fera connaître les exceptions les plus importantes aux règles de la formation du féminin des relatifs.

MASCULIN.	FÉMININ.	MASCULIN.	FÉMININ.
Doux.........	Douce.	Franc........	Franche.
Roux.........	Rousse.	Caduc........	Caduque.
Faux.........	Fausse.	Public........	Publique.
Majeur.......	Majeure.	Frais.........	Fraîche.
Mineur.......	Mineure.	Sec..........	Sèche.
Meilleur......	Meilleure.	Tiers.........	Tierce.
Bénin........	Bénigne.	Favori........	Favorite.
Malin........	Maligne.	Vieux........	Vieille.
Long.........	Longue.	Fou..........	Folle.
Muscat.......	Muscade.	Mou..........	Molle.
Blanc........	Blanche.		

Première remarque. Les trois relatifs, *vieux*, *fou*, *mou*, font au féminin, *vieille*, *folle*, *molle*, parce qu'autrefois on disait au masculin, *vieil*, *fol*, *mol*. On emploie encore ces derniers mots avant un nom qui commence par une voyelle ou une *h muette*; et l'on écrit dans le même cas, *bel* et *nouvel*, au lieu de *beau* et *nouveau*.

Vieil homme, *fol* amour. — *Bel* oiseau. — *Nouvel* habit.

Deuxième remarque. Toutes les règles précédentes concernent particulièrement les relatifs de qualité et ceux de rang; j'ai donné dans le tableau général des relatifs, n° 19, la formation du fémi-

nin et du pluriel de tous ceux qui ne se conform-
ment point à ces règles dans les autres classes, et
je n'en ai excepté que les relatifs de quantité.

113.

Relatifs de quantité.

1° Les relatifs de quantité sont en général invariables : cependant *un* fait au féminin *une ; vingt*
et *cent* prennent une *s* lorsqu'ils expriment plusieurs *vingts* ou plusieurs *cents*, et qu'ils ne sont
pas suivis d'un autre nombre ; ainsi l'on écrira :

Quatre-vingts *francs, trois* cent *volumes ; et quatre-
vingt-huit francs, trois* cent *douze volumes.*

2° *Million* et *milliard* prennent aussi l'*s* au pluriel.

Trois millions, quatre milliards.

Mille s'écrit *mil* quand il indique la date des
années, et qu'il est suivi d'un autre nombre. *Cent*
et *vingt* indiquant aussi la date des années sont
toujours invariables, écrivez : l'an *mil quatre cent,*
l'an *mil huit cent quatre vingt.*

CHAPITRE III.

Des noms composés.

114.

On entend par *noms composés* ceux qui sont
formés de la réunion de plusieurs mots que l'u-
sage n'a pas encore confondus en un seul.

Dans les noms composés, le nom et le relatif peuvent seuls être variables, ils doivent s'écrire au singulier ou au pluriel suivant que l'indique le sens des mots.

1° Quand un nom composé est formé d'un nom et d'un relatif, le nom et le relatif prennent la marque du pluriel.

Des jeunes-gens, des cousins-germains.

Les deux mots prennent ici la marque du pluriel, parce qu'il y a plusieurs *gens* qui sont *jeunes*, plusieurs *cousins* qui sont *germains*.

2° Dans les noms composés de deux noms liés par un conjonctif, le premier seulement prend la marque du pluriel :

Des arcs-en-ciel, des valets-de-chambre, des eaux-de-vie.

Les mots *arcs*, *valets*, *eaux*, prennent seuls la marque du pluriel, parce qu'on parle au pluriel de plusieurs *arcs*, de plusieurs *valets*, de plusieurs *eaux ;* mais non de plusieurs *cieux*, de plusieurs *chambres*, de plusieurs *vies*.

3° Dans les noms composés, formés d'un nom et d'un mot invariable, le nom seul prend la marque du pluriel.

Des arrière-boutiques, des avant-cours.

Les noms *cours* et *boutiques* prennent la marque du pluriel ; car il est évidemment question ici de plusieurs cours et de plusieurs boutiques.

4° Quand un mot composé est formé d'un verbe et d'un nom, il est toujours invariable, soit qu'au singulier il prenne ou ne prenne pas la marque du pluriel : le sens du mot composé est seul à consulter à cet égard.

Des perce-neige, des garde-feu, des cure-dent, des tire-bouchon.

Ces noms ne prennent pas la marque du pluriel; en effet, plusieurs *perce-neige* peuvent percer la même *neige*, plusieurs *garde-feu* peuvent convenir au même *feu*, plusieurs *tire-bouchon* peuvent être employés à tirer le même bouchon.

Mais on dira au singulier avec le signe du pluriel :

Un couvre-pieds, un tire-bottes, un porte-mouchettes.

Ces mots prennent une *s* au singulier comme au pluriel : en effet, un même *couvre-pieds* est destiné à couvrir toujours *deux pieds* ; un même *tire-bottes* est destiné à tirer toujours *deux bottes* ; un même *porte-mouchettes* est destiné à une paire de *mouchettes*.

CHAPITRE IV.

DES VERBES.

115.

TABLEAU de la terminaison des nombres et des personnes dans les formules simples des verbes réguliers.

<table>
<tr><td colspan="5" align="center">PERSONNES DU SINGULIER.</td></tr>
<tr><td colspan="2" align="center">PREMIÈRES.</td><td align="center">SECONDES.</td><td colspan="2" align="center">TROISIÈMES.</td></tr>
<tr>
<td>On écrit par ai toutes les premières personnes du singulier qui font entendre le son é. Ex. : j'aimai, j'aimerai, j'ai.
Excepté la première personne du présent de l'affirmatif lorsqu'elle se prononce de même et est suivie du relatif personnel je.
Ex. : aimé-je, blâmé-je.</td>
<td>On écrit par s toutes les premières personnes du singulier, excepté celles qui sont terminées par e, ai. Ex. : je finis, je rendais, je reçois, je courus.
— Toutes les premières personnes dont la prononciation fait entendre le son de l'e muet à la fin de la dernière syllabe, se terminent par cette lettre.</td>
<td>On écrit par s toutes les secondes personnes du singulier, excepté celles qui sont terminées par e. Ex. : tu aimes, tu finissais, tu reçus.
—On écrit par e le présent de l'exhortatif des verbes de la 1re conjugaison.</td>
<td>On écrit par t toutes les troisièmes personnes du singulier, excepté celles qui sont terminées par a, d, e. Ex. : il finit, il recevait, il reçut.
—On écrit par a, 1° le second passé simple des verbes de la 1re conjugaison. Ex. : il aima, il acheta. 2° le futur de tous les verbes. Ex. : il privera, il recevra, etc.</td>
<td>On écrit par d le présent de l'affirmatif des verbes dont l'infinitif est terminé en dre, comme mordre, fondre, rendre. Ex. : il mord, il fond, il rend.
Toutes les troisièmes personnes dont la prononciation fait entendre le son de l'e muet à la fin de la dernière syllabe, se terminent par cette lettre. Ex. : il aime, il touche.</td>
</tr>
<tr><td colspan="5" align="center">PERSONNES DU PLURIEL.</td></tr>
<tr><td align="center">PREMIÈRES.</td><td colspan="2" align="center">SECONDES.</td><td colspan="2" align="center">TROISIÈMES.</td></tr>
<tr>
<td>On écrit par s toutes les premières personnes du pluriel, nous aimons, nous rendîmes, nous arrivâmes.</td>
<td>On écrit par ez les secondes personnes du pluriel qui font entendre le son final é. Ex. : vous aimez, vous finissiez, vous receviez.</td>
<td>On écrit par tes les secondes personnes du pluriel qui font entendre le son final te. Ex. : vous vendîtes, vous pensâtes, vous reçûtes.</td>
<td>On écrit par nt toutes les troisièmes personnes du pluriel. Ex. : ils aiment, ils rendront, ils recevront, ils reçurent.</td>
<td>Toutes les troisièmes personnes du pluriel qui ne se terminent pas par ont, prennent un e muet avant nt. Ex. : Ils recevaient, ils donnent.</td>
</tr>
</table>

116.

Observations sur les conjugaisons.

Dans les verbes terminés par *ger*, on met un *e* muet devant le *g*, lorsque la règle voudrait qu'il fût suivi d'un *a* ou d'un *o :* dans le verbe *partager*, Au lieu de dire *nous partagons*, on dit *nous partageons*, et l'on conserve ainsi au *g* la prononciation du *j.*

Dans les verbes en *oyer, uyer*, on met *i* à la place de l'*y* lorsqu'un *e muet* doit suivre immédiatement. Ex. : *J'emploie, nous employons ; j'appuie, nous appuyons.*

Il en est de même pour les verbes irréguliers qui ont le participe présent en *gant*, et pour les verbes *avoir* et *être : Qu'ils soient, qu'elles aient :* Cependant *rayer* conserve toujours l'*y*, dites : *je rayerai.*

Les verbes en *ier*, et tous les verbes dont le participe présent est terminé en *iant*, prennent deux *i* aux deux premières personnes du pluriel du premier passé simple de l'affirmatif et du présent du subjonctif.

Priant, nous priions, vous priiez, que nous priions.
Riant, nous riions, vous riiez, que nous riions.

Les verbes dont le participe présent se termine en *yant*, prennent un *i* après l'*y* à ces mêmes personnes et dans ces mêmes temps : *Employant*, *nous employons*, *vous employez*, *que nous em-ployions*, *que vous employiez.*

Les verbes terminés par *eler* ou *eter*, prennent deux *l* ou deux *t* quand ces consonnes sont sui-vies d'un *e muet.*

Appeler, *nous appelons*, *j'appelle*, *j'appellerai*; *jeter*, *nous jetons*, *je jette*, *je jetterai.*

Il faut excepter les verbes *acheter*, *bourreler*, *dé-céler*, *geler*, *harceler* et *peler* (Voyez le n° 118).

Les verbes *prendre*, *venir*, *tenir* et leurs com-posés prennent deux *n* toutes les fois que cette consonne est suivie d'un *e muet.*

Que je vienne, *que tu tiennes*, *qu'il prenne.*

Tous les composés *de dire*, excepté *redire*, qui fait *vous redites*, sont terminés en *sez* à la deuxième personne du présent de l'affirmatif : *vous prédisez*, *vous médisez*, *vous contredisez.*

Les secondes personnes du singulier de l'exhor-tatif terminées par un *e muet*, prennent une *s* lorsqu'elles sont suivies des relatifs *en*, *y.*

Rends-toi à la poste, *portes-y cette lettre.*

Ce gâteau est bon, *donnes-en à ton frère.*

Je te confie ma femme, *aies-en soin.*

La seconde personne de l'exhortatif du verbe *aller* suit la même règle, on dit : *vas-y voir*, *vas-en prendre.*

Remarque : Il faut bien se garder de confondre le relatif personnel *en* avec le conjonctif *en.* Le verbe à l'exhortatif, suivi de ce conjonctif, ne prend pas l's : *Danse en mesure.* Dans cet exemple, *en* n'est pas relatif personnel, car il ne tient la place d'aucun nom ; le verbe *danse* ne prend pas d's.

117.

Observations sur quelques mots.

1° Avant les lettres *b m p,* on emploie une *m ,* et non une *n,* quand la prononciation permettrait d'employer l'une ou l'autre de ces lettres.

Emploi, empressement, emmancher, ambition.

Il faut excepter *bonbon , embonpoint, néanmoins , nonpareil ;* et les verbes, *nous vînmes , nous tînmes,* et leurs dérivés.

2° L'orthographe des mots dérivés ressemble à celle des mots dont ils sont tirés, ainsi : *saut,* nom d'une action, s'écrit par *au ;* on écrira de même les dérivés, *sauter, sauteur :* Mais , *sot,* relatif de qualité, s'écrit par *o ;* il en est de même de ses dérivés, *sotte, sottise, sottement.*

3° Les dérivés des verbes terminés en *quer,* s'écrivent en changeant *quer* en *ca.* Ex. : *fabriquer , fabrication.* Les dérivés des verbes terminés en *guer,* s'écrivent en changeant *guer* en *ga.* Ex. : *Naviguer, prodiguer, navigation, prodigalité.*

4° Le son final *a* s'écrit *at* dans les noms de dignité ou de profession.

Magistrat, avocat, prélat, notariat.

5° Le son final *é* s'écrit par *er* dans les noms d'arbres et les noms de profession :

Pommier, prunier, menuisier, vitrier, boulanger.

6° Les relatifs de qualité terminés par *nt*, forment les adverbes qui en sont dérivés en changeant *nt* en *mment.*

Prudent, prudemment ; violent, violemment.

CHAPITRE V.

De quelques signes orthographiques.

118.

ACCENTS.

Les accents sont des signes que l'on met quelquefois sur les voyelles pour indiquer leur prononciation.

Il y a trois accents : l'accent aigu (´), l'accent grave (`), et l'accent circonflexe (ˆ).

L'accent aigu se met sur l'*e fermé.* Ex. : *Bonté, génie, vérité.*

L'accent grave se met ordinairement :

1° Sur l'*e ouvert.* Ex. : *lumière, prière.*

2° Sur *a* final dans les adverbes : *là, çà ; en deçà, au delà, oui dà.*

3° Sur *à* conjonctif et sur *où* marquant le lieu.

L'accent circonflexe se place sur la plupart des voyelles longues : *Bêche, aumône, apôtre.*

On met aussi cet accent sur l'*i* des verbes terminés en *aître* et en *oître* dans toutes les formules où cet *i* est suivi d'un *t. Je paraîtrai, il naîtra.*

Première remarque. On écrit sans accent l'*e* suivi d'une *r*, et le plus souvent aussi celui qui forme une syllabe avec une consonne qui le suivrait immédiatement.

Exemple : Rocher, berger, ciel, mer, secret.

Deuxième remarque. Les verbes *acheter, bourreler, déceler, geler, harceler,* prennent un accent grave sur l'*e* qui précède le *t* ou l'*l*, lorsque celui qui suit ces consonnes est muet :

Il achète, il gèle, il harcèle.

Troisième remarque. L'*e* final des temps simples, dans les cas où le verbe est suivi du relatif personnel *je*, prend l'accent aigu :

Aimé-je, ouvré-je, puissé-je, fussé-je.

Quatrième remarque. La première et la deuxième personne du pluriel du second passé simple de l'affirmatif prennent un accent circonflexe sur la voyelle qui précède *mes* ou *tes* :

Nous fûmes, vous reçûtes, nous rendîmes.

Cinquième remarque. L'accent circonflexe se place encore à la troisième personne du singulier du mode subjonctif sur la voyelle qui précède le *t* final.

     Ex. : *Qu'il aimât, qu'il finît, qu'il reçût.*

119.

Tréma.

Le *tréma* est un double point (¨) que l'on place sur les voyelles *i, u, e* (muet), quand elles doivent être prononcées séparément de la voyelle qui les précède. **Ex.** : *haïr, Saül, ciguë.* Sans le tréma, *Saül* se prononcerait comme *Paul,* et *ciguë* se prononcerait comme *figue.*

120.

Cédille.

La *cédille* est un petit signe (¸), qui se met sous le *c,* lorsque celui-ci a le son doux, avant les voyelles *a, o, u* : *façade, leçon, déçu.*

Dans les verbes terminés par *cer, cevoir,* le *c* prend une cédille toutes les fois qu'il se trouve avant les voyelles *a, o, u.* **Ex.** : *placer, nous plaçons ; apercevoir, j'aperçois.*

121.

Apostrophe.

L'apostrophe est un petit signe('), qui marque la suppression d'une des voyelles *a, e, i.* Ex. : *L'amitié,* pour *la amitié; l'amour,* pour *le amour; l'intérêt,* pour *le intérêt; s'il sort,* pour *si il sort.*

Ce retranchement, que l'on appelle élision, a lieu :

1° Dans *je, me, te, se, ce, de, ne, le, la, que,* devant une voyelle ou une *h* muette, et dans *si* suivi du mot *il.*

2° Dans *lorsque, quoique, puisque,* suivis des mots *il, elle, on, un, une* :

Lorsqu'il viendra, quoiqu'elle fasse, puisqu'il en est ainsi.

3° Dans le mot *entre,* pour quelques verbes composés :

S'entr'aider, s'entr'ouvrir.

Et dans le mot *entr'acte.*

122.

Trait d'union.

Le *trait d'union* (-) sert à marquer l'intime liaison de deux mots entre lesquels il se place, et indique qu'il faut les confondre en un seul pour le sens. Ex. : *Moi-même, cerf-volant, chef-d'œuvre.*

On joint par un trait d'union :

1° Les mots composés :

Couvre-pieds, arc-en-ciel, vis-à-vis.

2° Les mots *ci, là*, avec les mots auxquels ils sont liés :

Celui-ci, celui-là, ce livre-ci, cette table-là.

3° Les verbes avec les relatifs *ce* et *on*, et les relatifs personnels, placés après le verbe, lorsqu'ils sont sujets ou régimes de *ce verbe :*

Vient-il ? Irai-je ? Qu'est-ce que vous dites ?

Remarque. Lorsque l'un des relatifs personnels *il, elle, ils, elles*, sujet du verbe, est placé après lui, et lorsque ce verbe se termine par une voyelle, on met un *t* entre lui et le relatif pour adoucir la prononciation. Ce *t* s'écrit toujours entre deux traits d'union : *Aime-t-il ? Viendra-t-elle ? Recevra-t-elle ?*

123.

Lettres majuscules ou capitales.

On écrit avec une *lettre capitale* ou *majuscule* :

1° La première lettre de tous les noms par lesquels on désigne *Dieu* ; comme, l'*Être-Suprême*, l'*Éternel*, le *Créateur*, le *Tout-Puissant*, la *Providence.*

2° La première lettre de tous les noms d'hommes et de femmes : *Henri, Emile, Louis, Charlotte Gaston.*

3° La première lettre des noms de ville, de bourg, de village, de pays, de peuple : *Paris*, *Fontenay*, *Europe*, les *Français*, les *Espagnols*.

4° La première lettre du premier mot de chaque phrase séparée de la précédente par un point.

Remarque. Toutes les fois que l'on passe à un discours direct, la première lettre du premier mot de ce discours est toujours une majuscule :

Il me tendit la main et me dit : Va consoler ma mère.

124.

Et cætera.

L'*et cætera* est un signe composé de trois lettres, (etc.), par lequel on remplace plusieurs mots qu'on n'exprime pas, et que l'on suppose connus du lecteur, ou inutiles pour l'intelligence de la phrase :

Votre frère m'a rendu tous les objets que je vous avais prêtés, mes livres, mes dessins, etc.

Dans cet exemple, l'*et cætera* tient lieu des noms de tous les autres objets prêtés à la personne à qui on écrit, et qui sont parfaitement connus d'elle. Les noms de ces objets sont donc inutiles pour la parfaite intelligence de la phrase, on les supprime, et on indique cette suppression par l'*etc.*

CHAPITRE VI.

DE LA PONCTUATION.

125.

La ponctuation est la manière de marquer, dans le discours, les différentes pauses qu'exigent le sens des phrases et les besoins de la respiration.

Les signes de la ponctuation sont :

1° La virgule (,).

2° Le point et virgule (;).

3° Les deux points (:).

3° Le point (.).

5° Le point d'interrogation (?).

6° Le point d'exclamation (!).

7° Les points de suspension (.....).

8° La parenthèse ( ).

9° Les guillemets (»).

10° Le tiret (—).

11° L'alinéa.

126.

De la virgule.

On se sert de la *virgule* pour séparer l'une de l'autre les parties semblables d'une même phrase, telles que les relatifs, les verbes qui se rapportent au même nom, les sujets et les régimes du même verbe. Ex. :

La richesse, le plaisir, la santé deviennent des maux pour qui ne sait pas en bien user.

Ici les noms *richesse*, *plaisir*, *santé*, sont sujets du même verbe *deviennent*.

La charité est patiente, douce, bienfesante.

Ici les relatifs se rapportent au même nom *charité*.

Sachez régler vos goûts, vos travaux, vos plaisirs.

Les mots *goûts*, *travaux*, *plaisirs*, sont régimes du même verbe *régler*.

On se sert aussi de la virgule pour séparer les parties de phrase qui ont le même sujet, ou qui ont peu d'étendue. Ex. :

Tout change, *tout s'use*, *tout s'éteint*, *tout meurt sur la terre.*

Ici les différentes parties de la phrase ont le même sujet, qui est *tout*.

Le grand devient petit, *le riche devient pauvre.*

Ici les parties de la phrase ont peu d'étendue.

Exception. Si deux sujets, deux régimes du même verbe, ou deux relatifs, deux verbes s'accordant avec le même nom, sont liés par un de ces mots *et*, *ni*, *ou*, la virgule devient inutile entre eux. Ex. :

Un esprit ferme et *prudent triomphe de tous les obstacles.*
La mort n'épargne ni *la vertu* ni *la gloire.*
Qui veut vaincre ou *mourir est rarement vaincu.*

Cependant si le besoin de la respiration l'exigeait, il faudrait placer une virgule avant *et*, *ni*, *ou*. Ex. :

L'étude rend savant, et la réflexion rend sage.

Il ne faut pas parler de ce qu'on ne sait pas, ou de ce qu'on sait mal.

On place entre deux virgules tout mot ou toute réunion de mots qu'on peut retrancher sans détruire le sens de la phrase :

Le travail, dit le sage, est la source du plaisir.

Dans cet exemple, ces mots, *dit le sage*, sont entre deux virgules, parce qu'ils pourraient être retranchés sans détruire le sens de la phrase.

Il est impossible, quelque riche que l'on soit, d'être heureux sans la vertu.

Ces mots, *quelque riche que l'on soit*, sont entre deux virgules, parce que leur suppression laisserait toujours à la phrase nn sens complet et à peu près le même.

La virgule s'emploie encore pour séparer les phrases courtes qui se suivent rapidement :

Les uns s'arrêtent, les autres reculent, tous sont frappés d'effroi.

127.

Point et virgule.

Le *point et virgule* annonce un repos plus long que celui de la virgule ; on le met après une phrase dont le sens est complet, mais qui est suivie d'une autre dont le sens dépend de la première.

Il ne suffit pas d'étudier les préceptes de la vertu ; il faut s'en pénétrer et les mettre en pratique.

Il y a un point et virgule après *préceptes de la vertu*, parce que, quoique la première phrase soit complète, la seconde dépend de la première.

Quand une période est composée de plusieurs parties de phrase principales qui renferment des parties séparées par des virgules, on distingue toutes les parties principales de la période par le *point et virgule*. Ex. :

> L'Étalon généreux a le port plein d'audace :
> Je le vois s'agiter, trembler, dresser l'oreille ;
> Son épine se double, et frémit sur son dos ;
> D'une épaisse crinière il fait bondir les flots ;
> Ses yeux roulent du feu, son pied creuse la terre ;
> De ses naseaux fumants il respire la guerre.

128.

Deux points.

On met les *deux points* après une phrase finie, mais suivie d'une autre qui la développe ou qui sert à l'éclaircir :

> *L'ambition et l'avarice des hommes sont les seules sources de leur malheur : les hommes veulent tout avoir, et ils se rendent malheureux par le desir du superflu.*
> *Il faut autant qu'on peut obliger tout le monde :*
> *On a souvent besoin d'un plus petit que soi.*

On emploie encore les deux points toutes les fois que l'on passe à un discours direct que l'on rapporte :

> *Mentor lui dit d'un ton grave : Songez à soutenir la ré-*

putation de votre père, et à vaincre la fortune qui vous persécute.

129.

Point.

On met le point simple (.) à la fin de toutes les phrases dont le sens est complet, et dont la phrase suivante ne dépend pas nécessairement. Ex. :

Le travail est souvent le père du plaisir.

Je plains l'homme accablé du poids de son loisir.

130.

Point d'interrogation.

On met le *point d'interrogation* à la fin de toutes les phrases par lesquelles on interroge. Ex. :

La raison doit nous éclairer dans tous les moments de la vie; qu'as-tu fait de la tienne? Où est-elle? Qu'est-elle devenue? Que peux-tu faire? A quoi es-tu bon dans l'état où te voilà?

131.

Point d'exclamation.

On met ce point à la suite de toutes les phrases qui expriment quelque mouvement de l'âme, comme la surprise, la terreur, la pitié, la joie, etc.

Oh que les rois sont à plaindre! Oh que ceux qui les servent sont dignes de compassion! S'ils sont méchants, combien font-ils de mal aux hommes! S'ils sont bons, quelles difficultés n'ont-ils pas à vaincre! Quels piéges à éviter! Que de peines à souffrir!

On met encore ce point après certains mots

qui seuls expriment ces émotions de l'âme. Ces mots sont : *Dieu ! ciel ! hélas ! eh ! ah ! fi ! fi donc ! ô ! oh ! oui dà ! chut ! paix ! parbleu ! or çà ! eh bien ! eh quoi !* etc.

132.

Points de suspension.

On emploie plusieurs points à la suite les uns des autres pour marquer une suspension dans le discours, ou quand on laisse échapper plusieurs mots interrompus et sans liaison.

Ah ! pour punir cet ennemi cruel, puissé-je..... mais nous devons rendre le bien pour le mal, je lui pardonne.

Dans cet exemple, le discours est suspendu après *puissé-je.*

Mon fils..... ma femme..... il se pourrait..... vous m'êtes rendus:..... ô Dieu, je te rends grâce !

Plusieurs mots sont ici séparés par une suite de points, parce qu'ils sont interrompus et sans liaison dans la phrase.

133.

Parenthèse.

La *parenthèse* s'emploie pour séparer de la phrase une note, ou une explication qui s'y trouve renfermée :

Ne faites point aux autres (c'est Dieu qui l'a prescrit) ce que vous ne voulez pas que les autres vous fassent.

Les notes placées dans la parenthèse donnent une explication renfermée dans la phrase.

134.

Les guillemets.

Les guillemets se mettent avant le premier mot, et au commencement de chaque ligne du discours cité ; on les met aussi après le dernier mot du discours :

Quel plaisir de penser et de dire en vous-même
« Partout en ce moment on me bénit, on m'aime. »

135.

Le tiret.

Le *tiret* annonce le changement d'interlocuteur dans un dialogue :

Chemin faisant, il vit le cou du chien pelé :
Qu'est cela ? lui dit-il.—Rien.—Quoi, rien ?—Peu de chose.
— Mais encor ? — Le collier dont je suis attaché
De ce que vous voyez est peut-être la cause.

136.

L'alinéa.

L'*alinéa* sert à distinguer les différentes parties du sujet que l'on traite dans le discours. Il consiste à interrompre une ligne en finissant de traiter chaque partie principale du sujet, pour commencer la ligne suivante en traitant une nouvelle partie.

Remarque. Les règles de la ponctuation sont soumises à une foule d'exceptions ; les bons auteurs sont les guides à consulter.

FIN.

EXERCICE GRAMMATICAL.

Pour que les élèves se familiarisent avec les règles de la grammaire, il est utile de leur faire rendre compte de chaque mot employé dans les phrases qu'on mettra sous leurs yeux. Cet exercice s'appelle faire *l'analyse du discours* (voyez l'avertissement sur l'enseignement de la grammaire,)

Les élèves se souviendront que tous les mots invariables se divisent en adverbes et en conjonctifs, et que chaque mot invariable qui, étant joint à un relatif ou à un verbe, détermine le sens de ce relatif ou de ce verbe, est nécessairement un *adverbe ;* et que chaque mot invariable qui ne détermine pas le sens du relatif ou du verbe, est un *conjonctif.*

Il marche mal, *il marche* bien, *il donne* généreusement, *il se conduit* prudemment, assez *habile ,* trop *exigeant.*

Les mots *mal, bien, généreusement, prudemment, assez, trop ,* sont des *adverbes ,* parce qu'ils déterminent le sens des verbes ou des relatifs auxquels ils sont joints.

Mettez vos lunettes afin de *voir, marchez* sans *vous tromper, il faut être riche* pour *voyager avec agrément, aller* à *Paris.*

Les mots *afin de*, *sans*, *pour*, *avec*, *à*, sont des *conjonctifs*, parce qu'ils servent à joindre les mots qui suivent aux mots qui précèdent, sans déterminer le sens des verbes qu'ils accompagnent.

Lorsque les élèves auront acquis l'habitude de reconnaître sur-le-champ l'espèce de chaque mot qui compose la phrase, il faudra qu'ils apprennent à reconnaître la nature des rapports que ces mots ont entre eux.

Il y a dans toutes les phrases un verbe, et ce verbe est le plus souvent accompagné d'un sujet et d'un régime direct. Il est donc très-important que les élèves soient habitués à distinguer au premier coup-d'œil le sujet et le régime direct de chaque verbe. Pour y parvenir, le maître leur présentera une suite de phrases, et leur fera les questions indiquées aux nᵒˢ 21 et 22. Il questionnera par le verbe précédé de *qui est-ce qui* pour trouver le sujet, et par le verbe suivi de *qui* ou *quoi* pour trouver le régime direct.

Dieu déteste les méchants.

Qui est-ce qui déteste ? Dieu ; voilà le sujet. *Déteste qui ?* les méchants ; voilà le régime direct.

Remarque. Souvent un verbe suivi de *que* ou *de* a un régime direct qui n'est pas exprimé, ou qui est sous-entendu.

Il demande que je l'accompagne.

Il demande quoi ? Réponse : *Il demande* cela *que je l'accompagne. Cela* est le régime sous-entendu du verbe *demander.*

Il m'ordonne de venir chez lui.

Il m'ordonne quoi ? Réponse : *Il m'ordonne* cela *de venir chez lui. Cela* est le régime direct sous-entendu du verbe *ordonner.*

Toutes les fois donc qu'un verbe suivi de *que* ou *de* donne lieu de faire après lui la question *qui* ou *quoi,* on peut conclure que le régime direct est le mot *cela* sous-entendu.

Lorsque l'analyse se fera par écrit, il sera convenable de tracer sur le papier deux colonnes, dont la première contiendra tous les mots de chaque phrase les uns sous les autres, et dont la seconde renfermera la définition de chaque mot. Cette définition se fera d'abord de la manière la plus simple, comme il est prescrit dans l'avertissement, en indiquant seulement l'espèce de chaque mot, ensuite elle indiquera le genre et le nombre des noms et des relatifs, le nombre et la personne des verbes. Enfin, lorsque les élèves seront familiarisés avec ces deux espèces très-simples d'analyse, ils feront connaître les principaux rapports des mots entre eux en donnant les motifs du nombre et du genre des relatifs, ainsi que du nombre et de la personne des verbes.

Les trois tableaux qui suivent, sont des modèles

de chacun des trois degrés d'analyse par lesquels il faut faire successivement passer l'élève.

1er TABLEAU.

Premier degré d'analyse, définition de chaque espèce de mots.

1er EXEMPLE :

Les paroles divines doivent entrer jusqu'au fond de notre cœur pour y faire naître la joie et le courage.

2e EXEMPLE :

Nous devons tenir religieusement la parole que nous avons donnée, mais nous ne devons pas la donner avec légèreté.

1er EXEMPLE.		2e EXEMPLE.	
1re COLONNE.	2e COLONNE.	1re COLONNE.	2e COLONNE.
Phrase.	Analyse.	Phrase.	Analyse.
Les	relatif de nombre	*Nous*	relatif personnel.
paroles	nom.	*devons*	verbe.
divines	relatif de qualité.	*tenir*	verbe.
doivent	verbe.	*religieusement*	adverbe.
entrer	verbe.	*la*	relatif de nombre
jusqu'	conjonctif.	*parole*	nom.
au	relatif de nombre	*que*	relatif de liaison.
fond	nom.	*nous*	relatif personnel.
de	conjonctif.	*avons*	verbe.
notre	relatif de posses-	*donnée*	verbe.
cœur	nom. (sion.	*mais*	conjonctif.
pour	conjonctif.	*nous*	relatif personnel.
y	relatif personnel.	*ne*	adverbe.
faire	verbe.	*devons*	verbe.
naître	verbe.	*pas*	adverbe.
la	relatif de nombre	*la*	relatif de nombre
joie	nom.	*donner*	verbe.
et	conjonctif.	*avec*	conjonctif.
le	relatif de nombre	*légèreté.*	nom.
courage.	nom.		

2ᵉ TABLEAU.

Modèle du second degré d'analyse, définition de l'espèce de chaque mot, avec les nombres, les genres et les personnes.

EXEMPLE :

La misère et la mort sont moins funestes que les plaisirs qui attaquent la vertu.

PHRASE.	ANALYSE.
La	relatif de nombre, féminin singulier.
misère	nom féminin singulier.
et	conjonctif simple.
la	relatif de nombre, féminin singulier.
mort	nom féminin singulier.
sont	verbe *être* ; présent de l'affirmatif, troisième personne du pluriel.
moins	adverbe simple.
funestes	relatif de qualité du nombre pluriel.
que	conjonctif simple.
les	relatif de nombre des deux genres, au pluriel.
plaisirs	nom masculin pluriel.
qui	relatif de liaison.
attaquent	verbe *attaquer* ; présent de l'affirmatif, troisième personne du pluriel.
la	relatif de nombre féminin singulier.
vertu.	nom féminin singulier.

3ᵉ TABLEAU.

Modèle du troisième degré, définition des mots avec leurs rapports entre eux.

EXEMPLE :

Le bien que nous avons reçu de quelqu'un veut que nous lui pardonnions le mal qu'il nous fait.

Le	relatif de nombre masculin singulier , parce qu'il se rapporte à *bien.*
bien	nom masculin singulier.
qué	relatif de liaison masculin singulier , parce qu'il se rapporte à *bien.*
nous	relatif personnel pluriel des deux genres et de la première personne.
avons reçu	verbe recevoir à la première personne du pluriel du premier passé composé de l'affirmatif. Le sujet du verbe est *nous*, le régime direct du verbe est *le bien.*
de	mot invariable , conjonctif simple.
quelqu'un	relatif indéterminé masculin singulier.
veut	verbe *vouloir* , présent de l'affirmatif , troisième personne du singulier. Le sujet du verbe est *le bien* , le régime direct du verbe est *cela* , sous-entendu.
que	mot invariable conjonctif.
nous	relatif personnel pluriel des deux genres de la première personne.
lui	relatif personnel de la 3ᵉ personne , masculin , parce qu'il se rapporte à *quelqu'un.*
pardonnions	verbe *pardonner* , première personne du pluriel du présent du subjonctif. Le sujet du verbe est *nous* , le régime direct du verbe est *le mal.*
le	relatif de nombre masculin singulier , parce qu'il se rapporte à *mal.*
mal	nom masculin singulier.
qu'	pour *que* , relatif de liaison, masculin singulier, parce qu'il se rapporte à *mal.*
il	relatif personnel masculin singulier de la 3ᵉ personne, se rapporte à *quelqu'un.*
nous	relatif personnel pluriel des deux genres et de la première personne.
fait.	verbe *faire* , troisième personne du singulier du présent de l'affirmatif. Le sujet du verbe est *il* , le régime direct est *le mal.*

DICTIONNAIRE

GRAMMATICAL.

DICTIONNAIRE

GRAMMATICAL.

AVIS IMPORTANT.

Les locutions vicieuses ne sont pas les mêmes partout en France; elles varient suivant les pays, et il serait fort important qu'un recueil des locutions particulières à chacune de nos anciennes provinces fût publié dans les départements qu'elles ont formés. Les locutions vicieuses comprises dans ce Dictionnaire sont la plupart répandues généralement en France : si cependant quelques-unes d'entre elles étaient inconnues en certains endroits, il faudrait les négliger.

A.

ACCULER, ÉCULER. — Le verbe *acculer* signifie pousser quelqu'un dans un endroit sans issue. *Éculer* signifie faire plier quelque chose par derrière. Dites : *Nous avons* ACCULÉ *l'ennemi sous les murs de la place*; et : *Cet enfant a* ÉCULÉ *ses souliers.*

A CE QUE. — Cette expression, précédée du mot *manière*, ne s'emploie plus. Dites : *Conduisez-vous de* MANIÈRE QUE *vos parents soient satisfaits*. Ne dites pas : *De* manière à ce que *vos parents soient satisfaits.*

AFFAIRE. — Il ne faut pas dire : *J'ai* à faire *à trois heures*. Mais on doit dire : *J'ai* AFFAIRE *à trois heures*. C'est comme s'il y avait : *J'ai une affaire*.

AFFILER, EFFILER. — Le premier verbe signifie donner le fil à un tranchant ; le second, défaire un tissu fil à fil. Dites donc : *J'ai* AFFILÉ *la lame de mon sabre* ; et : *J'ai* EFFILÉ *ce mouchoir*.

AGE. — Ne dites pas : A nos âges *on est prudent* ; à vos âges *on est étourdi*. Dites : A NOTRE AGE, A VOTRE AGE.

AGIR. — Ne dites pas : *Vous* en *avez mal* agi *avec moi*. Dites : *Vous avez mal* AGI *avec moi*.

AIDER. — *Aider quelqu'un* signifie simplement l'assister en lui donnant du secours. Dites : *Il* A AIDÉ *cet homme de sa bourse*.

Aider à quelqu'un signifie l'assister en partageant ses efforts et ses peines : *Il a* AIDÉ A *cet homme en soulevant sa voiture*.

AIEUL fait au pluriel *aïeux* quand il désigne les ancêtres en général, il fait *aïeuls* quand il désigne les deux grands-pères.

AIMER. — Ce verbe, précédant un autre verbe à l'infinitif, doit toujours être suivi du conjonctif *à* ; il en est de même lorsqu'un adverbe sépare les deux verbes, à moins que ce ne soit l'adverbe *mieux*, dans ce dernier cas le conjonctif est supprimé.

Dites : J'AIME A *sortir*, *Il* AIME A *vous voir*, J'AIME *beaucoup* A *sortir*, *il* AIME MIEUX *vous voir*.

ALÉNOIS. — Dites : *Cresson* ALÉNOIS; et non : *Cresson* à la noix. On dit *alénois*, parce que les feuilles inférieures ont en quelque sorte la forme d'une alène.

ALLER. — Ne dites pas : *J'ai plusieurs endroits à aller*; mais dites : *Je dois* ALLER *dans plusieurs endroits*. Ne dites pas : *Je* vas ; mais : *Je* VAIS. Enfin, ne dites pas non plus : *Je fus le voir*, *il fut à sa rencontre*; dites : *Je* SUIS ALLÉ *le voir*, ou *j'*AI ÉTÉ *le voir*; *il* EST ALLÉ *à sa rencontre*, ou *il* A ÉTÉ *à sa rencontre*.

On emploie *je suis allé*, *il est allé*, lorsqu'on ne suppose pas le retour de la personne. Exemple : *Aucun de ceux qui* SONT ALLÉS *à la ville ce matin n'en est revenu*.

On emploie *j'ai été*, *il a été*, etc., lorsqu'on suppose le retour. Exemple : *La plupart de ceux qui* ONT ÉTÉ ENTENDRE *ce sermon sont revenus mécontents d'eux-mêmes*.

C'est toujours une faute grossière de dire : *Je suis été*, *nous sommes été*, pour *je* SUIS ALLÉ, *nous* SOMMES ALLÉS.

ALLUMER. — Ne dites pas : Allumez *la lumière*, *allumez le feu*; car on ne dirait pas : Enflammez *la flamme*. Dites : ALLUMEZ *la chandelle*, *la bougie*, etc.

ALLUSION, ILLUSION. — Ne confondez pas ces deux mots. Le premier signifie qu'on rappelle une chose à propos d'une autre; le second signifie éblouissement, erreur. Ex: *Cet orateur à propos de patriotisme a fait* ALLUSION *à celui de son père*; c'est-à-dire, *a rappelé celui de son père.*

Les plaisirs du monde font ILLUSION *à la jeunesse*; c'est-à-dire, *éblouissent, abusent la jeunesse.*

A MOINS QUE. — Cette expression veut après elle la négation *ne*. Ex. : *Il viendra me voir* A MOINS QU'IL NE *soit malade.*

AMNISTIE, ARMISTICE. — Ne confondez pas ces mots. Le premier est féminin, et signifie pardon général; le deuxième est masculin, et signifie suspension d'armes.

AMOUR. — Ce mot est masculin au singulier, et féminin au pluriel. Dites : *Un fol* AMOUR; et : *Des* AMOURS *éternelles.*

ANGOLA, ANGORA. — *Angola* est un pays situé sur la côte d'Afrique, *Angora* est une ville d'Asie, où l'on trouve des chats et des chèvres qui portent des soies longues et fines. On dit : *C'est un chat* ANGORA, ou *c'est un* ANGORA.

ANIMAUX. — Il est essentiel de connaître les mots qui expriment le cri des animaux et les différentes parties de leur corps.

Cris des animaux.

L'abeille, le bourdon et la mouche *bourdonnent.*

L'aigle *trompette.*

L'alouette *tire-lire.*

L'âne *brait.*

Le buffle *souffle* , *beugle.*

La caille *carcaille.*

Le canard *nasille.*

Les gros chiens *aboient.*

Les petits chiens *jappent.*

Le coq et la cigale *chantent.*

Le cochon *grogne.*

La colombe et le ramier *gémissent.*

Le corbeau *croasse.*

Le dindon *glougloute.*

L'éléphant *barète.*

L'épervier, le renard et le lapin *glapissent.*

Le faon *râle.*

La grenouille *coasse.*

Le hibou *hue.*

L'hirondelle *gazouille.*

Le lion *rugit.*

Le loriot, le merle et le serpent *sifflent.*

Le moineau *pepie.*

Le paon *braille, criaille.*

Le perroquet *cause.*

La pie *jacasse.*

Le pigeon *roucoule*.

La poule *glousse*.

Les petits poulets *piaulent*.

Le rossignol *ramage*.

Le sanglier *grommelle*.

Le taureau, le bœuf, la vache *mugissent*, *beuglent*.

Le tigre *rauque*.

Parties des animaux.

On dit : *Le pied* d'un cheval, d'un bœuf, d'un cerf, d'un chameau, d'un éléphant, d'un mouton, d'une chèvre, et des autres animaux chez lesquels cette partie est de corne.

On dit : *La patte* d'un chien, d'un chat, d'un lièvre, d'un lapin, d'un loup, d'un ours, d'un singe, d'un rat, et des autres animaux chez lesquels cette partie n'est pas de corne.

On dit : *Les ongles* d'un lion ; *les griffes* d'un chat, d'un tigre, etc. ; *les serres* d'un aigle, d'un vautour, d'un épervier.

On dit : *La bouche* d'un cheval, d'un chameau, d'un âne, d'un éléphant, d'un bœuf, et en général des bêtes de somme.

On se sert du mot *gueule*, en parlant des poissons, des reptiles et de la plupart des quadrupèdes. On dit : *La gueule* d'un chien, d'un chat, d'un brochet, d'un serpent, etc.

On fait usage du mot *bec* pour les volatiles.

Quand on parle de cette partie qui comprend la gueule et le nez, on dit : *Le groin* d'un cochon, d'un sanglier ; *le muffle* d'un cerf, d'un bœuf, d'un lion, d'un léopard, d'un tigre ; *le museau* d'un chien, d'un renard, d'une belette, etc.

On donne le nom de *défenses* aux deux grosses dents crochues qui sortent de la gueule du sanglier et de l'éléphant

On appelle *bois de cerf* ou *tête de cerf* le bois que cet animal porte sur le devant de la tête.

On dit : *La hure* d'un sanglier, d'un ours, d'un loup, d'un saumon, d'un brochet, pour désigner la tête.

Enfin, on dit : *Les os* d'une baleine, d'une sè-che ; et *les arétes* de tous les autres poissons.

ANNÉE. — (*Voyez* Semaine.)

APPELER A COR ET A CRI. — On écrit souvent, *appeler à* corps *et à* cris, c'est une faute ; écrivez, *à* cor *et à* cri.

APPRENDRE, ENSEIGNER. — Ne confondez pas ces verbes. *Apprendre* se dit de la personne même qui apprend ; *enseigner,* de la personne qui fait apprendre. Il faut donc dire : J'apprends *ma* leçon. — J'enseigne *la grammaire à ces écoliers* ; et non pas : J'apprends *la grammaire à ces éco-liers.*

APRÈS. — Dites : *La clé est* À *la porte ;* et non : *La clé est* après *la porte.* Ne dites pas non plus : *On demande* après *moi,* après *vous*; dites : *On* ME *demande, on* vous *demande.*

APRÈS-DÎNÉE, APRÈS-MIDI, APRÈS-SOUPÉE. — Ces mots s'emploient presque toujours au féminin. On dit : *Je vous ai attendu toute l'*APRÈS-MIDI *; il passe chez moi toutes ses* APRÈS-DÎNÉES*; et, toutes ses* APRÈS-SOUPÉES.

ARC DE TRIOMPHE. — Dites : *Un* ARC *de triomphe*; et non : *Une* arche *de triomphe.*

ARGOT, ERGOT. — *Argot* est un terme de jardinage, et signifie l'extrémité d'une branche morte.

Argot signifie encore certain langage de filous, qui n'est intelligible qu'entre eux.

Ergot se dit de l'éperon ou partie dure qui vient derrière les jambes des coqs, des chiens et de plusieurs autres animaux.

ARRACHE-PIED. — Dites : *Je viens d'écrire six pages d'*ARRACHE-PIED *;* et non, *de* rache-pied.

ARRHES. — Ce mot signifie gage ou assurance de l'exécution d'une promesse ou d'un marché. Le peuple dit souvent *erres* pour *arrhes,* c'est une faute; il faut dire : *Donner des* ARRHES. Ce nom est masculin; on dit : *De bons* ARRHES.

ATTEINDRE. — Ce verbe suivi de *à* suppose

des obstacles à vaincre, et ne se dit que des choses. Dites : *J'atteins au but*; *j'atteins au faîte de la gloire.*

Lorsqu'il n'y a point de difficultés à vaincre, *atteindre* n'est pas suivi de *à*. Exemple : *Nous avons* atteint *l'hiver*; *tu as* atteint *ta vingtième année.*

Lorsque *atteindre* se dit des personnes, il n'est jamais suivi de *à*. Exemple : *J'ai* atteint *l'ennemi dans sa fuite*; *il est difficile d'*atteindre *les martyrs en vertu.* Dans ce dernier exemple, *atteindre* signifie *égaler.*

AVEINDRE ne s'emploie plus pour *atteindre*. Il ne faut donc pas dire : *Cela est si haut que je n'y saurais* aveindre; mais dites, *je n'y saurais* atteindre.

ATTENTION. — Il faut dire : *Une faute d'*attention; et non : *Une faute d'*inattention.

AUCUN. — Ce relatif indéterminé ne s'emploie au pluriel que lorsqu'il est joint à un nom qui n'a pas de singulier. On dit : *Il n'a fait* aucuns *frais pour réussir*; parce que le mot *frais* n'a pas de singulier.

AUPARAVANT. — Dites : Avant *vous*, avant *lui*; et non, auparavant *vous*, auparavant *lui*.

AUPRÈS. — (*Voyez* Près.)

AUSPICES. — Ce nom est masculin, et n'est

presque jamais employé au singulier ; dites : *Ils se sont mariés sous d'heureux* AUSPICES.

AUSSITOT. — Lorsque ce mot n'est pas joint au mot *que*, il est ordinairement suivi d'*après*. Dites : AUSSITÔT APRÈS *mon départ ;* et non : Aussitôt *mon départ.* Cependant, en termes de commerce, l'usage permet de dire : AUSSITÔT *cette lettre reçue nous avons répondu.*

AUTANT QUE. — N'employez jamais *autant comme* pour *autant que.* On dit : *Il faut tâcher d'être prudent* AUTANT QUE *brave ;* et non : *Il faut tâcher d'être prudent* autant comme *brave.*

AUTOMNE. — Ce mot est masculin quand le relatif précède : *Un bel* AUTOMNE ; et féminin quand le relatif suit : *Une* AUTOMNE *froide et pluvieuse.* Toutefois, *automne* est masculin quand le verbe se trouve entre ce mot et le relatif. Exemple : *L'*AUTOMNE *cette année a été bien* SEC.

AUTOUR, ALENTOUR. — L'usage a établi de la différence entre ces deux mots ; *autour* est un conjonctif, et *alentour* un adverbe. Il faut dire : *Le père de famille avait ses enfants* AUTOUR *de lui ;* et non pas, alentour *de lui.* Il faut dire aussi : *Le père de famille parlait, et tous ses enfants étaient* ALENTOUR ; et non pas, autour.

AVANT, AVANT QUE. — N'employez jamais ces mots l'un pour l'autre ; ne faites jamais précéder un verbe à l'infinitif du conjonctif composé *avant que*. Dites : AVANT *de partir*; et non pas : Avant que *de partir*.

Il ne faut pas employer la négation *ne* après *avant que*. Dites : AVANT QUE *le Christ eût instruit les hommes ils n'écoutaient que leurs passions*; ne dites pas : Avant que *le Christ n'eût instruit les hommes*.

AVEUGLÉMENT. — Ce mot, avec un accent sur le second *e*, est un adverbe; il signifie *en aveugle, comme un aveugle*. Ex. : *Il court* AVEU-GLÉMENT *au-devant du danger*.

AVEUGLEMENT. — Ce mot sans accent, est un nom qui exprime la privation de la vue.

AVOIR. — Dites et écrivez : Que j'AIE, que tu AIES, qu'il AIT, etc., et non *que j'*aye, *que tu* ayes, *qu'il* aye. Écrivez AYANT, prononcez *éian* et non *a-ian*.

AVOIR L'AIR. — Lorsque cette expression signifie *sembler*, faites accorder le relatif de qualité, s'il y en a un, avec le sujet du verbe *avoir*. Dites : *Cette femme* A L'AIR CONTREFAITE; *cette robe* A L'AIR *bien* TAILLÉE. Mais quand *avoir l'air* a pour sujet un nom de personne, il arrive quelquefois que le relatif se rapporte au mot air et non au sujet. Ainsi l'on dira : *Cette femme* A L'AIR CAMPA-GNARD, pour dire que sans être de la campagne elle a les manières d'une femme de la campagne. Mais on dirait : *Elle* A L'AIR CAMPAGNARDE , pour exprimer qu'elle semble être de la campagne.

B.

On écrit avec deux *b* les mots *abbé, rabbin, sabbat*, et leurs dérivés ; hors de là, on ne redouble jamais le *b*.

BABINE. — Ce mot se dit des lèvres de certains animaux, du chien, du chat, du singe, etc.

BABOUIN, BABOUINE. — Signifient de petits enfants étourdis. On dit : *C'est un petit* BABOUIN ; *c'est une petite* BABOUINE.

On emploie encore ce mot pour désigner une espèce de gros singes connus sous le nom de babouins.

BAGARRE, GABARRE. — Le premier de ces mots signifie un embarras de voitures ; le second un petit bâtiment naval.

BAGUENAUDER. — S'amuser à des bagatelles ; *baguenaudeur* n'est pas français.

BARQUE A CARON. — Mauvaise expression. Dites : *La barque de Caron.*

BAYER. — Tenir la bouche ouverte en regardant long-temps quelque chose. Ce vieux mot ne s'emploie plus maintenant que dans cette locution proverbiale : BAYER *aux corneilles.*

BECQUÉE.—Dites : *Cet oiseau donne la* BECQUÉE *à ses petits ;* et non : *la* béchée.

BÉNIR.—Ce verbe a deux participes : *béni*, *bénie*, qui exprime la bénédiction de Dieu; *bénit*, *bénite*, qui exprime la bénédiction des hommes Ex. : *Les armes* BÉNITES *par le prince ne sont pas toujours* BÉNIES *de Dieu.*

BISE, BRISE.— On dit : BISE, quand on parle d'un vent froid et sec. On dit : BRISE, quand on désigne un petit vent frais qui souffle le soir sur la mer.

BLANC.— Dites : *Il est* BLANC COMME LE *lait,* ou COMME DU *satin.* Ne dites pas : *Il est* blanc comme un *lait,* ou comme un *satin.*

BLÉ.—L'usage est d'écrire : *Blé* et *blés ;* et non : *Bled, bleds.*

BOLOGNE, BOULOGNE. — *Bologne* est une ville d'Italie ; *Boulogne* est une ville de France, c'est aussi le nom d'un village et d'un bois aux environs de Paris.

BOSSELER, BOSSUER.—Le premier de ces verbes signifie travailler en bosse sur un métal, le second signifie faire des bosses à une pièce de métal en la laissant tomber. Il faut donc dire : *J'ai* BOSSUÉ *mon gobelet en le laissant tomber ;* et non pas : *J'ai* bosselé *mon gobelet.*

7

BOUTONNER. — Ne dites jamais : *aboutón-ner*.

BRAS, A BRAS LE CORPS. — Dites : *Prendre ou saisir un homme* à bras le corps ; et non : A brasse corps.

BRAVE. — Ce relatif de qualité a une signification différente selon qu'il est placé avant ou après certains noms. *Un homme* brave *est un homme intrépide. Un* brave *homme* est un homme de bien, de probité.

BROU, ÉCALE, COQUE, COQUILLE. — *Brou* est l'enveloppe verte des fruits à coquille. Dites : *Le* brou *de la noix, de l'amande, de la châtaigne.*

Écale signifie la même chose, et se dit en outre : 1° de certains légumes. Ex. : écale *de pois*, écale *de fèves.* 2° De la couverture solide de l'œuf qui porte aussi le nom de *coque* et de *coquille.* Ex. : *Brisez l'*écale, *la* coquille, *ou la* coque *de cet œuf.*

Cale n'est français dans aucune de ces significations. *Cales de noix* est donc une faute grossière.

BROUILLAMINI. — On emploie ce mot pour signifier quelque chose d'obscur et d'embarrassé. *Embrouillamini* n'est pas français.

BROUILLON, BROUILLARD. — *Brouillon*

signifie un étourdi qui met le désordre partout; ce mot signifie aussi l'ébauche d'un travail par écrit. *Brouillard* signifie les vapeurs qui s'élèvent des parties humides de la terre, et aussi une espèce particulière de papier sans colle.

BRUINE. — Il *bruine*, signifie qu'il ne pleut pas bien fort. On dit souvent : Il brouillasse pour il bruine; *brouillasse* n'est pas français.

BRUME, BRUNE. — On appelle *brume* le brouillard qu'on aperçoit sur *mer*. On donne encore ce nom à l'espèce de brouillard qui s'élève des cataractes ou des cascades. On dit : *La brune* en parlant du temps voisin de la nuit. *La* brune *approche*, signifie qu'il fera bientôt nuit.

BUT. — On ne dit pas : *Remplir un* but. On dit : *Atteindre un* BUT, *toucher un* BUT.

C

CADRE, TABLEAU. — Le mot *cadre* ne signifie que la bordure d'un tableau. Ne dites donc pas : *J'ai de beaux* cadres ; pour : *J'ai de beaux* TABLEAUX.

CAHOT, CAHOTAGE. — Dites : *Cahot*, pour exprimer les sauts que fait une voiture sur un chemin raboteux, *et cahotage*, pour marquer l'effet, le mouvement que produisent les *cahots*.

Cahotement n'est pas français.

CALE. — *Voyez* BROU.

CALOTTE. — *Voyez* GIFFLE.

CAMPAGNE, A LA CAMPAGNE, EN CAMPAGNE. — *Aller* A LA CAMPAGNE, désigne l'action de quitter la ville pour se rendre à la Campagne. *Aller* EN CAMPAGNE, se dit du mouvement des troupes lorsque la guerre commence. Ex. : *Les armées iront bientôt* EN CAMPAGNE.—*Ces régiments sont entrés* EN CAMPAGNE *au commencement du mois dernier.*

CAS. — On dit également *en cas* et *au cas* lorsque ces expressions sont suivies de *que*. On dit : EN CAS QU'IL *meure* ; ou, AU CAS QU'IL *meure*. Mais lorsque le mot *cas* est suivi de *de*, on emploie toujours *en cas*. Exemples : EN CAS DE *mort*, EN CAS DE *mariage*.

CASTAGNETTE. — *Voyez* CLIQUETTE.

CASUEL, FRAGILE. — Ces relatifs ne peuvent s'employer l'un pour l'autre. *Casuel* veut dire accidentel, peu certain, qui peut arriver ou ne pas arriver : *Un revenu* CASUEL, *une charge* CASUELLE. *Fragile* veut dire qui se brise aisément. Ne dites donc pas : *Le verre est* casuel ; mais dites : *Le verre est* FRAGILE.

CAUSERIE. — Le mot *causette*, employé pour *causerie*, n'est pas français. Ne dites donc pas : *Faire la* causette.

CELUI, CELLE, CEUX, CELLES. — Ces relatifs d'indication ne peuvent être immédiatement suivis d'un relatif de qualité ou d'un participe. Ne dites pas : Celles arrivées *ce matin*; dites : Celles *qui sont* arrivées *ce matin*. Ne dites pas : Ceux parus *jusqu'à ce jour;* dites : Ceux *qui ont* paru *jusqu'à ce jour.*

CENT-SUISSES. — *Un cent-suisses, des cent-suisses;* ce mot prend l's au singulier comme au pluriel.

CERTAIN, CERTAINE. — Ce relatif a une signification différente suivant qu'il est placé avant ou après le nom. *Une chose certaine,* est une chose vraie. *Une certaine chose,* est une chose vague et indéterminée.

CESSER, DÉCESSER. — Ce second verbe n'est pas français. *Il ne* décesse *pas de parler,* est une expression vicieuse, dites : *Il ne* discontinue *pas de parler.*

C'EST VOUS A QUI, C'EST A VOUS QUE. — Dites : C'est vous a qui *je veux parler,* ou bien : C'est a vous que *je veux parler;* ne dites pas : C'est à vous à qui *je veux parler.*

CHACUN, QUELQU'UN. — On ne dit plus *un chacun, un quelqu'un.* On dit simplement *chacun, quelqu'un.*

CHALEUREUX. — Ce relatif ne s'emploie que

pour les personnes. Dites : *Cet homme est très-*
CHALEUREUX ; ne dites pas : *Cette cheminée est*
chaleureuse.

CHANGER. — Ne dites pas : *Vous êtes tout*
mouillé, allez vous changer ; dites : *Allez* CHANGER
d'habit, de linge.

CHAQUE. — Ne dites pas : *Ces gravures vous*
coûteront six francs chaque, dites : *six francs*
CHACUNE ; ou bien, en mettant le relatif *chaque*
avant gravure : CHAQUE *gravure vous coûtera six*
francs.

CHATAIN. — *Des cheveux châtains, des poils*
châtains ; ce relatif de qualité ne prend ni genre
ni nombre quand il est suivi d'un autre relatif de
qualité qui le modifie, dites : *Des cheveux* CHA-
TAIN-CLAIR, CHATAIN-CENDRÉ.

CHERCHER QUERELLE, ATTAQUER. — On
remplace souvent cette expression par le seul verbe
chercher, et l'on dit dans ce sens : *C'est lui qui est*
venu me chercher, *c'est lui qui me* cherche ; c'est
une faute, le verbe *chercher* n'a point seul cette signification. Il faut dire : *C'est lui qui est venu m'*AT-
TAQUER *ou me* CHERCHER QUERELLE ; *c'est lui qui*
*m'*ATTAQUE *ou me* CHERCHE QUERELLE.

CHIPOTIER, CHIPOTIÈRE. — Ne dites pas :
Chipoteur, chipoteuse, ces mots ne sont pas français.

CI. — Ne dites pas : *Cette maison* ici , *cet homme* ici; dites : *Cette maison-*CI , *cet homme-*CI.

CIVET. (Voyez Gibelotte.)

CLIQUETTE, CASTAGNETTE. — Noms féminins. Ils signifient une sorte d'instrument fait de deux os ou de deux morceaux de bois qu'on met entre les doigts, et que l'on bat l'un contre l'autre. *Claquette* souvent employé n'est pas français.

CLOCHE-PIED. — Dites : *Aller à* CLOCHE-PIED, et non : *à* croche-pied.

CLOPINER. — Ce verbe signifie marcher avec peine, et en clochant un peu. Dites : *Cet enfant s'est blessé au pied, il va* CLOPIN-CLOPANT, ou en CLOPINANT. Il ne faut pas dire : *En* clampinant. *Clampiner* n'est pas français.

CLOPORTE, insecte. — Ne dites pas : Clou à porte.

CLOUER, CLOUTER. — *Clouer*, c'est attacher avec des clous; *clouter*, c'est garnir un meuble de petits clous, soit pour l'orner, soit pour le rendre plus solide.

COEUR, AVOIR DU COEUR. — Cette expression *avoir du cœur* ne signifie pas avoir de l'amitié ou de l'amour; mais elle signifie toujours, avoir du courage, de la fierté. On dit d'un homme brave : *Il* A DU COEUR ; d'une femme fière et qui garde son rang : *Elle* A DU COEUR.

COIFFURE. — Le nom des coiffures caractéristiques de quelques états, sont : *La mitre* pour un évêque, *la toque* pour un juge, *la barrette* pour un cardinal.

COGNER, BATTRE. — *Cogner* ne s'emploie que pour les choses et non pour les personnes. Dites : *J'ai* COGNÉ *ce clou, j'ai* BATTU *ce vaurien;* ne dites pas : *J'ai* cogné *ce vaurien.*

COI, COIE. — On dit : *Se tenir* COI *ou* COIE pour se tenir immobile en silence, et non pas : *Se tenir* coite.

COLÈRE, COLÉRIQUE. — Ne dites pas *coléreux,* ce mot n'est pas français.

COLORER, COLORIER. — *Colorer* signifie donner de la couleur, *colorier* signifie employer des couleurs. Dites : *Le vin* COLORE *l'eau,* c'est-à-dire donne de la couleur à l'eau. *Je* COLORIE *cette porcelaine,* c'est-à-dire j'emploie des couleurs pour colorer cette porcelaine.

COMBIEN. — On ne doit pas dire : *Nous sommes le* combien *du mois,* ou *le* combien *du mois sommes-nous?* Dites : *Quel est le* QUANTIÈME *du mois?*

COMBLER. — On dit souvent, pour exprimer qu'on a prodigué des bienfaits à un homme : *Je l'ai comblé.* Cela ne suffit pas, il faut dire : *Je l'ai* COMBLÉ *de faveurs, de grâces,* ou *de bienfaits.*

COMME. — Ce mot ne peut jamais être employé pour *que*, dites : *Il est* AUSSI GRAND QUE *moi*, *vous avez été récompensé* AUTANT QUE *moi*. Ne dites pas : *Il est* aussi grand comme *moi*, *vous avez été récompensé* autant comme *moi*.

COMMUN. — La signification de ce relatif n'est pas la même avant ou après certains noms. *Une voix* COMMUNE est une voix ordinaire. *D'une* COMMUNE *voix* signifie *unanimement*.

COMPLIMENT. — On dit : *Faire* COMPLIMENT *à quelqu'un* DE *quelque chose*, et non : Sur *quelque chose*. *Je vous fais* COMPLIMENT DE *votre bonne santé*, et non : Sur *votre bonne santé*.

CONCERNANT. — Quand ce mot peut être tourné par *pour ce qui regarde*, ou *à l'égard de*, il n'est pas participe présent du verbe *concerner*, mais il est conjonctif. Ex. : *Votre père n'a point péri dans le naufrage; mais je suis dans une incertitude cruelle* CONCERNANT *votre frère*. C'est comme s'il y avait : *Pour ce qui regarde votre frère* ou *à l'égard de votre frère*. Dans cette phrase *concernant* est un conjonctif.

* **CONFUSIONNER.** — Ce mot n'est pas plus français que *contagionner, convulsionner*.

CONSEILLER, CONSEILLÈRE. — Le mot *conseilleur* n'est pas français.

CONSÉQUENT. — Ce relatif ne peut s'employer

que pour indiquer le rapport de ce qu'on dit ou fait, avec ce qu'on a dit ou fait précédemment. *Ce raisonnement est* CONSÉQUENT *, c'est-à-dire, est bien déduit des faits ou des preuves qui l'amènent et l'appuient. Cette démarche est* CONSÉQUENTE *, c'est-à-dire, est le résultat naturel des motifs qui ont dû déterminer à la faire.*

Dans tout autre cas *conséquent* est déplacé. Il ne signifie jamais *considérable, important.* Ne dites pas : *Une somme* conséquente, mais dites : *Une somme* CONSIDÉRABLE.

CONSOMMER, CONSUMER. — *Consommer* signifie employer une chose jusqu'à ce qu'il n'en reste rien. *Consumer* signifie *brûler.* Ainsi l'on dira : *Nous avons* CONSOMMÉ *tout notre bois*, pour exprimer que le bois a été entièrement employé, n'importe de quelle manière. Et : *Le bois est* CONSUMÉ, pour exprimer que le bois a été brûlé, dévoré par le feu.

Consumer peut se dire aussi pour *user. La rouille* CONSUME *le fer, les maladies et les travaux* CONSUMENT *le corps. Consommer* s'emploie souvent pour *accomplir. Cette action est* CONSOMMÉE, signifie *cette action est* ACCOMPLIE. *Il a* CONSOMMÉ *son crime*, c'est-à-dire, *il a* ACCOMPLI *son crime.*

CONTREVENIR, SUBVENIR, CONVENIR.— Ces verbes font exception à tous les verbes dérivés de *venir*. *Contrevenir* et *subvenir* se conjuguent toujours avec *avoir*. *Convenir* prend le verbe *être*, quand il signifie *demeurer d'accord*; et le verbe *avoir* dans tous les autres càs. Dites : *Nous* SOMMES CONVENUS *de tout*, *et ce lieu* A CONVENU *à tout le monde*.

CORPULENCE, CORPULENT. — Dites : *Cet homme a de la* CORPULENCE, *il est* CORPULENT; ne dites pas : *Cet homme a de la* corporance, *il est bien* corporé; ces expressions *corporance*, *corporé* ne sont pas françaises.

COSSES, ÉCOSSER. — Dites : *Des* COSSES *de pois*, *de fèves*, et non : *Des* écorces ou *des* écosses *de pois*, etc. Cependant il faut dire : ÉCOSSER *des pois*, ÉCOSSER *des fèves*.

CÔTÉ, A CÔTÉ. — Il faut dire : A CÔTÉ *de lui*, A CÔTÉ *du pont*, A CÔTÉ *de la voiture*; et non, comme on le dit souvent : A côté *lui*, à côté *le pont*, à côté *la voiture*.

COUDE-PIED. — Partie supérieure du pied qui se joint à la jambe; ne dites pas *cou du pied*.

COUPLE. — Ce mot se dit au masculin de deux personnes unies par *amour* ou par *mariage*; il se dit de même au masculin de deux animaux envisagés comme unis par la propagation. On dit : *Un* COUPLE *d'amants*, *un* COUPLE *d'époux*, *un* COUPLE *de pigeons*. *Couple* dans tout autre cas est féminin ; dites : *Une* couple *d'œufs, une* couple *de poires.*

COURU. — On dit : *J'ai* accouru *ou je suis* accouru ; mais on ne peut dire : *Je suis* couru.

COUTER. — Ne dites pas : Coûte qui coûte, dites : Quoi qu'il en coute ou coute que coute.

COUVRIR. — Dites : Couvrir *le feu* et non, enterrer *le feu.*

CRAINTE DE, DE CRAINTE. — On emploie *crainte de* avant un nom. Dites : Crainte de *malheur*, crainte d'*accident*, crainte de *réprimande.* Mais avant un verbe à l'infinitif, il faut toujours mettre *de crainte*, et dire : De crainte *de rencontrer des voleurs*, de crainte *d'étre puni.*

De crainte que, de peur que. — Ces expressions veulent après elles la négative *ne.* Ex. : De crainte *qu'il* ne *m'oublie*, de peur *que cet enfant* ne *s'égare.*

CRÉOLE, MÉTIS, MULATRE.—*Créole* est le nom qu'on donne à un Européen d'origine, qui est né en Amérique. On dit : *un* créole, *une* créole.

Métis s'emploie en parlant d'un homme né d'un Européen et d'une Indienne, ou d'un Indien et d'une Européenne. On dit : *Un* métis, *une* métisse.

Mulâtre, se dit de ceux qui sont nés d'un nègre

et d'une blanche, ou d'un blanc et d'une négresse.
On dit : *Un* MULATRE, *une* MULATRE.

CRESSON. — Voyez *Alénois*.

CUL-DE-SAC. — Voyez *Impasse*.

CULOTTE. — Ne dites pas : *mes culottes*, quand il n'est question que d'une seule culotte, dites : MA CULOTTE.

CURER, ÉCURER. — *Curer*, c'est nettoyer en vidant ; *écurer*, c'est nettoyer en frottant. Dites : CURER *un fossé*, ÉCURER *une casserole*.

D.

La prononciation du *D* devient celle du *t* avant une voyelle ou une *h* non aspirée ; mais si le mot qui finit par un *d* est un nom, alors on ne fait pas sentir cette lettre, même avant une voyelle ou une *h* muette. *Grand homme*, prononcez *grant homme*. *Froid extrême*, prononcez *froi extrême*, parce que le mot *froid* est un nom.

DAMAS. — Ville d'Asie. Ce nom se donne également à une espèce de prune qui croît dans le voisinage de cette ville ; à une étoffe de soie ; et à un acier d'une trempe excellente qu'on y fabrique. Prononcez : DAMA et non *Damace*.

DANS. — (*Voyez* DEDANS.)

DAVANTAGE, PLUS. — Ces adverbes qui ont la même signification ne s'emploient pas toujours l'un pour l'autre. *Davantage* ne peut être suivi ni du mot *que* ni du mot *de.* Il faut dire : *Je ne vous dois pas* PLUS DE *cent écus ; les livres où il y a* PLUS DE *solide que de brillant sont les meilleurs.* Ne dites pas : *Je ne vous dois pas* davantage que *cent écus ;* ni : *Les livres où il y a* davantage de *sólide que de brillant sont les meilleurs.*

* DÉCESSER. — Ce mot n'est pas français. (Voy. *cesser.*)

DÉCOMMANDER. — Ce mot est vicieux. C'est *contremander* qu'il faut employer. Dites : *Il a* CONTREMANDÉ *l'envoi des marchandises ;* ne dites pas : *Il a* décommandé *l'envoi,* etc.

DEDANS, DANS.—Employez rarement *dedans* avant un autre mot dans une même phrase. Dites : DANS *ma chambre,* DANS *mon lit.* Ne dites pas : Dedans *ma chambre,* dedans *mon lit.* Mais employez *dedans* à la fin d'une phrase. Exemple : *J'ai rencontré la voiture, et j'ai aperçu votre femme* DEDANS. Si *dedans* est précédé de *par* ou d'un relatif de nombre, on l'emploie aussi dans le corps des phrases. On dit : *Il a passé* PAR DEDANS *la ville. Regardez* LE DEDANS *de cette boîte. Garnissez* LE DEDANS *de ce coffre.*

DÉFAUT, AU DÉFAUT. —N'employez pas *à défaut* pour *au défaut.* Dites : AU DÉFAUT *d'espérance, j'ai du courage ;* ne dites pas : A *défaut d'espérance.*

DÉFENDRE. — Ce verbe n'est jamais suivi de *ne*. Dites : JE DÉFENDS *qu'il vienne*, et non : *qu'il* ne *vienne.*

DÉFICELER. — Ce mot est utile ; l'usage permet de l'employer, quoiqu'il ne se trouve pas dans les dictionnaires.

DÉFINITIVE, EN DÉFINITIVE. — Cette expression signifie *enfin.* Ne dites pas *en définitif il a gagné son procès.* Dites : EN DÉFINITIVE.

DÉGOUTTER, DÉGOUTER, SE DÉGOUTER. — DÉGOUTTER signifie couler goutte à goutte. DÉGOUTER veut dire donner du dégoût ; et SE DÉGOUTER, prendre du dégoût pour quelque chose.

DÉGRAFER. — Ne dites pas *desagrafer.*

DÉHONTÉ. — Ce mot n'est pas français. Dites : *éhonté. Ce malheureux est* ÉHONTÉ, pour *ce malheureux est* sans honte, sans pudeur.

DÉJEUNER, DINER, SOUPER. — Ces verbes doivent être suivis du mot *avec*, lorsqu'il s'agit d'une personne, et du mot *de*, lorsqu'il s'agit d'une chose. Dites : *J'ai* DÉJEUNÉ, DINÉ, SOUPÉ AVEC *mon ami ;* et j'ai DÉJEUNÉ DE *café*, DINÉ DE *côtelettes*, SOUPÉ DE *fruits.*

DÉLICES. — Ce mot est masculin au singulier et féminin au pluriel. Dites : *C'est* UN DÉLICE *de secourir les malheureux ;* et : *Une âme généreuse trouve dans la charité de* TOUCHANTES DÉLICES.

DÉLIVRER. — Quand *délivrer* signifie *livrer*, il ne peut avoir deux régimes de personnes. On dit bien : Délivrer *des marchandises à quelqu'un ;* mais on ne doit pas dire : Délivrer *un prisonnier à quelqu'un ;* dites : *J'ai* livré *ce prisonnier au juge.*

* DEMANDER EXCUSE.—Cette expression est vicieuse, il faut dire : *Je vous demande pardon ;* ou bien, *recevez mes excuses, je vous fais, je vous présente mes excuses.*

DEMANDER. (Voyez Après.)

DEMEURER. — Prend *avoir* quand il signifie *faire sa demeure : Il* a demeuré *à Paris ;* et il prend *etre* quand il signifie *rester : Il* est demeuré *deux mille hommes sur le champ de bataille.*

DÉMISSION. — Ce mot exprime un acte par lequel on se démet de quelque charge ou dignité ; on dit par conséquent : *Je donne ma* démission, *tu as donné ta* démission ; mais on ne peut pas dire : *Le ministre a donné la* démission *à cet officier ;* car *démission* est toujours un acte volontaire. On peu^t dire : *Le ministre a invité cet officier* a donner sa démission, ou bien : *Le ministre* a destitué *cet officier.*

DENTURE.—Arrangement de dents, n'écrivez pas *dentelure.*

DÉPARLER.—Ne s'emploie qu'avec *ne ;* on dit

très-bien : *Il* NE DÉPARLE *pas* ; on ne peut dire : *Il* déparle.

* DÉPERSUADER. — L'usage n'a point encore consacré ce mot, dites DISSUADER.

DÉPLORABLE. — Ce relatif ne se joint jamais aux personnes. Dites : *Un événement* DÉPLORABLE, *une perte* DÉPLORABLE ; ne dites pas : *un homme* déplorable.

DEPUIS. — Ne dites pas : Depuis *Paris* jusqu'à *Rouen il y a* 3o *lieues.* Dites : DE *Paris* A *Rouen.* C'est une grande faute de dire : *Du depuis.* Vous direz donc : DEPUIS *que vous êtes venu me voir je suis malade* ; et non pas : Du depuis *que vous êtes venu.*

DESCENDRE. — Ce verbe suivi d'un régime direct se conjugue avec *avoir* : *On* A DESCENDU *du vin à la cave* ; lorsqu'il n'a point de régime direct, il se conjugue avec *être* : *Il* EST DESCENDU *de sa chambre.*

DÉSENSORCELER. — Ne dites pas *dessor-celer.*

DESSERTE, DESSERRE. — Noms féminins. *Desserte* signifie les mets, les viandes qu'on a desservis, qu'on a ótés de dessus la table. — *Desserre* signifie relâchement ; il n'est d'usage qu'en cette phrase. *Être dur à la* DESSERRE ; pour dire, avoir de la peine à payer.

DESSERVIR. — Ne dites pas : Desservir *la messe*, dites : Servir *la messe*.

DESSOUS, DESSUS. — N'employez pas *dessous* pour *sous* et *dessus* pour *sur*. Dites : *Il est caché sous la table, il est* sur *le bureau*; et non : *Il est caché* dessous *la table*, *il est* dessus *le bureau*.

DÉTEINDRE. — (Ce verbe est toujours précédé du relatif personnel.) Dites : *Cette étoffe* se déteint, et non : *Cette étoffe* déteint.

DÉVERSER. — Ce verbe signifie n'être pas d'aplomb, surplomber. *Voilà un mur qui* déverse. On ne peut employer *déverser* pour *répandre*, et dire : Déverser *le mépris sur quelqu'un*, déverser *l'encre sur la table*.

DINATOIRE. — On n'emploie ce mot que lorsqu'on dit : *Déjeuner* dinatoire. Dans tout autre cas, il n'est pas français. Ne dites donc pas : *Heuré* dinatoire.

DINDE (coq). — Nom masculin. La femelle de cet animal est une *poule dinde*, ou tout simplement *une dinde*. On n'emploie plus le mot *dindon*.

DISSUADER. — *Voyez* Dépersuader.

DONT, D'OÙ. — N'employez jamais le mot *dont* pour le mot *d'où*. Ce dernier ne se dit que lorsqu'il s'agit d'un lieu quelconque, et est toujours suivi d'un verbe qui indique l'action de *sortir*, de *venir*, etc. : *Le lieu* D'où *il vient*; *le ruisseau* D'où *sort cette eau*; *la ville* D'où *j'arrive*. On ferait une faute si l'on disait : *Le lieu* dont *il vient*, *la ville* dont *j'arrive*.

DORMIR. — Ne dites pas : *J'ai dormi un bon somme*; dites : *J'ai* FAIT *un bon somme*.

DROIT, DROITE. — Si vous voulez marquer qu'une femme ne s'écarte pas de son chemin, dites : *Cette femme marche* DROIT *au but*; ici *droit* est adverbe, par conséquent invariable. Si vous voulez exprimer qu'une femme ne se courbe pas en marchant, dites : *Elle marche* DROITE; ici *droite* est relatif de qualité et s'accorde avec *elle*.

D'OÙ. — *Voyez* DONT.

DUNKERQUE. — Prononcez DONKERQUE, et non Dunkerque.

DURANT, PENDANT. — Ne mettez jamais *que* après *durant*. Dites : *Travaillez* PENDANT *que vous êtes jeune*; ne dites pas : *Travaillez* durant *que vous êtes jeune*. Ne dites pas non plus : *Le roi a fait une pension à cet homme sa vie* durante; dites : *sa vie* DURANT.

Toutes les fois que dans une phrase *durant* peut être suppléé par *pendant*, il n'est point participe présent du verbe *durer*, il est conjonctif. Exemple : *Il souffre beaucoup* DURANT *la nuit*; dans cette phrase *durant* est conjonctif.

E.

ÉBOULER, ÉCROULER. — Ne confondez pas ces verbes. La terre *s'éboule*, mais ne *s'écroule* pas. Les murailles, les bâtiments *s'écroulent*, mais ne *s'éboulent* pas.

ÉCALE. — (*Voyez* BROU.)

ÉCHAPPER. — Ce verbe étant employé pour *éviter*, se conjugue avec *avoir*. On dit : *Il* A ÉCHAPPÉ *le danger*, *la mort*. Il prend *être* ou *avoir* quand il signifie n'être pas aperçu ; ainsi, dites : *Le cerf* A ÉCHAPPÉ *aux chiens*, ou EST ÉCHAPPÉ *aux chiens*.

On dit : *Ce mot m'est échappé*, pour marquer qu'on a prononcé un mot sans y prendre garde ; et, *ce mot m'a échappé*, pour marquer qu'un mot est sorti de la mémoire ou qu'on a oublié de le prononcer.

ÉCHARDE. — Nom féminin : petit éclat de bois qui entre dans la chair, ne dites pas *écharpe*.

ÉCOUTER, ENTENDRE. — Ces verbes pris souvent l'un pour l'autre ne signifient cependant pas la même chose. *Écouter*, c'est prêter l'oreille à ce qu'on dit. *Entendre*, c'est saisir ce que l'on dit, c'est recevoir distinctement les sons dans l'oreille. *Quelquefois on* n'ENTEND *pas quoiqu'on* ÉCOUTE ; et, *souvent on* ENTEND *sans* ÉCOUTER.

* ÉDUQUÉ. — Ce mot est souvent employé pour *instruit*. Il n'est pas français.

EFFORCER, S'EFFORCER A, S'EFFORCER DE. — S'EFFORCER A signifie employer les forces du corps. Ex. : *Il* s'efforce a *crier, ne vous* EFFORCEZ *pas a courir*. S'EFFORCER DE signifie employer les forces de l'esprit ou de l'âme, les forces intellectuelles. Ex. : EFFORÇONS-*nous* DE *nous corriger*; EFFORÇONS-*nous d'oublier les fautes d'autrui*.

EFFRACTION, INFRACTION. — *Effraction* signifie la rupture que fait un voleur pour dérober. *Infraction* signifie violation d'une loi. Dites : *Ce vol a été fait avec* EFFRACTION ; et, *le malheureux a osé faire* INFRACTION *à une loi sacrée*.

ÉGALER, ÉGALISER. — Dites : *Il faut* ÉGALISER *nos fortunes, il faut* ÉGALISER *ce terrain*; ne dites pas : *Il faut égaler nos fortunes, il faut égaler ce terrain*. En général, *égaliser* convient aux choses physiques, *égaler* convient aux personnes. Dites : *La vertu* ÉGALE *les hommes*.

ÉGRATIGNER. — Ne dites pas : *Égrafiner*. Ce mot n'est pas français.

ÉHONTÉ. — (*Voyez* DÉHONTÉ.)

ELLE. — (*Voyez* LUI.)

* EMBARBOUILLER. — Ce mot n'est pas français. Dites : *Barbouiller*.

EMBARRAS. — Ne dites pas : *Cet homme fait*

son embarras; dites : *Cet homme fait* l'important.

ÉMINENT, IMMINENT. — Ne confondez pas.
Éminent signifie *haut*, *élevé*. Dites : *J'occupe un
poste* éminent. *Imminent* signifie *menaçant de
près*. Dites : *J'ai couru un danger* imminent.

Péril éminent, *place imminente* sont des fautes
grossières.

EMPRUNTER A, EMPRUNTER DE. — On
emprunte à quelqu'un, et on *emprunte de* quelque chose. On dira donc : *La lune* emprunte *sa
lumière* du *soleil*; et : *J'*emprunte *cent francs* a
mon voisin.

EN ALLER. — Dites : *Vous vous* en êtes allé
de bonne heure; ne dites pas : *Vous vous* êtes en
allé *de bonne heure*. Le verbe *aller*, précédé de *en*,
n'est jamais suivi d'un autre verbe à l'infinitif. Ne
dites pas : Je m'en vais *faire telle chose*. Dites : Je
vais faire *telle chose*.

ENFANT. — Ce nom est des deux genres. Dites : *Un bel enfant*, pour un garçon; *une jolie enfant*, pour une fille.

ENFANTILLAGE. — Ne dites pas : *Enfantise*;
ce mot n'est pas français.

ENFORCIR, RENFORCER. — Dites : *Une nour-
riture saine a* enforci *cet enfant; —* on a renforcé
l'armée; ne dites pas, *une nourrice a* enforcé *cet*

enfant; — on a renforci *l'armée. Enforcé, renforci* ne sont pas des mots français.

ENNOBLIR, ANOBLIR. — Le verbe *ennoblir* signifie donner de l'éclat, de l'importance, et ne se dit que des choses. Exemple : *Il faut* ENNOBLIR *d'obscurs devoirs par le zèle avec lequel on s'en acquitte. Anoblir* veut dire conférer la noblesse, donner des lettres d'anoblissement, et ne se dit que des personnes. Exemple : *Cette famille fut* ANOBLIE *sous Henri IV.*

ENSEIGNER, INSTRUIRE. — Dites : *Cet enfant a été bien* INSTRUIT; ne dites pas : *Cet enfant a été bien* enseigné (*voyez* APPRENDRE).

ENTENDRE. (*Voyez* ÉCOUTER.)

ENTENDRE RAILLERIE. — Cette expression signifie souffrir la raillerie sans se fâcher. *Entendre la raillerie* signifie avoir le talent de bien railler.

ENTRER, SORTIR. — Quand ces verbes sont suivis d'un régime direct, ils se conjuguent avec *avoir.* Dites : *on* A ENTRÉ *tous les paquets; on* A SORTI *la voiture de la remise.* Quand ces verbes n'ont pas de régime direct, ils se conjuguent avec *être.* Exemple : *Je* SUIS ENTRÉ *chez lui; à peine* ÉTIEZ-VOUS SORTI *qu'il* EST ENTRÉ. Cependant, lorsqu'on parle de quelqu'un qui, après *être sorti,* est rentré, on peut dire : *Il* A SORTI *ce matin.*

ENVI, A L'ENVI. — Cette expression *à l'envi* signifie *avec émulation, à qui mieux mieux*. Dites : *il faut s'efforcer* A L'ENVI *de se surpasser dans tout ce qui est bien. A l'envie*, pris dans le même sens, n'est pas français.

ENVIER. —(*Voyez* PORTER ENVIE.)

ENVIRON, AUX ENVIRONS. —*Environ* n'est jamais suivi de *de*. Dites : *Il y a* ENVIRON *trois cents francs dans ce sac*; et non : *Il y a* environ *de trois cents francs*. Mais *aux environs* est suivi du conjonctif *de*. Il faut dire : AUX ENVIRONS DE *cette ville la campagne est belle.*

ÉPINE. — Dites : *De l'*AUBE-ÉPINE; et non : *De la* noble-épine.

ÉREINTE. — Ce mot n'est pas français. On ne peut donc pas dire : *Il l'a battu à toute* éreinte.

ÉRUPTION, IRRUPTION. — Ne confondez pas. *Éruption* se dit de l'évacuation subite d'un liquide, et de toute sortie prompte et avec effort. *Irruption*, au contraire, signifie entrée soudaine, invasion imprévue. Il faut donc dire : *Le Vésuve a fait une* ÉRUPTION *en telle année*; et : *Les ennemis firent en tel temps une* IRRUPTION *sur notre territoire.*

ESPÈCE. —(*Voyez* SORTE.)

ESPÉRER. — Ce verbe n'a jamais signifié *attendre*. Ne dites pas : *Espérez-moi*, pour ATTEN-

DEZ-*moi* ; espérez-*moi un moment*, pour ATTENDEZ-MOI *un moment.*

ESSAYER. — *Essayer* est suivi de *de* , s'*essayer* est suivi de *à*. *On* ESSAIE DE *faire une chose* , et on S'ESSAIE A *faire une chose.*

ÊTRE. — Lorsqu'on parle des personnes, on doit répondre aux questions exprimées par ces mots : *Est-ce là? Sont-ce là?* par, *c'est lui* , *c'est elle* , *ce sont eux* , *ce sont elles.* Ex. : *Est-ce là votre père ?*—C'EST LUI ; et non : Ce l'est.—*Sont-ce là vos amis?*—CE SONT EUX ; et non : Ce les sont.

Lorsqu'on parle des choses , on doit répondre aux mêmes questions par ces mots : *Ce l'est, ce les sont.* Ex. : *Est-ce là votre livre? Oui,* CE L'EST ; et non : *C'est lui. Sont-ce là vos plumes? Oui,* CE LES SONT ; et non : Ce sont-elles.

ÉVANOUIR. (*Voyez* PAMER.)

ÉVENTER. — Dites : *Cette viande sent l'*ÉVENT ; et non pas : *Le* vent. On appelle *évent* l'altération des aliments, des liqueurs.

ÉVITER. —Ce verbe ne peut jamais s'employer dans le sens d'*épargner.* On ne peut pas dire : *J'évite une peine à mon père.* Il faut dire : J'ÉPARGNE *une peine.*

EXCEPTÉ. — Toutes les fois que ce mot peut être remplacé par *hors* ou *hormis* , il n'est point participe du verbe *excepter* , il est conjonctif.

Ex. : *Ils sont tous venus* EXCEPTÉ *votre père.* C'est comme s'il y avait : *Hormis votre père* ; dans cette phrase, *excepté* est conjonctif.

EXCUSABLE , INEXCUSABLE , PARDONNABLE, IMPARDONNABLE. — Les relatifs *excusable, inexcusable*, se disent des personnes et des choses. On dira donc : *Cet homme ou cette faute est* EXCUSABLE OU INEXCUSABLE. Les relatifs *pardonnable, impardonnable*, ne se disent que des choses. On dira : *Cette faute est* PARDONNABLE OU IMPARDONNABLE. On ne dira pas : *Cet homme est* pardonnable *ou* impardonnable.

EXCUSE. (*Voyez* DEMANDER EXCUSE.)

EXPIRER. — Le verbe *expirer* se conjugue avec *être*, lorsqu'il a pour sujet un nom de *chose*, et alors il signifie, *être fini.* Dites : *les délais* SONT EXPIRÉS.—*L'année* EST EXPIRÉE. Mais le verbe *expirer* se conjugue avec *avoir*, s'il a pour sujet un nom de personne ou d'être qui a eu vie. Ex. :*Ce guerrier* A EXPIRÉ *en héros.*

F.

FACE, EN FACE. — (*Voyez* VIS-A-VIS.)

* FAÇONNEUR. — Ce mot n'est pas français.

FAILLITE. — (*Voyez* MANQUER.)

FAIRE, NE FAIRE QUE.—Quand le verbe *faire* est précédé de la négation *ne* et suivi du mot *que*, il signifie souvent qu'on *vient de faire* une chose. Dans ce sens, cette expression, *ne faire que*, doit toujours être suivie du mot *de*. *Il* NE FAIT QUE D'*entrer*, ou *il* NE FAIT QUE DE *sortir*, signifient : *Il vient d'entrer, il vient de sortir*. Mais s'il y avait, sans le mot *de*, *il* NE FAIT QU'*entrer et sortir* ; cela signifierait, il entre et sort *sans discontinuer*. *Je* NE FAIS QUE DE *dîner*; avec le mot *de*, signifie : *Je viens de dîner*. *Tu* NE FAIS QUE *manger*, sans le mot *de*, signifie : *Tu manges toujours*.

FARCE. — Ne dites pas : *Cet homme est* farce. Dites : *Il est* FARCEUR.

FAT. — Ce relatif de qualité ne s'emploie pas au féminin.

FER A CHEVAL, FER DE CHEVAL. — On dit : FER A CHEVAL, quand il s'agit d'une table, d'un escalier, ou de tout autre objet qui a là forme des fers que l'on met sous les pieds d'un cheval. Ex. : *Disposez cette table en* FER A CHEVAL. On dit : FER DE CHEVAL, quand il est question du fer même que l'on met au pied du cheval.

FÊTE-DIEU. — Dites : *La* FÊTE-DIEU; et non : *La* fête de Dieu, ni la fête à Dieu.

FEU. — Le relatif de qualité *feu*, suivi d'un relatif de nombre, est invariable; mais il s'accorde avec le nom quand il est précédé du relatif de nombre. Dites : FEU LA *reine*, et LA FEUE *reine*.

Le relatif *feu* signifie toujours *mort depuis peu*.

FIN, PLEIN. — Dites en jouant au billard : *J'ai pris la bille trop* FIN *ou trop* PLEIN ; et non : *Trop fine ou trop pleine.* Dans cette phrase les mots *fin* et *plein* sont adverbes.

FIXER. — Signifie *arrêter, déterminer.* On dit : FIXER *son attention, ses goûts, ses desirs, ses inquiétudes.* On dit aussi : FIXER *ses regards sur quelqu'un* ; mais on ne peut pas employer *fixer* pour *regarder,* et dire : *J'ai* fixé *cette personne,* pour exprimer qu'on *a regardé cette personne.* FIXER *une personne ou une chose,* signifie qu'on a fait en sorte que cette personne ou cette chose ne change pas.

FLAIRER, FLEURER. — Ne confondez pas ces verbes. *Flairer,* c'est sentir avec le nez. *Fleurer,* c'est répandre une odeur. Ainsi donc : *On* FLAIRE *une rose parce qu'elle* FLEURE *bon.*

FLANQUER, FLAQUER. — *Flanquer* est un terme d'architecture et de fortification. On dit que deux bastions se FLANQUENT *mutuellement,* lorsqu'ils sont construits de manière à être défendus l'un par l'autre. *Flaquer* signifie appliquer, lancer, jeter avec impétuosité. Dites : *Il lui a* FLAQUÉ *un soufflet* ; et non : *Il lui a* flanqué *un soufflet.*

FLEGME. — Nom masculin ; il signifie calme, impassibilité d'esprit et de manières. Prononcez le *g* dans ce mot, et ne dites jamais *flume,* ainsi qu'on le fait souvent pour *flegme*. *Flume* n'est pas français.

FLEURER. (*Voyez* FLAIRER.)

FOND, FONDS. — Ce sont deux mots dont la signification est bien différente. *Fond*, sans *s*, signifie non-seulement l'endroit le plus bas d'une chose creuse, comme : *Le* FOND *d'un tonneau, le* FOND *d'un puits*; mais aussi ce qu'il y a de plus éloigné dans un lieu, dans un pays. *Le* FOND *d'un bois*, *Le* FOND *d'une province*. On dit aussi : *Le* FOND *des cœurs.*

Fonds, avec une *s*, signifie le sol d'une terre, d'un champ, d'un héritage, et se dit aussi d'une somme considérable en argent : *Il faut faire cultiver un* FONDS, *dissiper un* FONDS, *vendre son* FONDS. On dit encore : *Faire* FONDS *sur quelqu'un, sur son amitié*, pour marquer qu'on a confiance en quelqu'un et qu'on attend beaucoup de lui.

FORTUNÉ. — Ce relatif signifie *heureux* et ne signifie pas *riche*. Ne dites donc jamais : *Un homme fortuné*, pour *un homme riche*.

FOURCHÉ. — Dites : *Pied* FOURCHÉ; et non : *Pied* fourchu.

FRAGILE. — (*Voyez* CASUEL.)

FRAIS. — Ne confondez pas ce relatif avec *froid*. *Frais* tient le milieu entre le froid et le chaud, et se prononce *frè*.

FRANQUETTE. — Dites : *A la bonne* FRAN-

QUETTE ; et non : *A la bonne* Flanquette, pour dire : *Tout bonnement, sans façon.*

FRICOT. — N'employez ce mot que dans le discours le plus familier.

FROIDEUR, FROIDURE. — *Froideur* signifie indifférence, insensibilité, et la qualité froide de toutes choses. Dites : FROIDEUR *de l'esprit, du caractère, du temps, du lieu, de l'âge. Froidure* ne signifie que le froid répandu dans l'air. Dites : *J'ai bravé la* FROIDURE *des plus rudes saisons ;* et : *La* FROIDEUR *du cœur n'est pas à désirer.*

FUR, AU FUR ET A MESURE. — On dit : AU FUR ET A MESURE ; pour dire : *A mesure que.* On dit aussi : A FUR ET A MESURE, pour signifier la même chose. La première expression est employée par les notaires, la seconde est du style familier. Supprimez-les dans le discours toutes les fois que vous pourrez les remplacer par, *à mesure.* Vous direz donc : *On éprouve une satisfaction toujours croissante* A MESURE *que l'on fait des progrès en vertu;* et non : *A et fur et à* mesure *que l'on fait des progrès.*

FURIEUX. — Ce relatif, placé après le nom, signifie transporté de fureur. Comme : *Un lion* FURIEUX, *un homme* FURIEUX. Placé avant le nom, *furieux,* signifie *grand, énorme, violent.* Ex. : *Une* FURIEUSE *tempête a dispersé la flotte.*

FUT. — N'employez jamais *il fut* pour *il alla* (*voyez* ALLER).

G.

On ne fait pas entendre le *g* dans *legs*, *signet*. On prononce LES, SINET. Le *g* se prononce comme *k* dans les mots *long*, *rang*, *sang*, quand ils sont suivis d'un mot commençant par une voyelle ou une *h* muette : *Dans le rang où je suis élevé*, prononcez : *Dans le* RANK *où je suis élevé*, etc. Quand ces mots *long*, *rang* et *sang*, sont suivis d'un mot qui commence par toute autre lettre qu'une voyelle ou une *h* muette, le *g* ne se fait pas entendre. *Les liens du sang sont faibles sans une mutuelle estime*, prononcez : *Les liens du* SAN *sont faibles*, etc.

GALANT. — *Un* HOMME GALANT est un homme qui cherche à plaire aux dames ; *un* GALANT HOMME est un homme poli, qui a de la probité.

GALLICISME. — (Voyez *Idiotisme*.)

GARDE. — Nom des deux genres. *Garde* est masculin lorsqu'il signifie un homme seul désigné ou préposé pour garder quelque chose, ou un soldat des gardes. Dites : *C'est* UN *beau* GARDE, *C'est* UN GARDE *très-actif*. *Garde* est féminin lorsqu'il signifie l'action de garder, ou bien la réunion de plusieurs hommes armés pour veiller à la sûreté, la partie de l'épée qui couvre la main, enfin la garniture d'une serrure. On dit : *Je confie ceci à* TA GARDE, *allez appeler* LA GARDE. — LA GARDE *d'une serrure*. — LA GARDE *d'une épée*.

GASTRIQUE, GASTRITE. — On dit : *Artères* GASTRIQUES, *suc* GASTRIQUE, pour désigner les artères de l'estomac et un suc qui sert à la digestion. On dit : *Une* GASTRITE pour exprimer une inflammation de l'estomac.

GAUDRONNER, GOUDRONNER, GODRONNER. — Ces verbes ont tous une signification différente. *Gaudronner*, c'est tourner des têtes d'épingle à l'aide d'un rouet. *Godronner*, c'est faire des moulures à l'argent, au bois, etc.; c'est faire au linge des plis qui imitent ces moulures. *Goudronner* signifie enduire avec une plante résineuse nommée *goudron*.

GEAI, JAIS. — Le *jais* est une substance d'un noir luisant, le *geai* est un oiseau. N'écrivez pas : *Noir comme du* geai, écrivez : *Noir comme un* JAIS.

GÉANT. — Dites au féminin GÉANTE, et non *géane*.

GÉNIE. — *Officier* DE GÉNIE signifie officier qui a du *génie*. *Officier* DU GÉNIE signifie officier qui appartient au corps du *génie*. On peut donc être un officier *du génie* sans être un officier *de génie*.

GENS. — Nom pluriel des deux genres. Lorsque ce nom est accompagné d'un relatif de qualité, celui-ci s'emploie au féminin s'il précède le mot *gens*, et au masculin s'il le suit. Dites : *Les vieilles* GENS *sont prudents*. Le relatif *vieilles* est au féminin,

parce qu'il précède le mot *gens ;* le relatif *prudents* est au masculin, parce qu'il le suit. Le relatif
tous reste au masculin avant *gens ,* à moins qu'il
ne soit joint à un autre relatif dont la termi
naison fût féminine. Dites : Tous *les* GENS *de bien,*
et aussi TOUS *les honnêtes* GENS, parce que la terminaison du relatif *honnête* convient également
aux deux genres ; mais dites : TOUTES *les* VIEILLES
gens , parce que *vieilles* est un relatif dont la terminaison est féminine seulement.

Aucun relatif de quantité , excepté *mille ,* ne se
joint au mot *gens* lorsque celui-ci n'est précédé
d'aucun autre mot qui le modifie. Ne dites donc
pas : *Il y a six gens , il y a dix gens ,* dites : *Il y
six hommes , il y a dix hommes.* Mais vous pouvez
dire : *Il y a* SIX JEUNES GENS, DIX JEUNES GENS, *ce
sont* TROIS HONNÈTES GENS. Vous pouvez dire aussi :
J'ai rencontré TROIS *ou* QUATRE DE *ses* GENS, parce
que dans ces derniers exemples le mot *gens* est
modifié par les relatifs *jeunes, honnêtes* et par le
mot *de ,* placés entre lui et le relatif de quantité.

GIBELOTTE, CIVET. — Dites : *Une* GIBELOTTE
de lapin et *un* CIVET *de lièvre.*

* GIFFLE, CALOTTE. — Ces mots employés
pour *soufflet* ou *claque sur l'oreille ,* ne sont pas
français.

GLISSADE, GLISSOIRE. — *Une glissade* se dit

de l'action de glisser. *Une glissoire* est un chemin frayé sur la glace pour glisser.

GOULIAFRE. — Glouton par excès. Évitez d'employer ce mot, il est de mauvaise compagnie.

GOULOT. Dites : *Le* GOULOT *de la bouteille*, et non : *Le* cou *de la bouteille.*

*GOURER. — *Gourer quelqu'un*, pour *tromper quelqu'un*, est une expression très-vicieuse.

GOUTER. — *Goûter un mets*, *goûter à un mets*, c'est y toucher des lèvres pour savoir s'il est bon. *Goûter d'un mets*, c'est en manger, c'est s'en nourrir. Vous direz donc : *J'ai* GOÛTÉ *cette viande*, ou *j'ai* GOÛTÉ A *cette viande*, *mais j'ai refusé d'en manger*; et vous direz aussi : *J'ai* GOÛTÉ *trois fois* DE *ce ragout, et j'en ai dîné.*

GOUTTE. — Ne dites pas : *Mon père ressemble à mon frère comme deux* gouttes *d'eau*; dites: *Mon père et mon frère se ressemblent comme deux* GOUT- TES *d'eau.*

GRACIER. — Ce mot signifie *faire grace*; il ne se trouve point dans les dictionnaires, mais l'usage semble l'avoir consacré.

GRAND. — Ce relatif s'écrit *grand'* et reste invariable dans plusieurs noms composés, où il est joint à un nom féminin. Dites : *Des* GRAND'*mères*, *des* GRAND'*messes.*

Le relatif *grand* varie de signification suivant

qu'il précède ou suit certains mots. *Un* GRAND HOMME est un homme à grands talents, *un* HOMME GRAND est un homme de haute taille; *un* AIR GRAND est une physionomie noble, *le* GRAND AIR ce sont les manières d'un grand seigneur.

GRAVOIS. — Nom masculin. Se dit de la partie la plus grossière qui reste du plâtre, après qu'on l'a passé. Les maçons disent *gravas*, mais ce dernier mot n'est pas français.

GREFFE. — Nom des deux genres. Il est masculin lorsqu'il signifie le lieu où l'on conserve en dépôt les registres et les papiers d'une juridiction. Il est féminin lorsqu'il signifie une branche tendre que l'on coupe d'un arbre qui est en sève, et que l'on ente sur un autre arbre. Dites : *Le* GREFFE *d'un tribunal.* — *La* GREFFE *d'un poirier.*

GRIGNON. — Ce mot désigne le côté jaune et doré de la croûte du pain; on dit souvent *grignotte,* c'est à tort ; *grignotte* n'est pas français.

* GRINGALET. — Ce mot s'emploie souvent pour dire *mince, délicat, fluet,* il n'est pas français.

GROGNER. — Témoigner du mécontentement. Ce verbe ne peut avoir de régime direct. On ne peut dire *grogner quelqu'un.* Ne dites donc pas : *Vous* me grognez *toujours,* dites : *Vous* GROGNEZ *toujours contre moi. Grognasser* n'est pas français.

GROLEL. — Espèce de corneille. N'employez jamais ce mot pour dire de mauvais souliers, dites : *Des* SAVATES.

GROSSE. — *Une* GROSSE *femme* est une femme qui a beaucoup d'embonpoint. *Une femme* GROSSE est une femme enceinte.

GUÈRE. — On dit bien : *Il s'en faut de beaucoup ;* mais on ne peut pas dire : *Il s'en faut de guère, il ne s'en est fallu* que de guère, dites : *Il* NE *s'en est* GUÈRE *fallu.*

GUET. — Ce terme militaire s'emploie aussi en parlant des animaux. Il est invariable ; dites : *Cette chienne est de* BON GUET. Ne dites pas, *de* bonne guette.

GUIDE. — Ce nom est des deux genres. Il est masculin lorsqu'il signifie conducteur, il est féminin lorsqu'il désigne une lanière de cuir avec laquelle on conduit un cheval.

*** GUIGNOLANT, GUIGNONANT.** — Ces mots ne sont pas français.

GUIGNON. — Dites : *Je suis bien en* GUIGNON *aujourd'hui,* et non : *Je suis bien* enguignonné, *J'ai bien du* guignon.

H.

Il n'y a aucune règle pour distinguer les mots dans lesquels cette lettre est muette, des mots dans lesquels elle est aspirée. Les mots les plus fréquemment employés dans lesquels l'*H* est aspirée; c'est-à-dire, dans lesquels cette lettre se prononce, sont : *Hâbleur, hache, hagard, haillon, haine, haïr, halage, hâle, haler, halle, hallebarde, hallier, halte, hamac, hameau, hampe, hanche, hangar, hanneton, hanter, happer, haquenée, haquet, harangue, haras, harasser, harceler, hardes, hardiesse, hareng, harengère, hargneux, haricot, haridelle, harnacher, harnois, harpe, harpon, hart, hasard, hase, hâte, hausse, hausse-col, hausser, haut, havre-sac, héler, hennir, hennissement, hérisser, hérisson, hernie, héron, héros, herse, hêtre, heurter, hibou, hideux, hisser, hocher, holà, Hollande, homard, hongre, Hongrie, honnir, honte, horde, horion, hors, hotte, houblon, houe, houille, houlette, houppe, houppelande, housard, houspiller, housse, houssine, houssoir, houx, hoyau, hucher, huées, huit, humer, hune, hunier, huppe, hure, hurlement, hurler, hutte.*

On prononcera donc : LE HASARD et non *l'hasard,* DES HARICOTS et non *des zaricots,* DES HURLEMENTS et non *des zurlements.*

Tous les mots dérivés des mots ci-dessus cités conservent l'aspiration ou la prononciation de la lettre *h*. Ex. : *Enhardir, rehausser.* Cependant l'*h* est muette dans *exhausser*, *exhaussement*, et dans les dérivés du nom *héros* : elle ne se prononce pas dans *héroïne*, *héroïque*, *héroïsme*. L'*h* est aspirée dans *Hollande*; mais l'usage veut qu'on dise : *Fromage d'Hollande*, *toile d'Hollande*. Ce sont les seules exceptions.

HÉSITER. — Ce verbe se joint aux noms par le conjonctif *sur* et aux verbes par le conjonctif *à*; dites : *Il faut long-temps* HÉSITER SUR *le choix des compagnons dont on veut faire ses amis.* — *Quand il est question de servir ses amis, il ne faut point* HÉSITER A *prendre un parti.* Hésiter de *prendre un parti*, serait une faute.

HEURE. — Ne dites pas : *Quelle* heure est-ce ? Dites : *Quelle* HEURE EST-IL ? Ne dites pas non plus : *Vous vous êtes levé* trop à bonne heure. Dites : DE TROP BONNE HEURE.

HIER. — (Voyez *avant.*)

HONNÊTE. — *Un* HONNÊTE HOMME est un homme qui a de la probité, des mœurs. *Un* HOMME HONNÊTE est un homme poli qui plaît par ses manières.

HOUSSARD, HUSSARD, HUZARD. — Ces trois mots sont reçus; mais HUSSARD est le plus en usage.

HUMEUR. — *Être d'humeur à*..... marque l'inclination naturelle ou habituelle. Exemple : *Il n'est*

pas d'HUMEUR A *souffrir une insulte.* — *Etre en hu-*
meur de, dénote une disposition actuelle momen-
tanée qui n'est pas une habitude. Exemple : *Je suis*
EN HUMEUR DE *monter à cheval.*

HYMNE. — Nom des deux genres. *Hymne* est
féminin quand il désigne un chant d'église : *On*
chante de BELLES HYMNES *le jour de Pâques.*

Il est masculin dans les autres cas : *Des* HYMNES
GUERRIERS.

I.

On ne prononce pas l'I dans *moignon*, *oignon*,
poignant, *poignard*, *poignée*, prononcez : MO-
GNON, OGNON, POGNANT, POGNARD, POGNÉE.

IBIDEM, IDEM, ITEM. — Ne confondez pas
ces mots. *Ibidem* signifie dans le même lieu; *idem*,
la même chose; et *item*, de plus.

ICI. — (Voyez *Ci.*)

IDÉE. — *Une idée* ne prend pas dans la tête,
elle y vient. Ne dites donc pas : L'idée *lui* a pris
d'aller à Paris. Dites : L'IDÉE *lui* EST VENUE *d'aller*
à Paris.

IDIOTISMES. — On appelle *idotismes* certaines expressions et certaines tournures qui sortent
des règles ordinaires du langage, et que l'on ne
pourrait pas rendre mot pour mot dans une autre
langue.

Les idiotismes français sont appelés *gallicismes*.

Les principaux idiotismes sont :

1° *Quiconque*, servant de sujet à deux verbes, à la place de *celui qui*, ou de *tout homme qui*. Ex. : Quiconque *a pu franchir les bornes légitimes, peut violer enfin les droits les plus sacrés.*

2° *Que*, à la place de *rien*. Ex. : *Je n'ai* que *faire ici*, à la place de *je n'ai* rien *à faire ici.*

3° Le verbe *aller*, avant un infinitif, indiquant un temps futur rapproché. Ex. : *Un peuple de héros* va *naître en ces climats* (naîtra bientôt).

4° *Devoir*, avant un infinitif, marquant le futur. *Il* doit *partir dans huit jours*, c'est-à-dire, *il* partira *dans huit jours.*

5° *Venir de*, avant un infinitif, indiquant un passé rapproché. *Il* vient de *sortir*, c'est-à-dire, *il est sorti* depuis peu.

6° *Ne faire que de*, avant un infinitif, indiquant un passé très-récent. Ex. : *Il* ne fait que de *sortir*, c'est-à-dire, *il est sorti* à l'instant même.

7° L'expression *il y a*, à la place du verbe *être* ou *exister*. Il y a *des folies de diverses espèces* ; pour, *des folies de diverses espèces* sont.

8° *Il en est de*, à la place du verbe *être*. Il en est de *la félicité comme des songes* ; pour, *la félicité* est *comme les songes.*

9° *Il y va de*, à la place de *est exposé*. IL Y VA DE *mon honneur dans cette affaire* ; c'est-à-dire, *mon honneur* est exposé.

10° *Il s'en faut*, à la place de *est loin de la vérité*, *n'est pas vrai*. IL S'EN FAUT *beaucoup que l'un soit du mérite de l'autre* ; c'est-à-dire, *que l'un soit du mérite de l'autre* est loin de la vérité, n'est pas vrai.

11° *Ne pas laisser de*, pour *ne pas s'abstenir, ne pas cesser*. Ex. : *Malgré tout ce qu'on put lui dire, il* NE LAISSA PAS DE *faire ce qu'il s'était proposé*; pour, *il* ne s'abstint pas *de faire*.

12° *Un infinitif* tenant la place d'un verbe de mode *personnel*. Ex. : *Sans* AVOIR *de procès, je sais ce qu'il en coûte*; pour, *sans que j'*aie *des procès*.

13° Le conjonctif *de* remplace *dans* ou *pendant*, *à cause de*, *avec* ou *par le moyen de*. Ex. : *Il est parti* DE *nuit* (pendant *la nuit*). — *Il pleure* DE *joie* (à cause de *sa joie*). — DE *ma lame j'ai renversé deux ennemis* (avec *ma lame* ou par le moyen DE *ma lame*).

14° Le conjonctif *à* remplace *avec*, *pour*, *propre à*, *pendant*. Ex. : *Les anciens portaient des épées* A *deux tranchants* (avec *deux tranchants*). — *Ils avancèrent* A *grands pas* (avec *de grands pas*). — *Voici une cafetière* A *dix tasses* (pour *dix tasses*, propre à *dix tasses*). — *Que faisiez-vous* **AU** *temps chaud* (pendant *le temps chaud*)?

Avant un infinitif le conjonctif *à* remplace quelquefois le conjonctif *quand*. Ex. : A *vaincre sans péril on triomphe sans gloire* (quand *on vainc sans péril*).

15° Le conjonctif *pour* remplace *au lieu de*, *eu égard à*, *comme*, *moyennant*, *envers*, *pendant*, *quant à*. Ex. : *Il emploie souvent un mot* **POUR** *un autre* (au lieu d'*un autre*). — *Il est bien prudent* **POUR** *son âge* (eu égard à *son âge*). — *Tenez cela* **POUR** *fait* (comme *fait*). — *Il vient* **POUR** *cela* (à cause **DE** *cela*). — *On a des terres* **POUR** *un prix modique* (moyennant *un prix modique*). — *Il est bon d'avoir du mépris* **POUR** *les richesses* (envers *les richesses*). — *Je m'absenterai* **POUR** *un mois* (pendant *un mois*). — **POUR** *moi, je ne veux pas de querelles* (quant à *moi*, etc.).

16° *Ne que* s'emploie pour *seulement*. Ex. : *Le rhinocéros* **N'***a* **QU'***une corne*, c'est-à-dire, *a une corne* seulement.

17° *Que*, se met à la place de *pourquoi*. Ex. : **QUE** *ne puis-je vous révéler les secrets de la charité ?* au lieu de, pourquoi *ne puis-je*, etc.

18° *Que de*, à la place de *combien*. Ex. : **QUE DE** *bienfaits Dieu répand sur la terre*, pour, *combien de bienfaits*, etc.

19° *Combien*, à la place de *très*. Ex. : COMBIEN il était juste et charitable à l'égard de tous ! c'est-à-dire, *il était* très-*juste et* très-*charitable* , etc.

20° *A peine... que, ne pas plus tôt... que*, à la place de *dès que , aussitôt que.* Ex. : A PEINE *fut-il assis* QU'il *commença à se plaindre* (il commença à se plaindre dès qu'il fut assis).—Il NE fut PAS PLUS TÔT arrivé QU'il *partit* (Il partit *aussitôt qu'il fut ar-rivé*).

21° *Si*, à la place de *comme*. Ex. : SI *le rossi-gnol est le chantre des bois, le serin est le musicien de la chambre* ; c'est-à-dire comme *le rossignol est le chantre des bois*, etc.

22° Quelques expressions et tours de phrases tiennent la place du conjonctif *quoique*. Ces expressions sont : *Quelque... que , tout... que , pour, avoir beau.* Ex. : QUELQUE *méchants* QUE *nous ayons été, un repentir sincère peut effacer nos cri-mes* (quoique *nous ayons été très-méchants*). — *Je l'aime ,* TOUT *indifférent* QU'il *est* (quoiqu'il *soit indifférent*). — *O céleste justice , tes vengeances* POUR *être tardives n'en sont pas moins terribles* (quoiqu'elles soient tardives). — *Nous* AVONS BEAU *nous enrichir, nous ne serons heureux que par la paix du cœur* (quoique *nous nous enrichissions* , etc.).

23° L'expression *quand même* peut être remplacée par un *verbe conditionnel* suivi de *que*, et par *le passé simple du subjonctif* suivi du *relatif personnel.* Ex. : *Il* SERAIT *le plus brave des hommes* QUE *je ne le craindrais pas* (quand même *il serait le plus brave*). — FUSSIEZ-VOUS *au fond des abîmes la main de Dieu pourrait vous en tirer* (quand même *vous seriez*).

IGNÉE. — Ce relatif signifie qui est de feu ou de la nature du feu. Il est des deux genres. Prononcez *ig-né.* Écrivez toujours ce mot avec deux *e.*

IGNARE. — Ce relatif signifie ignorant, il est des deux genres. On ne dit pas *ignarde* au féminin, ce mot n'est pas français. On dit : *Un homme* IGNARE, *une femme* IGNARE.

ILLUSION. — (*Voyez* ALLUSION.)

IMAGINER, S'IMAGINER. — *Imaginer* c'est créer, inventer. *S'imaginer* c'est se figurer ou croire quelque chose sans fondement, sans preuves. Dites : *Cette personne* A IMAGINÉ *une machine fort utile* ; c'est-à-dire, *a inventé une machine.* Dites : *Il* S'IMAGINE *être un grand homme* ; c'est-à-dire, *il se persuade sans raison* qu'il est un grand homme.

IMITER UN EXEMPLE. — Quand *exemple* signifie un modèle de conduite ou de manière, on ne dit point *imiter l'exemple* ; cette expression n'est pas française. On *imite quelqu'un*, mais on n'*imite* pas *l'exemple de quelqu'un*; on SUIT L'EXEMPLE *de quelqu'un.* Quand *exemple* signifie modèle de dessin ou d'écriture, ce mot devient féminin, et peut se joindre au verbe *imiter*. On dira donc : IMITONS LA BELLE EXEMPLE *d'écriture que notre maître nous a apportée*; et : SUIVONS LE BON EXEMPLE *des honnêtes gens.*

IMMINENT. — (*Voyez* ÉMINENT.)

IMPASSE. — Ce mot signifie l'espèce de rue fermée à l'une de ses extrémités, et qu'on appelle vulgairement *cul-de-sac. Impasse* est la meilleure expression.

IMPOSER, EN IMPOSER. — Il ne faut pas confondre ces verbes. *Imposer* signifie presque toujours inspirer du respect ou de l'estime. On dit : *L'air noble et simple de l'innocence* IMPOSE ; c'est-à-dire, l'air noble et simple de l'innocence *inspire du respect.*

En imposer signifie mentir ou faire accroire. On dit : *Ce misérable* EN IMPOSE, *et ne mérite pas qu'on l'écoute*; c'est-à-dire , *ce misérable ment.*

INATTENTION. — (*Voyez* ATTENTION.)

INCOGNITO. — Cet adverbe se dit des personnes de marque lorsqu'elles se présentent quelque part sans vouloir être reconnues. On dit *L'empereur Joseph II voyageait* INCOGNITO.

INESTIMABLE. — Ce relatif ne signifie pas le contraire d'*estimable*. *Inestimable* signifie qui est d'une si grande valeur qu'on n'en saurait fixer le prix. On dit : *Ce diamant est d'un prix* INESTIMABLE ; mais on ne dit point : *C'est un homme* inestimable ; il faut dire : *C'est un homme* QUI NE MÉRITE PAS D'ÊTRE ESTIMÉ ; OU QUI NE MÉRITE AUCUNE ESTIME.

INFECTER, INFESTER. — On confond souvent ces deux verbes. *Infecter* signifie gâter, communiquer sa puanteur, sa corruption. Dites : *Cette odeur a* INFECTÉ *tout le voisinage.* — *Les libertins* INFECTENT *ceux qui les fréquentent de leurs maximes pernicieuses.*

Infester signifie piller, ravager, incommoder. Exemples : *Les brigands* INFESTENT *les grandes routes.* — *Les sauterelles* INFESTENT *en Orient des provinces entières et les désolent:*

INFINITÉ, UNE INFINITÉ DE. — Lorsque cette expression est suivie d'un nom pluriel auquel elle se rapporte et d'un verbe, le verbe se met au pluriel. Dites : UNE INFINTÉ DE *personnes* ONT PRIS *la peine d'instruire leurs semblables* ; ne dites pas : Une infinité de *personnes* a pris *la peine.*

INFINIMENT DE, EXTRÊMEMENT DE. — Ces mots ne peuvent pas être suivis du relatif de nombre *le* ou *la.* Dites : *Cet homme a* INFINI-

MENT D'*esprit*. — *Cette femme a* EXTRÊMEMENT
DE *grâce*. Ne dites pas : *Cet homme a* infiniment
de *l'esprit*. — *Cette femme a* extrêmement de la
grâce.

INSTRUIRE. — (*Voyez* ENSEIGNER.)

INVECTIVER. — Ne dites pas : *Cet homme*
*m'*a invectivé ; dites : *Cet homme* A INVECTIVÉ contre *moi*.

INVENTER. — (*Voyez* TROUVER.)

IRRUPTION. — (*Voyez* ÉRUPTION.)

J.

JAIS. — *Voyez* GEAI.

* JARRETER. — Ce mot n'est pas français.
Ne dites pas : Jarretez-vous. Dites : *Mettez vos*
JARRETIÈRES.

JET D'EAU. — Ne dites pas : Jeu d'eau.

JEUNES PERSONNES. — Cette expression ne
s'emploie que pour désigner de jeunes filles. Ne
dites donc pas : Jeunes personnes *du sexe*. (*Voyez*
SEXE et PLÉONASME.)

JEUNESSE. — N'employez jamais ce mot pour :
Jeune personne. On ne peut pas dire : *Votre nièce*
est une jeunesse *aimable* ; mais on dira : *Votre nièce*
est une JEUNE PERSONNE *aimable*.

JOINT, CI-JOINT. — Lorsque *ci-joint* précède
le nom auquel il se rapporte, cette expression

peut être regardée comme adverbe et rester in-variable. On dit : *Vous trouverez* CI-JOINT OU CI-JOINTE *la lettre de votre ami.* Mais quand *ci-joint* suit le nom auquel il se rapporte, il faut qu'il s'accorde avec ce nom, parce qu'alors il est toujours relatif. Dites : *La lettre* CI-JOINTE *vous apprendra le sort de votre ami.* — *Les papiers* CI-JOINTS *vous instruiront.*

JOUER. — (*Voyez* TOUCHER.)

JOUIR. — Ne se dit que des choses agréables. Ex. : *Il* JOUIT *d'une bonne réputation, je* JOUIS *d'une excellente santé.* On ne peut dire : IL JOUIT *d'une mauvaise réputation, je* JOUIS *d'une santé détestable.* Parce qu'une mauvaise réputation, une santé dé-, testable ne peuvent procurer de jouissance.

JOUR. — On peut dire également : JOUR OUVRIER et JOUR OUVRABLE.

*JOUR LE JOUR. — Cette expression est vicieuse. Dites : *Ce malheureux vit au* JOUR LA JOURNÉE; et non : *Au* jour le jour.

JUIVE. — Ne dites pas : Juivresse ou juifresse; ces mots ne sont pas français. Dites : *Une* JUIVE.

JUSQUES, JUSQUE. — Ces expressions ont absolument le même sens. On ajoute une *s* à *jusque* lorsque l'harmonie des sons le demande. Dites : JUSQUES *à quand les hommes offenseront-ils leur créateur ?* On ajoute ici une *s* à *jusque*, parce que l'oreille serait blessée s'il y avait *jusqu'à quand*.

JUSTE, * COMME DE JUSTE. — Cette locution, *comme de juste*, est très-vicieuse; il en est de même des expressions, *comme de vrai, comme de faux*. Dites : COMME IL EST JUSTE, COMME IL EST VRAI.

K.

KIRSCH-WASSER. — Sorte de liqueur inventée en pays étranger. On prononce *kirchvaz*. On peut dire aussi simplement *kirch*.

L.

LÀ OU. — Cette expression signifiant dans cet endroit, est vicieuse; on dit : *C'est* LÀ QUE *je demeure*, et non : *C'est* là où *je demeure*.

Là où signifiant *au lieu que* ou *l'occasion où*, s'emploie encore, quoique cette expression ait vieilli. Ex. : *Il ne faut employer les châtiments que* LÀ OU *la douceur et l'exhortation sont inutiles*, c'est-à-dire *dans l'occasion où*. — *Les gens de bien meurent dans une douce espérance* LÀ OU *les méchants sont tourmentés de remords*, c'est-à-dire *au lieu que les méchants*, etc.

LABOUR, LABOURAGE. — Le *labourage* est l'art de labourer la terre. Le *labour* est la façon que l'on donne à la terre en la labourant. Dites : *Des chevaux de* LABOUR, et non : *Des chevaux de* labourage.

LAIDERON.—Dites : *C'est une petite* LAIDERON, et non : *une* laideronne.

LAISSE. — Ne dites pas : *Mener des chiens* à la laisse, dites : EN LAISSE.

LAISSER. — Ces locutions *ne laisser pas de, ne laisser pas que de*, sont très-vicieuses ; il faut toujours éviter de les employer.

LAITON. — Dites : *Fil de* LAITON, et non : *Fil de* loton.

* **LANCÉES.**—Ce mot n'est pas français. Il ne faut pas dire : *J'ai des* lancées *dans la tête*, mais : *Des* ÉLANCEMENTS *dans la tête*.

LANTERNE MAGIQUE. — Ne dites pas : *Lanterne magie*.

LARRON.—Ne dites pas au féminin : *Une* larronne, mais *une* LARRONNESSE.

* **LAVIER, LEVIER.**—On emploie souvent ces deux mots pour signifier *pierre à laver*. Ils ne sont pas français, dites : *Évier*.

LECTEUR, LECTRICE ; LISEUR, LISEUSE. — On entend le plus souvent par *lecteur* celui qui lit à haute voix pour les autres. *Le* LECTEUR *du Roi, la* LECTRICE *de la Reine*. On entend *par liseur* celui qui aime à lire, qui lit par passion. On dit : *C'est un* LISEUR *éternel*, d'un homme constamment occupé à lire.

LEQUEL, LAQUELLE, LESQUELS, LES-

QUELLES.—Ces relatifs de liaison s'écrivent en un seul mot ; écrivez de même en un mot : DUQUEL, DESQUELS, DESQUELLES, AUQUEL, AUXQUELS, AUXQUELLES.

LIBOURNE, LIVOURNE. — Ne confondez pas ces deux villes. LIBOURNE est une ville de France, LIVOURNE est une ville d'Italie.

LINTEAU, LITEAU. Le *linteau* est une pièce de bois qui se met en travers de l'ouverture d'une porte pour soutenir la maçonnerie supérieure. Le *liteau* est une raie bleue, ou de toute autre couleur, qui se trouve à quelque distance des extrémités d'une nappe, d'une serviette. Dites : *Le* LINTEAU *d'une porte* , *les* LITEAUX *d'une nappe.*

LIS, LYS. — *Le lis* est le nom d'une fleur, *la Lys* est le nom d'une rivière de Belgique.

LISEUR. — (Voyez *Lecteur.*)

LUI, ELLE. — Il faut avoir grand soin de ne pas employer ces mots de manière à rendre obscur le sens de la phrase. Ne dites pas : *L'aimant attire le fer à* lui, parce qu'au premier coup d'œil, on ne voit pas clairement si le relatif personnel *lui* se rapporte à *aimant* ou à *fer*. Ne dites pas non plus : *Cette dame a fait rire toute la compagnie d'*elle, parce qu'il ne serait pas impossible que l'on crût que le relatif personnel *elle* se rapportât à la compagnie, aussi bien qu'à la dame. Il faut dire : *L'aimant attire le fer à* SOI, *cette dame a fait rire toute la compagnie de* SOI.

L'UN ET L'AUTRE, NI L'UN NI L'AUTRE.— On emploie également le pluriel et le singulier après ces deux expressions. On dit : L'un et l'autre quitta *la ville*, ou l'un et l'autre quittèrent *la ville*. Cependant l'usage se prononce aujourd'hui de préférence pour le pluriel.

L'UN L'AUTRE, L'UN ET L'AUTRE. — Ne confondez pas ces expressions. *L'un l'autre* signifie l'un par l'autre. Ex. : *Ces soldats se sont tués* l'un l'autre, c'est-à-dire *l'un par l'autre. L'un et l'autre* signifie l'un comme l'autre. Ex. : *Ils sont morts* l'un et l'autre.

M.

MAJESTÉ. — Lorsque ce mot signifie un titre qui se donne aux empereurs, aux rois, aux reines, il doit toujours être précédé d'un des relatifs possessifs *sa, votre, vos, leurs* : Sa majesté, votre majesté, vos majestés, leurs majestés. Il ne faut donc pas dire comme certaines autorités de village, en parlant à un roi : Majesté, *je vous présente l'hommage respectueux des habitants de cette commune.* Il faut dire : *Je présente à* Votre Majesté *l'hommage*, etc.

MAL. — Les mots *malcontent, malfamé, malgracieux* sont français; mais *malcomplaisant* ne l'est pas. Il faut dire : Peu complaisant.

Avoir du mal. — Beaucoup de gens disent :

J'ai du mal *à gagner ma vie ;* il vaut mieux se servir de l'expression *avoir de la peine,* et dire : J'AI DE LA PEINE *à gagner ma vie.*

MALENTENDU. — Gardez-vous de dire *més-entendu,* ce mot n'est pas français.

MALGRÉ QUE. — Mauvaise expression. Ne dites pas : Malgré que *je lui aie donné un excellent conseil, il ne m'a pas écouté.* Dites : QUOIQUE *je lui aie donné,* etc. On dit très-souvent : Malgré qu'*il en ait,* malgré que *j'en eusse,* il serait mieux de dire : MALGRÉ LUI, MALGRÉ MOI.

MANCHE. —Nom des deux genres. On dit : LE MANCHE *d'un balai,* LE MANCHE *d'un couteau, d'un outil,* etc. On dit : LA MANCHE *d'un habit, d'une robe, d'un vêtement.* On dit aussi LA MANCHE, pour désigner la partie étroite de l'Océan qui se trouve entre la France et l'Angleterre.

MANŒUVRE. — Nom des deux genres. *Un manœuvre* est un ouvrier subalterne. *Une manœuvre* est un exercice militaire sur terre ou sur mer. Ex. . *Commander* LA MANŒUVRE. *Cette troupe a exécuté* UNE MANŒUVRE *hardie.*

MANQUER DE, MANQUER A. — Lorsque le verbe *manquer* est précédé d'une négation et suivi d'un verbe, il est joint à ce verbe par le conjonctif *de.* Ex. : *Ne* MANQUEZ *pas* D'*apprendre votre leçon, ne* MANQUEZ *pas* DE *prier Dieu.* Lorsque *manquer* suivi d'un verbe n'est pas précédé d'une négation, il est joint à ce verbe par le conjonctif *à*. Ex. : *Celui qui* MANQUE A *faire ce qu'il promet est un malhonnête homme.*

Souvent aussi *manquer* se joint au verbe suivant sans conjonctif. Ne dites pas : *j'ai* manqué *dè tomber* ; dites : *J'ai* MANQUÉ *tomber.*

*MANQUER D'UN PEU. — Cette locution est vicieuse, dites : MANQUER UN PEU DE. *Cet homme* MANQUE UN PEU DE *raison*, *d'équité.*

MARCHÉ.—*A bon marché* est une mauvaise expression. Ne dites pas : *J'ai acheté cette ferme* à bon marché; dites: *J'ai acheté cette ferme* BON MARCHÉ.

MARCOTTE. — Réjeton d'une branche de vigne, ou de quelque autre plante que l'on met en terre, afin qu'elles y prennent racine. Dites : *Des* MARCOTTES *de vigne , de figuier , d'œillets,* etc., et non : *Des* margottes, ou *des* marcots.

MARMONNER, MARONNER. — On confond toujours ces deux verbes, et c'est une faute grossière. *Marmonner* signifie *murmurer. Maronner* signifie *friser* et aussi *imprimer furtivement.* Il faut dire : *Il* MARMONNE *entre ses dents*, et non : *Il maronne entre ses dents.*

MATINAL, MATINEUX , MATINIER. — Un homme *matinal* est celui qui s'est levé matin sans en avoir l'habitude. Un homme *matineux* est celui qui est dans l'habitude de se lever matin. *Matinier* signifie qui appartient au matin, qui accompagne toujours le matin. Dites : *L'étoile* MATINIÈRE.

MAUVAIS. — *Avoir l'air mauvais* signifie avoir l'air méchant, redoutable. *Avoir mauvais air*, signifie avoir l'air commun, gauche, sale.

MÉFIER. — Ce verbe est toujours suivi du conjonctif *de*. On SE FIE À *quelqu'un*, À *quelque chose*, et *l'on* SE MÉFIE DE *quelqu'un*, DE *quelque chose*. Ne dites donc jamais : Méfiez-*vous* à *cette personne*, à *cette chose*, ou méfiez-*vous y*.

MÉGARDE. — Dites : *Je me suis blessé* PAR MÉGARDE, et non : *Par* mégard.

MEMBRU. — Se dit d'une personne qui a les membres gros et forts. N'employez pas *membré* pour ce mot. Dites : *Cet enfant est bien* MEMBRU, et non : Membré.

MÊME. — Ce mot peut être considéré comme adverbe ou comme relatif, il est donc invariable ou variable. MÊME est relatif et variable, lorsqu'il est joint à un nom ou à un relatif personnel. Ex. : *Nous-mêmes, eux-mêmes.* — *Les animaux sauvages, les lions* MÊMES *sont émus par de doux accords.*

MÊME est adverbe ou invariable, lorsqu'il est joint à un verbe ou à un relatif de qualité. Ex. : *Ces pays sont* INCONNUS MÊME *à leurs habitants.* — *Nous avons demandé votre grâce à votre père, nous sommes même tombés à ses genoux, mais nous n'avons pu le fléchir.*

Tout de même. Cette locution employée pour *aussi, également*, est incorrecte. Ne dites pas : *Je répéterai ma leçon de ce matin, et je vous reciterai* tout de même *celle d'hier ;* dites : *et je vous reciterai* aussi *celle d'hier.*

MÉMOIRE.—Nom des deux genres. Un mémoire est un écrit fait pour qu'on se ressouvienne de quelque chose, ou une instruction donnée sur une affaire. La mémoire est une faculté par laquelle nous conservons le souvenir des choses.—La mémoire est aussi la réputation bonne ou mauvaise qui reste d'une personne après sa mort ; on dira donc : *J'ai écrit* un long mémoire *sur l'état de nos routes.* — *J'ai reçu* le mémoire *du tailleur et je l'ai payé.* — *Il est doué d'*une si excellente mémoire *qu'il sait sa leçon en la lisant une fois.* — *On ne saurait trop honorer et chérir* la mémoire *d'un bon père.*

MI. — Ce petit mot entre toujours dans la composition d'autres mots avec la fonction de marquer un partage, une division par moitié. Ex. : *Cette robe est* mi-partie *de blanc et de rouge ; les avis ont été* mi-partis. Quand mi se joint aux mots *corps, jambe, sucre, chemin, mûr, terme et côte,* il s'emploie avec le conjonctif *à* sans aucun relatif de nombre. Ainsi, l'on dit : A MI-CORPS, A MI-JAMBE, A MI-TERME, etc. Lorsque MI se joint au mot *carême*, ou à tous les noms de *mois*, il est précédé du relatif de nombre *la*. On dit : LA MI-CARÈME, LA MI-JUIN, LA MI-AOÛT, etc.

MIDI, MINUIT. — Ces deux mots sont masculins, et ne s'emploient qu'au singulier. Dites : *J'irai vous voir à* MIDI PRÉCIS. — *Il est* MIDI *et* DEMI. — *Je serai chez vous* SUR LE MIDI. — *Nous nous sommes retirés du bal vers* MINUIT, OU SUR LE MINUIT. — MIDI *est passé.* — MINUIT *est sonné.* Les expressions incorrectes *sur les minuit, sur les midi, vers les midi, minuit ont sonné ou sont sonnés,* ne sont pas françaises.

MIEUX, AU MIEUX, DES MIEUX. — Il ne faut pas employer ces deux dernières expressions pour *très-bien, parfaitement.* Ne dites pas : *Cette jeune personne chante* au mieux, *danse* des mieux; dites : *Cette jeune personne chante, danse* TRÈS-BIEN, PARFAITEMENT, OU ON NE PEUT MIEUX.

MONTER. — Ce verbe se conjugue avec *avoir* lorsqu'il a un régime. Exemple : *Il* A MONTÉ *ses livres dans sa bibliothèque.* Il se conjugue avec *être* lorsqu'il est sans régime. Exemple : *Il* EST MONTÉ *dans sa chambre.*

MORGUE. — Lieu où les corps morts sont exposés dans Paris à la vue du public pour qu'on puisse les reconnaître. Beaucoup de gens disent *la Morne*, c'est une faute.

MORTEL. — Ce relatif après le nom signifie *qui est sujet à la mort*. Il ne peut se mettre dans ce sens qu'après le nom. Ex. : *Tous les hommes sont* MORTELS. — *Il n'y a sur la terre que des créatures* MORTELLES. Ce relatif placé avant le nom signifie grand, excessif, qui épuise par son étendue ou sa force. Ex. : *Ce voyage est de vingt* MORTELLES *lieues*. — *Ce discours est d'un* MORTEL *ennui*.

Lorsque MORTEL signifie *qui donne la mort*, il se place indifféremment avant ou après le nom. Ex. : *Rejetez ce* MORTEL *poison*, ou *ce poison* MORTEL.

MORTIFIER. — Ce verbe signifie *blesser, imposer des privations*, et quelquefois *humilier*. Il ne faut jamais l'employer pour *fâcher*. Ne dites donc pas : *Je suis bien* mortifié *de ne pas vous avoir trouvé*; dites : *Je suis bien* FÂCHÉ *de ne pas vous avoir trouvé*.

MORT-IVRE. — Ce mot se dit d'un homme; mais en parlant d'une femme, il faut dire : IVRE-MORTE.

MOUCHER. — Ne dites pas : *Je suis enrhumé, je* mouche *beaucoup* ; dites : *Je* ME MOUCHE *beaucoup*. On MOUCHE *une chandelle*, et l'on SE MOUCHE.

MOULE. — Ce nom est des deux genres. *Le*

moule, *un moule*, est une matière creusée de manière à donner une forme précise à la cire, au plâtre, au bronze, etc. *La moule*, *une moule*, est un petit poisson enfermé dans une coquille de forme oblongue.

MOURIR, FAIRE MOURIR. — On dit d'un homme qui a fait empoisonner un autre homme, ou qui est cause de la mort de quelqu'un : *Il l'a* FAIT MOURIR *par le poison ; il l'a* FAIT MOURIR *de chagrin*. Mais il est absurde et vicieux de dire de celui qui est mort, *il a* été fait mourir ; dites : *Il* EST MORT *de chagrin*, ou *par le poison*.

MOUSSE. — Nom des deux genres. UN MOUSSE est un jeune matelot ; LA MOUSSE est une espèce d'herbe qui s'engendre sur les terres sablonneuses, sur la toile, etc. ; c'est aussi une écume qui se forme sur plusieurs liquides.

MOYEN. — Quand ce mot signifie *possibilité*, il ne faut pas l'employer au pluriel. Dites : *Je n'ai pas* LE MOYEN *de faire cette dépense ;* et non : *Je n'ai pas* les moyens, etc., parce que c'est comme s'il y avait, je n'ai pas *la possibilité* de faire cette dépense.

MOYENNANT QUE. — Cette expression est mauvaise, employez de préférence *pourvu que* ou *si*. Ne dites donc pas : *Dieu vous assistera moyennant que vous l'imploriez ;* dites : POURVU QUE *vous l'imploriez*, ou SI *vous l'implorez*.

N.

NAGEMENT. — Ce mot est consacré par l'usage. Dites : *Le nagement des poissons*, etc.

NAIN. — Ce relatif fait *naine* au féminin, et non *nine*.

NÉOLOGIE, NÉOLOGISME. — La NÉOLOGIE signifie un genre nouveau de langage, des manières nouvelles de parler, l'invention ou l'application nouvelle des termes. Le NÉOLOGISME marque l'abus ou l'affectation de se servir des mots nouveaux, d'expressions nouvelles. La NÉOLOGIE est donc un art, et le NÉOLOGISME est l'abus de cet art.

NÉPHRÉTIQUE. — Sorte de colique cruelle. — Remède propre aux maladies de reins. Il ne faut pas dire, *méphritique*, *colique méphritique*.

NI. — (*Voyez* SOIT QUE.)

NOEL. — Ne dites pas : *A la Noël* ; dites : A NOEL, AUX FÊTES DE NOEL.

NONANTE. — (*Voyez* SEPTANTE.)

NOTRE, VOTRE. — Ces mots ne s'écrivent avec un accent circonflexe que lorsqu'ils sont immédiatement précédés du relatif de nombre. Dites sans l'accent : *Prenez* VOTRE *livre*. — *Allons voir* NOTRE *ami*. Dites avec l'accent : *J'ai mon livre, voici* LE VÔTRE. — *Vous avez vos raisons, nous avons* LES NÔTRES.

NOUVEAU. — *Le vin* NOUVEAU est le vin nouvellement fait. *Le* NOUVEAU *vin* est le vin nouvellement en perce.

O.

OBSERVER. — Ce verbe signifie *remarquer, considérer, examiner. On observe quelqu'un* lorsqu'on l'examine. Mais on ne peut pas dire à quelqu'un : *Je vous* observe *que ce fait n'est pas tel que vous l'avez cru*, parce qu'on ne dirait pas : *Je vous* remarque *que ce fait n'est pas tel*, etc. Dites : *Je vous* FAIS OBSERVER *que*, etc. ; OBSERVEZ BIEN *que*, etc. ; comme on dirait : *Je vous* FAIS REMARQUER *que*, etc. ; REMARQUEZ BIEN *que*, etc.

OCCASION. — Ce mot n'a jamais signifié *besoin*. Ne dites donc pas : *Avez-vous* occasion *de bonne toile ?* pour, *avez-vous* BESOIN *de bonne toile ?*

OEIL. — Le pluriel de ce mot est *yeux*, comme on le sait ; mais en style d'architecture, on appelle les ouvertures ovales ménagées pour éclairer les appartements des OEILS DE BOEUF, et non des YEUX DE BOEUF.

OFFICE. — Nom des deux genres. Il s'emploie au masculin lorsqu'il signifie *protection, assistance, devoir,* ou *service d'église.* Ex. : *C'est le propre d'un honnête homme de rendre de* BONS OFFICES *à* *tout le monde.* — L'OFFICE DIVIN *sera célébré di-manche prochain dans cette nouvelle église.*

OFFICE s'emploie au féminin lorsqu'il signifie le lieu où l'on met la desserte d'une table, le lieu où les domestiques mangent. Ex. : CETTE OFFICE *est bien placée, elle est à côté de la salle à manger.*

OISEUX, OISIF. — OISEUX signifie inutile, *fri-*vole, et ne se dit que des choses. Ex. : *Des paroles* OISEUSES; *une conduite* OISEUSE.

OISIF signifie *paresseux, qui perd son temps, qui demeure à rien faire,* et se dit presque tou-jours des personnes. Ex. : *Un jeune homme* OISIF *est toujours ennuyeux et ennuyé.* Ne dites jamais : *Des gens* oiseux; dites : *Des gens* OISIFS.

OLOGRAPHE. — Dites : *Un testament* OLOGRA-PHE, c'est-à-dire, écrit en entier de la main du testateur; et non, *un testament* autographe.

OMBRELLE, OMBRETTE. — Une OMBRELLE est un petit parasol; OMBRETTE est un terme d'his-toire naturelle. Il ne faut pas confondre ces mots.

OMBREUX, OMBRAGEUX. — Le relatif OM-BREUX signifie qui porte de l'ombre; le relatif OM-BRAGEUX signifie qui a peur, qui est soupçonneux, méfiant. Il faut donc dire : *Une vallée* OMBREUSE; et non : *Une vallée* ombrageuse. — *Un cheval* OM-BRAGEUX; et non : *Un cheval* ombreux.

ON, L'ON. — Ce relatif indéterminé est masculin singulier ; cependant le relatif de qualité qui s'y rapporte se met au féminin quand le mot on exprime évidemment une femme, et il se met au pluriel lorsqu'on parle évidemment de plusieurs personnes. Ex. : On *est* heureuse *d'être mère.* —On *est heureux en ménage quand* on *est bien* unis.

L'on s'emploie au lieu de *on* après *et*, *si*, *ou*, pour rendre la prononciation plus douce ; ainsi l'on dira : *Si* l'on *veut*, pour *si on veut*; mais on doit dire : *Si* on *le voit*, au lieu de *si l'on le voit* pour éviter la répétition de l'*l*.

En général, on emploie *l'on* pour *on* toutes les fois que l'harmonie du langage l'exige. Dites : *Il faut aider de ses conseils et de ses soins ceux à* qui l'on *ne peut rendre service de sa bourse.* — *Il faut* que l'on *compare son sort à celui des malheureux plus à plaindre que soi.* Dans ces phrases, il serait désagréable à l'oreille de dire, *ceux à qui on*, etc., *il faut qu'on compare*, etc.

ONZE. — Il faut dire : Le onze, le onzième *jour du mois*; et non, *l'onze, l'onzième.*

ORANGER. — Dites : *Un bouquet de fleurs d'o-*ranger, et non : *Un bouquet de fleurs d'*orange ; car ce n'est pas de l'orange, mais de l'oranger que les fleurs proviennent. On ne dit jamais, *fleur de* pêche, ou *de* fraise ; on dit, *fleur de* fraisier, *de* pêcher. On doit donc dire également, *fleur* d'oranger.

ORDINAIRE. VIN D'ORDINAIRE, VIN ORDI-
NAIRE.—On entend par VIN D'ORDINAIRE le vin que
l'on boit ordinairement. On entend par VIN ORDI-
NAIRE un vin commun et fort peu coûteux. *Le* VIN
D'ORDINAIRE *des princes n'est pas du* VIN ORDINAIRE.

ORGE. — Nom féminin. Dites : *De la* BELLE
ORGE. Cependant on dit : ORGE MONDÉ, ORGE
PERLÉ ; il n'y pas d'autres exceptions à la règle.

ORGUE. — Instrument de musique à vent. Ce
nom est masculin au singulier, et féminin au pluriel : UN BEL ORGUE, DE BELLES ORGUES.

ORTHOGRAPHIER. — Écrire les mots correc-
tement. Ne dites pas : *Orthographer ;* dites : *Cette
lettre est bien* ORTHOGRAPHIÉE, et non Orthographée.

OU. — On se sert souvent de ces expressions
où qu'est? où donc qu'est? lorsqu'on cherche quelqu'un ou quelque chose. Elles sont très-vicieuses.
Ne dites donc pas : Où qu'est *mon père?* où donc
qu'est *mon père?* Dites : Ou EST *mon père?* Gardez-
vous aussi de dire : Ouss'que *tu vas?* pour : Où
VAS-TU? (Voyez *Dont* et *Là.*)

OUATE. — Beaucoup de gens disent à tort *de la
ouate,* dites : De l'OUATE.

OUBLIER. — OUBLIER A, OUBLIER DE. L'expression OUBLIER *à* signifie *ne plus savoir.* Ainsi : *On*
OUBLIE A *danser,* A *lire, en ne dansant plus, en ne
lisant plus.*

Oublier de, c'est *négliger de*. Exemple : *Trop souvent les plaisirs du monde nous font* OUBLIER DE *secourir les malheureux, et* DE *remplir nos devoirs* ; c'est-à-dire : *Nous font* négliger *de secourir les malheureux, de remplir nos devoirs*.

OUI, NON. — Dites : *Le oui, le non. Tous vos ouis ne me persuaderont pas* ; écrivez : *Je crois* QUE OUI, prononcez : *Je crois* QU'OUI.

OUTRAGEUX, OUTRAGEANT. — Le relatif *outrageux* signifie qui fait outrage, et se dit des personnes et des choses. *Cet insolent est* OUTRA- GEUX, *ces paroles sont* OUTRAGEUSES. *Outrageant* signifie qui outrage, et ne se dit que des choses. Ex. : *Les discours* OUTRAGEANTS *doivent exercer notre patience*. — *Ce reproche absurde et* OUTRA- GEANT *n'excite que mon mépris*.

OUVRABLE, OUVRIER. — (Voyez *Jour*.)

OUVRAGE DE L'ESPRIT, OUVRAGE D'ES- PRIT. — On entend par *ouvrage de l'esprit* un ouvrage de la raison, de cette intelligence qui distingue l'homme de la bête. Les choses que les hommes inventent dans les arts et dans les scien- ces, sont des *ouvrages de l'esprit*.

On entend par *ouvrage d'esprit* un ouvrage où brille une vive intelligence, une raison élevée et fine. Un livre bien fait et spirituel est un OUVRAGE D'ESPRIT. Un livre mal fait et ennuyeux est toujours un OUVRAGE DE L'ESPRIT, mais ce n'est pas un *ouvrage d'esprit.*

OUVRIR. — On dit souvent lorsqu'on veut entrer ou sortir par une porte : *Ourrez-moi, voulez-vous m'ouvrir?* C'est une faute ; il faut dire : OUVREZ-MOI LA PORTE ? VOULEZ-VOUS M'OUVRIR LA PORTE, ou plus simplement : OUVREZ, VOULEZ-VOUS OUVRIR?

P.

PAILLASSE. — Ce nom est des deux genres. *Une paillasse* est un amas de paille renfermée dans de la toile pour servir à un lit. Dites : *Une* PAILLASSE, et non : *Un* garde-paille. — Un *paillasse* est un bateleur qui contrefait gauchement les tours de ses camarades. Dites : CE PAILLASSE *est fort amusant.*

PAILLET.—Dites : *Du vin* PAILLET, et non *paillé,* pour désigner un vin rouge peu chargé de couleur.

PAIN A CACHETER, PAIN A CHANTER. — La première expression se dit d'une sorte de petit pain sans levain, dont on se sert pour cacheter les lettres. La seconde expression se dit également d'une sorte de petit pain sans levain, que les prêtres catholiques consacrent à la messe. Dites : PAIN A CHANTER, et non : Pain enchanté.

PAMER, ÉVANOUIR. — On ne dit point : *Il pâme de joie, elle* évanouit. Dites : *Il* SE PAME *de joie, elle* S'ÉVANOUIT. Le sujet de ces verbes agit toujours sur lui-même.

PAPIER BROUILLARD. — N'employez point
l'expression *papier cassé* pour PAPIER BROUILLARD.

PAQUE. — Nom des deux genres. Il est féminin quand il se dit d'une fête solennelle des Juifs :
La Pâque des Juifs. Il est masculin quand il se dit
de la fête que la plupart des chrétiens solennisent
tous les ans en mémoire de la résurrection du Sau-
veur. Ce mot employé au singulier masculin, n'est
jamais précédé du relatif de nombre, et est toujours terminé par une *s*. Dites : *Quand* PAQUES *sera,
venu.*—PAQUES *est passé. Pâques* employé au pluriel est toujours féminin, dites : PAQUES FLEURIES,
pour le dimanche des Rameaux ; PAQUES CLOSES,
pour le dimanche de la Quasimodo.

PARALLÈLE. — Nom des deux genres. *Un parallèle* est une comparaison entre deux personnes
ou deux choses. *Plutarque a fait les* PARALLÈLES *des
grands hommes de l'antiquité*, c'est-à-dire, a com-
paré entre eux les grands hommes de l'antiquité.
Une parallèle est une ligne qui dans toute sa longueur conserve une même distance entre elle et
une autre ligne. Deux lignes perpendiculaires à un
même plan sont *deux parallèles.*

PARCE QUE, PAR CE QUE. — *Parce que* conjonctif s'écrit en deux mots. Ex. : *Je vous récompense* PARCE QUE *vous le méritez.* Mais *par ce que*
signifiant *par la chose que* ou *par les choses que*,

s'écrit en trois mots. PAR CE QUE *l'on dit*, on fait connaître qui l'on est, c'est-à-dire, *par les choses que l'on dit*, etc.

PARDONNABLE. (*Voyez* EXCUSABLE.)

PARDONNER. — On pardonne une chose, et l'on pardonne *à* une personne. Ne dites donc pas : *Je par*donne mes *ennemis* ; mais : *Je* PARDONNE A *mes ennemis.* — *Mon Dieu* PARDONNEZ NOS *offenses envers vous, comme nous* PARDONNONS A *ceux qui nous ont offensés!*

PARFAITEMENT. — Ne dites pas : *Cet habit me va* au parfait, dites : *Cet habit me va* PARFAITEMENT. Il ne faut jamais dire non plus : Très-parfaitement, car *parfaitement* signifiant la perfection au plus haut degré, on ne peut rien y ajouter.

PARI, GAGEURE. — Ne dites point : *Pariure,* ce mot n'est pas français.

PARLER. — *Mal parler,* c'est dire des choses offensantes, c'est pécher contre la religion et la morale. *Parler mal*, c'est employer des expressions vicieuses, c'est pécher contre la grammaire. *Il ne faut pas* MAL PARLER *des absents.* — *Celui qui* PARLE MAL *est regardé comme un ignorant.*

PAROI. — Ce nom est féminin, et se dit ordinairement d'une muraille et plus souvent encore d'une cloison qui sépare deux chambres ou deux appartements. On dit aussi : *Les* PAROIS *de l'estomac ; les* PAROIS *d'un vase, d'un tube.*

PARTAGER.—Dites : Je partage *cet argent* avec *les pauvres*, quand une partie de cet argent vous est réservée. — Je partage *cet argent* entre *les pauvres* ou aux *pauvres*, quand vous ne vous en réservez aucune partie.

PARTICIPER. — Lorsque ce verbe signifie *avoir part*, il veut après lui le conjonctif *à*. Exemple : *Il faut que ceux qui ont* participé a *nos disgraces* participent *également* a *notre bonne fortune*. Mais ce verbe signifiant *tenir de la nature de*, doit être suivi du conjonctif *de*. Exemple : *Le mulet* participe de *l'âne et du cheval*, c'est-à-dire, tient de la nature de l'âne et du cheval.

PARTISAN. — Dites : *Cette Dame est* partisan *de nos vieux auteurs*. Ne dites pas : *Partisanne*, ce mot n'est pas français.

PAS, POINT. — Ces mots peuvent souvent être employés l'un pour l'autre, cependant *point* exprime la négation d'une manière plus ferme, plus absolue que *pas*. Dites : *Il n'est* pas très-riche, et *il n'est* point riche. *Cette nouvelle n'est* pas encore sure, *et cette nouvelle n'est* point sure.

N'employez jamais ces mots lorsqu'ils ne sont pas indispensables dans la phrase. Dites : *Il y a long-temps que je ne vous ai vu.* Ne dites point : *Il y a long-temps que je ne vous ai* pas *vu*.

Lorsqu'on interroge avec le mot *pas*, il faut toujours qu'il soit précédé de la négation *ne*. Gardez-vous de dire : *Ont-ils* pas *fait telle chose ? Viendra-t-il* pas *aujourd'hui ?* Dites : N'*ont-ils* pas *fait telle chose ?* Ne *viendra-t-il* pas *aujourd'hui ?*

PASSAGER, PASSANT. — *Passager* signifie qui passe promptement, qui dure peu. *Passant* signifie où l'on passe. Vous direz donc : *Cette rue est la plus* passante *de la ville ,* et non : *La plus* pas-sagère. *Un* passant se dit d'un homme qui passe dans une rue ou sur un chemin.

PATRIOTE, PATRIOTIQUE. — *Patriote* ne se dit que des personnes ; dites : *Mon ami est un excellent* patriote. *Patriotique* ne se dit que des choses ; dites : *mon ami a des sentiments très-*patriotiques.

PAUVRE. — Ne dites pas au féminin *pauvresse*, dites : *Une femme* pauvre, ou *une* mendiante. Le relatif *pauvre* placé après le nom , signifie le contraire de *riche. Un homme* pauvre est un homme sans fortune, *une langue* pauvre est une langue qui manque de beaucoup de mots que les autres langues possèdent. *Pauvre* avant le nom , signifie qui a peu de mérite ou d'agrément. Ex. : *Un* pauvre *auteur, une* pauvre *langue.*

PAYANT. — Ne dites pas : *Apportez-moi la carte* payante , mais *la carte* a payer ; car une carte ne paie pas , on la paie.

PÉCUNIAIRE. — Il ne faut pas dire *pécunier*

pour ce mot. On dit : *Des intérêts* PÉCUNIAIRES, et non : *Des intérêts* pécuniers.

PEINDRE, PEINTURER.—Le premier verbe signifie donner des couleurs; le second, donner une seule couleur. Dites donc : *On vient de* PEIN-TURER *en noir cette grille*, et non : *On vient de* peindre *en noir.* Dites aussi : *On va* PEINDRE *cette voiture*, et non : *Peinturer*, parce qu'on emploie plusieurs couleurs à cet usage.

PEINE. — (Voyez *Mal.*)

PENDANT. — (Voyez *Durant.*)

PENDULE.—Nom des deux genres. *Un pendule* est un poids attaché à un fil de fer ou de soie, qui, par ses vibrations, règle les mouvements d'une horloge. *Une pendule* est une horloge à poids ou à ressorts.

PÉNÉTRER. — Lorsque ce verbe signifie *entrer, passer à travers*, il se lie au nom suivant par un conjonctif. On dit : PÉNÉTRER DANS *un bois*, PÉNÉ-TRER SOUS *terre*, PÉNÉTRER A TRAVERS *l'ennemi.* Quand *pénétrer* signifie deviner, il a un régime et s'unit directement au nom qui le suit : On dit : PÉ-NÉTRER *le sens d'une phrase*, PÉNÉTRER *l'esprit de quelqu'un*, etc.

PERCLUS. — Dites au féminin : *Cette femme est* PERCLUSE, et non : *Perclue.*

PERDREAU, LAPEREAU, LEVRAUT.—Fai-tes attention à l'orthographe de ces mots dont la terminaison se prononce de même, quoiqu'elle s'écrive différemment.

PÉRIODE. — Nom des deux genres. Il s'emploie au masculin pour exprimer le degré où une chose peut atteindre. Ex. : *Ce guerrier est au plus haut* PÉRIODE *de la gloire.*

Une période est le cours que fait un astre pour revenir au point d'où il était parti. *Une période* signifie encore une phrase composée de plusieurs parties, dont la réunion forme un sens complet; enfin, ce mot employé au féminin désigne aussi quelquefois une mesure de temps, ou une époque déterminée.

PERSANS, PERSES. — Les *Perses* sont les anciens habitants de la Perse. Les *Persans* sont ceux qui habitent aujourd'hui cette contrée.

PERSONNE. — Quand ce mot est employé comme relatif indéterminé, et signifie *nul, qui que ce soit,* il est du genre masculin et toujours précédé ou suivi de la négation *ne.* Ex. : PERSONNE N'*est* VENU.— *Il* N' *y a* PERSONNE *qui ne sache,* etc. Quand *personne* est employé comme nom, et signifie *quelqu'un,* ce mot est féminin. Ex. : *Nulle* PERSONNE *n'est plus* OBLIGEANTE *que votre frère.*—*Nous devons rechercher l'entretien des* PERSONNES INSTRUITES.

PETTO, IN PETTO. — Cette expression empruntée à l'italien, signifie dans l'intérieur du cœur, en secret; ne dites pas : *In pecto.*

PEU. — Ne dites ni *tout le peu*, ni *un petit peu*. Ces locutions ne sont pas françaises. Dites : LE PEU, UN PEU.

LE PEU. — L'expression *le peu* a deux significations ; elle signifie une petite quantité, ou le manque, le défaut. Dans le premier cas, le verbe de la phrase s'accorde avec le nom qui suit *le peu*. Ex. : LE PEU *d'expérience que ce général avait* ACQUISE *suffit pour sauver son armée*. Ici le participe *acquise* s'accorde avec *expérience*, parce que *le peu* est pour *une petite quantité* ; c'est parce que le général avait de l'expérience, qu'il a sauvé son armée. Dans le second cas, quand le *peu* signifie le manque, le défaut, le verbe de la phrase s'accorde avec cette expression à laquelle il se rapporte. Ex. : LE PEU *d'expérience que le général avait* ACQUIS, *causa la perte de son armée*. Le participe *acquis* s'accorde avec *le peu*, car ici *le peu* signifie *le manque* ; c'est parce que le général manquait d'expérience qu'il perdit son armée.

PEUR, DE PEUR. — N'employez jamais *peur* pour *de peur*. Gardez-vous de dire : *J'ai fait ceci* peur *de vous déplaire* ; dites : DE PEUR *de vous déplaire*.

DE PEUR QUE. — (Voyez *De crainte que*.)

PHYSIQUE. — Ne dites pas : *Cette femme a un* beau *physique* ; dites : *Cette femme a un extérieur ou une figure agréable*.

PIAILLEUR. — *Crieur, pleureur.* Ne dites pas : *Piaillard.*

PIED DE ROI, PIED DROIT. — *Pied de roi* est une mesure de douze pouces. *Pied droit* est la partie du jambage d'une porte ou d'une fenêtre.

PIERRE D'ACHOPPEMENT. — On se sert de cette locution pour signifier l'occasion de faillir, de tomber dans l'erreur. Ex. : *Les gens déréglés sont des* PIERRES D'ACHOPPEMENT *pour ceux qui les fréquentent.* Ne dites pas : *Pierre d'achoquement*, cette expression n'est pas française.

PIÈTRE. — Ce mot signifie *mesquin*, *misérable.* Quelques personnes disent *peutre* ; c'est à tort.

PINCER. (Voyez *Toucher.*)

PIQUE-NIQUE. — Nom masculin. Repas de deux ou plusieurs personnes où chacune paie son écot. Au pluriel on dit : PIQUES-NIQUES.

PIQUER. — On ne dit pas : Piqué *de colère* ; on est PIQUÉ *d'une parole offensante*, *d'un outrage* ; on est ANIMÉ, ENFLAMMÉ *de colère.*

PIRE, PIS. — *Pire* est l'opposé de *meilleur* ; *pis* est l'opposé de *mieux.* On dit *tant* PIS comme on dit *tant* MIEUX ; *tant pire* n'est pas plus français que *tant meilleur.*

PLAIN, PLEIN. — Le relatif de qualité *plain* écrit avec un *a* signifie uni. Dites : *Un appartement de* PLAIN *pied, velours* PLAIN, *linge* PLAIN. Dites aussi : *Le* PLAIN-*chant,* qui est le chant ordinaire de l'église catholique. *Plein* écrit avec un *e* signifie rempli. Dites : *Un tonneau* PLEIN *de vin.* — *Cet ignorant est* PLEIN *d'orgueil.*

PLAINDRE, SE PLAINDRE DE CE QUE, SE PLAINDRE QUE. — *Se plaindre* suivi de *de ce que* suppose un sujet de plainte. *Se plaindre* suivi de *que* n'en suppose pas. Ainsi vous direz à une personne que vous n'avez pas trompée : *Vous avez tort de vous* PLAINDRE QUE *je vous ai trompé.* Mais vous diriez, en en supposant un sujet de plainte : *Je me* PLAINS DE CE QUE *vous m'avez trompé.*

PLAIRE, SE PLAIRE. — Quand *plaire* est employé comme verbe unipersonnel, il est suivi du conjonctif *de.* Ex. : *Il me* PLAIT D'*aller là, il lui* PLAIT DE *fréquenter cette maison.* Dans tout autre cas, il est suivi du conjonctif *à.* Ex. : *Je me* PLAIS A *vous voir, il se* PLAIT A *la campagne.*

PLAISANT. — Ce relatif après le nom signifie gai, enjoué, qui fait rire. Ex. : *Un homme* PLAISANT, *Un conte* PLAISANT. Mais avant le nom, *plaisant* signifie bizarre, ridicule, singulier, absurde. Ex. : *Un* PLAISANT *personnage, un* PLAISANT *conte.*

PLAISIR A ou DE. — On dit : *Il y a* PLAISIR A, quand cette expression doit être suivie d'une consonne. Ex. : *Il y a* PLAISIR A *rendre service aux malheureux.* On dit : *Il y a* PLAISIR DE, quand cette expression doit être suivie d'une voyelle ou d'une *h* muette. Ex. : *Il y a* PLAISIR D'*obliger les malheu-reux.*

PLAIT. — *Ce qui me plaît* signifie ce qui m'est agréable. *Ce qu'il me plaît* signifie ce que je veux. Ex. : *Cet enfant fait tout* CE QU'IL LUI PLAÎT , c'est-à-dire *tout ce qu'il veut.*

PLANCHÉIER. —Ne dites pas : *Planchéer ;* dites : *Cette chambre est bien* PLANCHÉIÉE, et non : Planchéée.

PLATINE. — Nom des deux genres. *Le platine* est un métal d'un blanc gris qui a quelques-unes des propriétés de l'or. *Platine* est féminin lorsqu'il signifie une partie de la batterie d'un fusil, et dans toutes les autres acceptions.

PLEIN. — (Voyez *Fin.*)

PLÉONASME. — Il y a *pléonasme* dans une phrase quand elle renferme une répétition inutile, ou quelque mot superflu, qu'on peut retrancher sans altérer le sens. Le *pléonasme* est donc une faute, et il faut l'éviter. Il y a *pléonasme* dans les exemples suivants, et ce sont des locutions vicieuses. *L'ennemi* RECULA *en* ARRIÈRE. L'expression *en arrière* est ici de trop, car on marche toujours en arrière lorsqu'on recule.

PEUT-*être* POURRAI-*je réussir.* Le verbe *pouvoir* est employé deux fois dans cette phrase ; c'est comme s'il y avait : *il se* peut *que je* puisse *réussir.* Dites : Peut-*être réussirai-je.*

Vos raisons sont assez suffisantes. Le mot *assez* est de trop, car il n'est qu'une répétition inutile du sens marqué par le relatif *suffisantes.*

Ce bassin est rempli *de* beaucoup *de poissons.* L'adverbe *beaucoup* n'ajoutant rien à l'idée marquée par *rempli* est un pléonasme; il faut le supprimer.

Un brillant éclat. *Brillant* est pléonasme; car tout éclat est brillant.

J'ai mal à ma jambe. *Ma* est de trop, car on n'a pas mal à la jambe d'un autre.

Cet entretien se termina par des plaintes réciproques de part et d'autre. Ces derniers mots sont inutiles; *réciproques* et *de part et d'autre* signifiant la même chose.

Nous entrâmes dans la ville ou *nous* y trouvames *une population nombreuse.* Dans cette phrase, les mots *où* et *y* signifiant la même chose, retranchez l'un ou l'autre.

PLIE. — Terme de jeu vicieux. N'employez jamais ce mot pour *levée.* Dites : *J'ai fait deux, trois, six* levées, *et non : Deux, trois, six* plies.

PLIER, PLOYER. — *Plier* signifie faire des plis; et *ployer,* courber, rapprocher les deux extrémités d'une chose. Dites : *J'ai* plié *ma serviette,* et : *J'ai* ployé *une baguette.*

PLUPART, LA PLUPART. — Cette expression exige le pluriel après elle. Ex. : LA PLUPART *des hommes* MEURENT *sans avoir appris à vivre.* Cependant si le nom qui suit *la plupart* est au singulier, le verbe doit aussi être au singulier. Ex. : LA PLUPART *du monde s'*EST RETIRÉ.

PLUS TOT, PLUTOT. — On ne doit pas confondre ces mots. *Plus tôt* marque le temps, et il est l'opposé de *plus tard.* Ex. : *Les médecins disent qu'il faut se lever le* PLUS TÔT *possible pour vivre long-temps. Plutôt* marque la préférence et peut être remplacé par *préférablement.* Ex. : PLUTÔT *mourir que de se parjurer.*

POELE. — Nom des deux genres. Le *poéle* signifie drap mortuaire, voile pour les mariés, fourneau de terre ou de fonte. *La poéle* est un ustensile de cuisine.

POIGNET. — N'employez jamais *pogne* pour ce mot.

POINT. — (Voyez *Pas.*)

POINTILLEUX. — *Homme pointilleux* signifie homme qui aime à contester sur des bagatelles. On ne dit pas *pointilleur.*

POIRE. — (Voyez *Crassane.*)

POIREAU, PORREAU. — Ces deux mots sont français et ont la même signification.

PORC-ÉPIC. — Prononcez : PORKÉPIK, et ne dites pas : Porte-épine.

* **PORTABLE.** — Ce mot est vicieux. Ne dites pas : *Mon habit n'est plus* portable. Dites : *Mon habit n'est plus* METTABLE.

PORTE. — C'est une faute contre le bon sens de dire : *Tenez la porte* toute grande *ouverte*. Dites : *Tenez la* PORTE ENTIÈREMENT *ouverte*. Ne dites pas non plus : *Laissez la porte* toute contre, mais dites : *Laissez la porte* TOUT CONTRE.

PORTER ENVIE, ENVIER. — Ces deux expressions signifient également desirer avec une sorte de chagrin ce qui est la possession d'un autre. Mais *envier* se dit des choses, et *porter envie* se dit des personnes et des choses. Ex. : *Il ne faut point* ENVIER LE BIEN *d'autrui.*—*Le sage ne* PORTE ENVIE A PERSONNE OU *ne* PORTE ENVIE AU BONHEUR *de personne.*

POSTE. — Nom des deux genres. *Poste* au masculin est un lieu propre à placer des troupes ou une sentinelle. On dit : *Il y a dix hommes à* CE POSTE. *Poste* au féminin est un lieu où l'on porte les lettres et où l'on prend des chevaux de voyage. Ex. : LA POSTE *est encore éloignée.*

POST-SCRIPTUM. — Ce mot se dit de ce qu'on ajoute à un mémoire, à une lettre, après la signature, et que l'on indique par ces deux lettres *P. S.* On peut prononcer POS-SCRIPTUM, mais il faut écrire POST-SCRIPTUM.

POUDRIER, POUDRIÈRE. — *Un poudrier* est
une petite boîte destinée à recevoir la poudre dont
on se sert pour faire sécher l'écriture ; et *une poudrière* est une boîte où l'on met de la poudre pour
la chasse, et aussi un bâtiment où la poudre est
fabriquée.

POURPRE. — Nom des deux genres. *Le pourpre* signifie une couleur, une espèce de rouge
foncé qui tire sur le violet. Ex. : *Cette étoffe est*
d'un beau pourpre. *La pourpre* signifie la teinture
précieuse d'un certain petit poisson à coquille
nommé *pourpre.* Ex. : *La beauté de* la pourpre *de
Tyr l'avait fait rechercher pour les rois d'Asie et
les empereurs romains.* On dit aussi : La pourpre
des rois. — *Être dans* la pourpre. Cette dernière
expression signifie *régner, être sur le trône.*

PRENDRE GARDE A, PRENDRE GARDE DE.
— La première expression suivie d'un infinitif signifie employer tous ses moyens, tous ses talents.
Prenez garde a *vous faire estimer de tous ceux
qui vous approchent.* La seconde expression suivie
d'un infinitif signifie *éviter.* Ex. : Prenez garde de
tomber, c'est-à-dire, *évitez* de tomber. — Prenez
garde d'*offenser qui que ce soit,* c'est-à-dire, *évitez*
d'offenser qui que ce soit.

PRÈS, AUPRÈS. — Ces mots sont toujours suivis de *de.* Dites : Près de *l'église,* auprès de *la*

maison; et non : Près *l'église*, auprès *la maison.*

On ne doit pas employer CONTRE à la place de PRÈS. On ne dira donc pas : *Il s'est assis* contre *moi*; il faut dire : *Il s'est assis* PRÈS DE *moi.*

PRÊT A, PRÈS DE. — On confond souvent ces expressions lorsqu'elles précèdent un verbe à l'infinitif. PRÊT A est un relatif de qualité, et signifie *disposé à.* Ex. : *Il faut autant qu'on peut être* PRÊT A *obliger tout le monde*, c'est-à-dire, *être disposé à obliger.* PRÈS DE est un conjonctif, et avant un infinitif il signifie *sur le point de.* Ex. : PRÈS DE *succomber*, c'est-à-dire, *sur le point de* succomber.

PRÉTENDRE, CROIRE. — Quand ces verbes sont suivis d'un infinitif, ne mettez jamais *de* entre eux et cet infinitif. Ne dites pas : *Vous* prétendez de *vous justifier; vous* croyez de *m'avoir convaincu.* Dites : *Vous* PRÉTENDEZ *vous justifier; vous* CROYEZ *m'avoir convaincu.*

PRIER A, PRIER DE. — PRIER A ne se met qu'avant les infinitifs *manger, dîner, souper*, et alors le mot PRIER fait entendre une invitation faite d'avance et avec quelque cérémonie. On dit : *Il m'a* PRIÉ A DINER *pour mercredi prochain; Je vous* PRIE A DINER *pour dimanche en huit.* Dans tout autre cas et aussi lorsque l'invitation à dîner, à souper, à manger se fait pour le jour même, on

10.

emploie PRIER DE. Ex. : *Je vous* PRIE DE *me rendre service*; *Je vous* PRIE DE *dîner aujourd'hui avec moi sans façon.*

PRIX, AU PRIX, AUPRÈS. — Ne dites pas : *La richesse n'est rien* auprès *de la vertu*; mais, AU PRIX *de la vertu*, parce qu'il s'agit de la valeur de la richesse et de la valeur de la vertu. Dites au contraire : *Un nain n'est rien* AUPRÈS *d'un géant*, parce qu'il s'agit de les comparer en les supposant l'un auprès de l'autre.

PROMENER. — Ce verbe est de ceux dont le sujet agit sur lui-même. Ne dites pas : *Je promène, nous allons* promener ; dites : *Je* ME PROMÈNE, *nous allons* NOUS PROMENER.

PROMETTRE. — Signifie faire espérer quelque chose à quelqu'un, prendre un engagement. Ex. : *Il ne faut* PROMETTRE *que ce que l'on peut tenir.* — *Je vous* PROMETS *que vos ordres seront exécutés.* Ce verbe ne peut s'employer pour affirmer une chose présente ou passée. Ne dites donc pas : *Je vous* promets *que vous êtes obéi*, ou *que vous avez été obéi* ; dites : *Je vous* ASSURE *que vous êtes obéi*, ou *que vous avez été obéi.*

PUIS. — Ce mot signifie ENSUITE. On ne peut donc pas dire : *Il va souper*, puis ensuite *il se couchera*, il y aurait pléonasme; il faut dire : *Il va souper*, PUIS *il se couchera* ; ou bien, ENSUITE *il se couchera.*

PURE PERTE. — Dites : *Il a travaillé* A PURE PERTE ; et non, *en pure perte.* Cette dernière expression n'est pas française.

Q.

QUAND. — N'employez jamais *quand* pour *aussitôt que.* Ne dites donc pas : *J'y serai* quand *vous* ; dités : *J'y serai* AUSSITÔT QUE *vous.*

QUANT, QUAND. — QUANT signifie *pour ce qui concerne*, et peut toujours se tourner par cette expression; ce mot se termine par un T. Ex. : *Vous allez sortir,* QUANT *à moi je vais étudier* ; c'est-à-dire, *pour ce qui me concerne je vais étudier.* Dans tout autre cas il faut écrire QUAND avec un D. Ex. : *Depuis* QUAND *est-il venu ?* — *Je gémis* QUAND *je songe à la fragilité des choses humaines.* Dans ces phrases QUAND s'écrit avec un D, parce qu'on ne peut le tourner par *pour ce qui concerne.*

On dit : TENIR SON QUANT A SOI, pour exprimer être sur la réserve.

QUANTES. — Ce relatif n'a point de singulier. Il s'emploie très-rarement et seulement dans ces façons de parler familières : *Je ferai l'affaire dont vous me parlez* TOUTES ET QUANTES FOIS *vous voudrez.* — *Je vous accompagnerai chez lui* TOUTES

ET QUANTES FOIS *qu'il vous plaira.* Dans ces phrases, QUANTES signifie *toutes les fois que, tant que.*

QUEL, QUELLE, TEL, TELLE. — Ces mots ne s'emploient point pour QUELQUE. Ne dites donc pas, comme on le fait dans le midi de la France : Quel *mérite ou* tel *mérite que l'on ait, il ne faut pas s'en glorifier;* dites : QUELQUE *mérite que l'on ait,* etc.

QUELLE HEURE. — Il faut dire : QUELLE HEURE EST-IL ? — *Dites-moi* L'HEURE QU'IL EST ? et non : Quelle heure avez-vous ? — *Dites-moi* quelle heure qu'il est ?

QUELQUE, QUELQUE, QUEL QUE. — On confond souvent ces mots. QUELQUE joint à un nom, ou à un relatif de qualité immédiatement suivi d'un nom auquel il se rapporte, est toujours relatif et s'accorde avec ce nom. *Nous avons mangé* QUELQUES *fruits.* — QUELQUES *brillantes victoires que vous ayez remportées sur l'ennemi, il eût été plus glorieux d'en remporter une sur vos passions.*

QUELQUE joint à un relatif de qualité suivi immédiatement du mot QUE est un adverbe, et par conséquent invariable : QUELQUE *brillantes* QUE *soient vos victoires sur l'ennemi, il eût été plus glorieux de vous vaincre vous-même.*

QUEL QUE, écrit en deux mots, précède toujours le verbe; QUEL est relatif alors, et s'accorde avec le sujet du verbe. QUELLES QUE *soient vos victoires sur l'ennemi, il eût été plus glorieux d'en remporter sur vous-même.*

QUELQUE CHOSE. — QUELQUE CHOSE est toujours masculin lorsque cette expression s'emploie comme un seul mot. Ex. : *Il nous a dit* QUELQUE CHOSE D'INTÉRESSANT. — *Venez voir* QUELQUE CHOSE *que j'ai* DÉCOUVERT *hier.*

QUELQU'UN. — Ce mot s'emploie toujours au masculin; ne dites pas : *Une quelqu'une,* mais UNE PERSONNE, ou simplement QUELQU'UN.

QUI, A QUI. — Ne dites pas : *Ce n'est pas à vous que je parle;* mais dites : *Ce n'est pas à vous* A QUI *je parle.*

QUI, QUE. — Ces relatifs de liaison QUI, QUE doivent toujours suivre immédiatement le nom auquel ils se rapportent. Ne dites donc pas : *J'ai rencontré* votre frère *à la promenade* qui *m'a demandé de vos nouvelles;* mais dites : *J'ai rencontré à la promenade* VOTRE FRÈRE QUI *m'a demandé de vos nouvelles.*

Le relatif de liaison QUI, précédé d'un des conjonctifs *de, à, par,* ne s'emploie qu'en parlant des personnes. Ne dites pas : *Les livres* à qui *je donne la préférence sont ceux de Fénélon;* dites : *Les livres* AUXQUELS *je donne la préférence,* etc.

*QUI DIT, COMMENT DONC QU'IL DIT.— Cette expression n'est pas française. Écrivez : Comment dit-il?

QUI EST-CE QUI, QU'EST-CE QUI. —La première de ces expressions s'emploie pour les personnes, et la seconde pour les choses. Dites : Qui est-ce qui *n'admire pas les œuvres du Créateur?* et : Qu'est-ce qui *l'emporte à nos yeux en magnificence, le ciel ou la terre?*

QUIGNON. — Ce mot signifie un morceau de pain. Beaucoup de gens disent : *Chiffon de pain*, cette expression n'est pas française.

QUINCAILLIER, CLINCAILLER.—Ce dernier mot est aujourd'hui hors d'usage; il faut dire : Quincaillier.

QUIPROQUO.— Nom masculin. Cette expression signifie *méprise.* On dit proverbialement : *Dieu nous garde d'un* quiproquo *d'apothicaire.* Quiproquo ne prend point d's au pluriel. Dites : *Des* quiproquo.

QUITTER.—Ce verbe ne peut s'employer pour *tenir quitte* ou *rendre.* On dit souvent : *Je vous quitte votre parole; je lui ai* quitté *sa dette.* Ces expressions ne sont pas françaises. Il faut dire : *Je vous* rends *votre parole; je l'ai* tenu quitte *de sa dette.* Après le verbe quitter, on ne met jamais le conjonctif *à.*

QUOI, A QUOI. — *Le but* à quoi *je vise; la chose* à quoi *je m'applique*. Ces expressions ne sont pas françaises. Il faut dire : *Le but* AUQUEL *je vise; la chose* A LAQUELLE *je m'applique*.

QUOIQUE, QUOI QUE. — Écrivez *quoique* en un seul mot lorsqu'il ne peut pas être remplacé par QUELQUE CHOSE QUE, alors *quoique* est conjonctif. Ex. : QUOIQUE *le ciel soit juste, il permet souvent que le méchant réussisse dans ses desseins.* Si *quoique* peut être remplacé par *quoi que ce soit, quelque chose que*, il s'écrit en deux mots, et alors il est relatif indéterminé. Ex. : QUOI QU'*il arrive, faisons notre devoir*; c'est-à-dire, QUELQUE CHOSE *qu'il arrive*, QUOI QUE CE SOIT *qui arrive*.

* QUOIQUE ÇA.—Cette expression est vicieuse. Ne dites donc pas : *Je souffre*, quoique ça *je veux sortir et aller voir ces malheureux*; dites : *Je souffre*, MALGRÉ CELA *je veux sortir*, etc.

R.

* RACHEVÉ.—Ce mot n'est pas français; dites : ACHEVÉ. *Mon ouvrage n'est pas* achevé.

* RAIGUISÉ.—Ce mot n'est pas français. Dites : AIGUISER, et prononcez l'*u* dans ce mot.

RAILLERIE. — (Voyez *Entendre.*)

RAISONNER, RÉSONNER. — Ne confondez pas ces verbes. *Raisonner* signifie discourir, juger, exercer son entendement. Ex. : *La logique apprend l'art de* RAISONNER, *ce discours est parfaitement* RAISONNÉ. *Résonner* signifie produire le son, l'augmenter, le réfléchir. Ex. : *Cet instrument* RÉSONNE *aussitôt qu'on le touche, les chambres vides et sans tapisserie* RÉSONNENT *mieux que les autres.*

RAISONS. — N'employez jamais ce mot pour *altercation, querelle.* Ne dites pas : *Nous avons eu des* raisons *ensemble;* dites : *Nous avons eu une* ALTERCATION *ensemble.*

* RALLONGE.—Ce mot n'est pas français. Dites : *Mettez à cette table une* ALLONGE, et non : *Une* rallonge.

RAMAIGRIR. — Dites : *Je vous trouve* RAMAIGRI; et non : Remaigri.

RANCUNIER, RANCUNIÈRE. — Qui a de la rancune. Ne dites pas *rancuneur* ou *rancuneux,* ces mots ne sont pas français.

RAPIÉCER, RAPIÉCETER, RAPETASSER.— *Rapiécer,* c'est raccommoder en mettant une pièce ou des pièces. *On* RAPIÈCE *des bas. Rapiéceter,* c'est remettre sans cesse de nouvelles pièces. *On* RAPIÉCÈTE *un vêtement qu'on a plusieurs fois* RAPIÉCÉ. Enfin *rapetasser,* c'est mettre grossièrement des pièces informes à de vieilles hardes.

RAPPELER. — *Je m'en* rappelle, Rappelez-vous *de votre promesse.* Ces expressions sont vicieuses. Dites : *Je me* LE RAPPELLE, RAPPELEZ-*vous* VOTRE *promesse*. Le verbe *rappeler* ne peut être suivi de *de* qu'avant un infinitif. On peut dire : *Je me* RAPPELLE D'*avoir fait*, *je me* RAPPELLE D'*avoir vu*. Mais on n'emploie ordinairement le *de*, même avant un infinitif, que lorsque l'harmonie de la phrase l'exige, c'est-à-dire lorsque cet infinitif commence par une voyelle ou une *h* muette.

RAPPORT A, RAPPORT AVEC. — Une chose a *rapport à* une autre quand l'une conduit à l'autre, ou parce qu'elle en dépend, ou parce qu'elle en vient, ou enfin par toute autre raison. *Les effets ont* RAPPORT AUX *causes, les copies* AUX *originaux*. Une chose a *rapport avec* une autre chose quand elle lui ressemble. Ex. : *Votre écriture a* RAPPORT AVEC *la mienne*, c'est-à-dire ressemble à la mienne ; *mes habitudes ont* RAPPORT AVEC *les vôtres*, c'est-à-dire ressemblent aux vôtres.

RÉBARBATIF. — Ne dites pas : *Cet homme a un air* rébarbaratif, dites : RÉBARBATIF.

REBOURS. — Ne dites pas : A la rebours, dites : A REBOURS, AU REBOURS.

REBUFFADE. — Mauvais accueil, refus dur et malhonnête. Ne dites jamais *rebiffade*, ce mot n'est pas français.

RECONNAISSANCE. — On dit *avoir de la* RE-

CONNAISSANCE POUR *des bienfaits*, POUR *des faveurs*, etc. Ex.: *Je suis pénétré de* RECONNAISSANCE
POUR *vos bontés envers moi*. Ce serait une faute de
dire : *Je suis pénétré de* reconnaissance de *vos
bontés*, etc. Mais si *reconnaissance* était employé
pour *quittance*, il faudrait mettre après ce mot,
de, *du* ou *des* au lieu de *pour*. Ex. : *Donnez-lui
une* RECONNAISSANCE DE *la somme qu'il m'apporte*.

RECOUVRER, RECOUVRIR.— *Recouvrer* signifie rentrer en possession, acquérir de nouveau
une chose qu'on avait perdue. On dit : *Il a* RECOU-
VRÉ *sa bourse*, *j'ai* RECOUVRÉ *la santé*, etc. *Recouvrir* signifie couvrir de nouveau. On dit : RECOUVRIR
un hangar, *un toit*, etc.

*RECURER.—Ce mot n'est pas français. Dites :
CURER OU ÉCURER. (Voyez ces mots.)

RÉDUIRE A, RÉDUIRE EN. —Quand le verbe
réduire n'exprime aucune idée de diminution, mais
suppose seulement la transformation d'un tout en
ses parties, il veut après lui le conjonctif *en*. Dites :
RÉDUIRE *le blé* EN *farine*; RÉDUIRE *une pierre* EN *poudre*. Mais lorsque *réduire* suppose une diminution,
une réduction d'un grand nombre au plus petit nombre, il veut après lui le conjonctif *à*. Ex. : *Cette compagnie a été* RÉDUITE A *vingt-cinq hommes*, *Cet
orateur a* RÉDUIT *son discours* A *un très-petit nombre
de phrases*.

RÉGLER. — Dites : *J'ai* RÉGLÉ *ma montre* SUR *l'horloge de la ville*, et non : à *l'horloge de la ville*.

RELACHE. — Nom des deux genres. *Un relâche* signifie un repos, une cessation de travail. *Une relâche* est un lieu propre aux vaisseaux pour relâcher.

*****RELUTE.** — Ce mot s'emploie souvent pour *nouvelle lecture* ; mais il n'est pas français.

REMBOURSEMENT. — N'employez pas *rembours* pour ce mot.

REMÉMORER. — Remettre en mémoire. Ne dites pas : Remémorier.

REMISE. — Nom des deux genres. UN REMISE est un carrosse de louage ; UNE REMISE est un lieu pour mettre les voitures, une retraite pour le gibier, un délai, un rabais.

REMPLIR. — (Voyez *But.*)

RÉMUNÉRATEUR. — Celui qui récompense selon le mérite de chacun. Cette expression ne se dit guère que de Dieu et des princes. Ne dites pas : Rénumérateur.

RENFORCER. — (Voyez *Enforcir.*)

RENTRAIRE. — Joindre sans que la couture paraisse. N'employez pas *rentrer* pour *rentraire*. Dites : *J'ai* RENTRAIT *cette couture*, et non : *J'ai* rentré *cette couture.*

RENVOI. — Ne dites pas : *J'ai des* renvois *d'es-*

tomac; dites : *J'ai des* AIGREURS ou *des* RAPPORTS.

RÉPANDRE, VERSER. — *Répandre* se dit d'une liqueur qu'on laisse tomber sans le vouloir. Ainsi on dit à un homme qui porte un vase plein de quelque liqueur : *Prenez garde de* RÉPANDRE, et non : *De* verser.

Verser se dit d'une liqueur qu'on met à dessein dans un vase. Ex. : *On a* VERSÉ *du vin dans votre verre, il faut le boire.*

On dit cependant : VERSER ou RÉPANDRE *des larmes;* VERSER ou RÉPANDRE *du sang.* Ce sont les deux seuls cas où ces verbes peuvent être employés l'un pour l'autre.

RÉPONDRE. — On dit souvent : *Cette lettre a-t-elle été* répondue? Cela n'a pas de sens; il faut dire : *A-t-on* RÉPONDU *à cette lettre?*

RÉPRÉHENSIBLE. — Ne dites pas *réprimandable,* ce mot n'est pas français.

RÉSOUDRE, SE RÉSOUDRE. — *Résoudre* veut après lui le conjonctif *de.* Exemple : *J'ai* RÉSOLU DE *vous aller voir.*

Se résoudre veut après lui le conjonctif *à.* Ex. : *Il* SE RÉSOUT À *obéir.* Dites : *Il a* RÉSOLU DE *mourir,* et *il* S'EST RÉSOLU À *mourir.*

Le verbe *résoudre* a deux participes passés. Dans le sens de *décider, déterminer,* on se sert du participe passé *résolu, résolue;* et dans le sens de changer, *se convertir en quelque chose*, on se sert du participe passé *résous* qui n'a point de feminin. Ainsi dans le premier sens on dira : *Ce jeune homme a* RÉSOLU *de changer de conduite*; et dans le second sens : *Le soleil a* RÉSOUS *le brouillard en pluie.*

RESPECT. — Dites : JE SUIS AVEC RESPECT, et non : J'ai l'honneur d'être avec respect. Il y a pléonasme dans cette dernière expression.

RESSENTIMENT. — Ce mot ne s'emploie plus pour *souvenir* en bonne part. Ne dites donc pas : *J'ai conservé le* ressentiment *des bontés que vous avez eues pour moi*, dites : *J'ai conservé le* SOUVENIR, etc. *Ressentiment* s'emploie toujours pour souvenir d'injures, de mauvais traitements. Ex. : *On doit sacrifier son* RESSENTIMENT *au bien de l'État, un chrétien ne doit garder de* RESSENTIMENT *contre personne.*

RESSORTIR. — Ce verbe signifiant sortir de nouveau se conjugue au présent de l'affirmatif : *Je ressors, tu ressors, il ressort, nous ressortons, vous ressortez, ils ressortent.* Ex. : *Si vous* RESSORTEZ, *vous serez puni.*—*Ressortir* signifiant être dans l'étendue ou sous la dépendance d'une juridiction, se conjugue ainsi qu'il suit, au prés. de l'affir. : *Je ressors, tu ressors, il ressort, nous ressortissons, vous ressortissez, ils ressortissent.* Ex. : *Ces affaires* RESSORTISSENT *de ce tribunal.*

RESTER. — Ce verbe ne s'emploie jamais pour *demeurer*, lorsque demeurer signifie habiter. Ne dites donc pas : *Où* restez-*vous? Je* reste *à tel endroit*; mais dites : *Où* demeurez-*vous? Je* demeure *à tel endroit*.

RÉSULTER, IL RÉSULTE. — Ce verbe se conjugue avec *avoir*. Ne dites donc pas : *Il* est résulté *de là que*; dites : *Il* a résulté *de là que*, etc.

RÉTABLIR. — Ce verbe signifie remettre en meilleur état, et se prend toujours en bonne part. On ne peut donc pas dire : Rétablir *le désordre*, rétablir *le mal*, rétablir *une querelle*.

RETAPER. — On dit : Retaper *un chapeau*; mais ce verbe ne s'emploie dans aucun autre cas. Ne dites donc pas : Retaper *les cheveux*.

RETRANCHER DE, RETRANCHER A. — *Retrancher de*, c'est ôter quelque chose d'un tout. On retranche *une feuille* d'un *cahier*.

Retrancher à, c'est imposer la privation de quelque chose. On retranche *le vin* a un *malade*.

RÉUNIR. — Ce verbe ne doit jamais être suivi de *à* ni de *avec*. Ne dites donc pas : *Turenne* réunissait *la prudence* à *la hardiesse*; dites : *Turenne* réunissait *la prudence* et *la hardiesse*, ou bien : *Turenne* unissait *la prudence* a *la hardiesse*.

REVANCHE. — Ne dites pas *revange*, dites : *Je prendrai ma* revanche.

REVENIR. — C'est venir une autre fois, ou bien retourner au lieu d'où l'on était parti. Ex.: *Je pars, je* REVIENDRAI *demain*; ne dites donc pas : *J'ai été hier à la ville, j'en* reviens *aujourd'hui*, dites : *J'ai été hier à la ville, j'en* VIENS *aujourd'hui*, ou : *Je* REVIENS *aujourd'hui*.

RÊVER. — Ce verbe signifiant faire des songes, se joint au nom avec ou sans conjonctif. Dites : *J'ai* RÊVÉ *combats, naufrages*, ou *j'ai* RÊVÉ DE *combats*, DE *naufrages*. — *Rêver* signifiant penser, méditer profondément sur quelque chose, se joint à un nom avec les conjonctifs *à*, *de* ou *sur*, et à un verbe avec le conjonctif *pour*. Ex. : *J'ai* RÊVÉ *long-temps* A *cette affaire*, DE *cette affaire* ou SUR *cette affaire*.—*J'ai beaucoup* RÊVÉ POUR *perfectionner ce travail*.

REVÊTIR. — (Voyez *Vétir.*)

REVOIR. — Dites : AU REVOIR, pour adieu, et jamais *à revoir*.

RIDICULISER. — Tourner en ridicule. Dites : RIDICULISER *quelqu'un*, et non : Ridiculariser. Ce dernier mot n'est pas français.

RIEN. — Ce relatif indéterminé s'emploie souvent comme un nom, on dit : *Ç'est un* RIEN, *faire des* RIENS.

Lorsque le mot *rien* n'est précédé ni d'un relatif de nombre ou de quantité, ni accompagné d'une négation, il signifie *quelque chose*. Ex. : *Il est dangereux de* RIEN *entreprendre au-dessus de ses forces*, *est-il* RIEN *de comparable au bonheur d'être avec soi-même?* C'est-à-dire : *Il est dangereux d'entreprendre* QUELQUE CHOSE, etc. *Est-il* QUELQUE CHOSE *de comparable*, etc.

RIEN MOINS. — Il faut éviter cette expression, car elle est lourde et rend douteux le sens de la phrase; ne dites donc pas : *Regardez cet homme, il est* rien moins *que le roi.* On ne sait pas si cet homme est le roi ou non. Dites : *Regardez cet homme,* C'EST LE ROI.

RINCER. — Ce mot ne se dit guère que de la bouche, des verres, des bouteilles et d'autres objets de cette dernière espèce. Ne dites pas : *Rincer un linge.* On lave, on mouille, on frotte un linge, mais on ne le *rince* pas.

ROUELLE. — Il ne faut pas dire : *Une ruelle de veau,* mais *une* ROUELLE *de veau.*

RUE. — (Voyez *Passager.*)

RUELLE. —Petite rue. Ne dites pas *ruelle,* ce mot n'est pas français.

S.

SABLONNEUX. — Dites : *Un pays* SABLONNEUX, *un chemin* SABLONNEUX; et non : *Un pays* sableux, *un chemin* sableux.

SAC. — Ne dites pas : *Une sache*, ce mot n'est pas français.

SAGE. — Une *femme sage* est une femme ver-tueuse et prudente. Une *sage-femme* est une femme qui assiste celles qui accouchent.

SAIGNER.—*Saigner du nez*, c'est répandre du sang par le nez, ou manquer de parole, de cou-rage, de résolution. On ne doit jamais dire : *Sai-gner au nez*, cette expression est condamnée.

SALIR. — N'employez pas *abîmer* pour *salir*. Ne dites pas : *J'ai* abîmé *ma robe*; dites : *J'ai* SALI *ma robe*.

SALSIFIS. — Légume. Quelques-uns disent : *Salsifix*, ou *salsifie*, et plus généralement *cersifi*. Mais SALSIFIS est le seul de ces mots qui soit fran-çais.

SANS QUE. — Après ce conjonctif ne mettez pas la négation *ne*. Dites : SANS QU'*il paraisse*, et non pas : Sans qu'il ne *paraisse*.

SARCLER. — Arracher de mauvaises herbes. Ne dites pas : *Sercler*.

SATISFESANT.—Il ne faut plus écrire, comme on le faisait autrefois : *Satisfaisant*.

SAUF.—Quand le mot *sauf* peut être remplacé par *hormis*, il n'est point relatif de qualité, il est conjonctif. Ex. : *Faites tout ce qu'il vous plaira,* SAUF *ce qui pourrait nuire à autrui ou à vous-*

même. C'est comme s'il y avait : *Hormis ce qui pourrait nuire,* etc. Dans cette phrase *sauf* est conjonctif.

SAUPOUDRER. — Action de mettre de la poudre sur quelque chose. Plusieurs disent *soupoudrer,* ce mot n'est pas français.

SAUVAGIN. — Dites : *Le canard sent le* SAUVAGIN ; et non : *Sent le* sauvage ou *le* sauvageon.

SAVOIR. — Ne dites pas, comme c'est l'habitude des crieurs publics : *On fait* à savoir *que,* il faut dire : *On fait* SAVOIR *que.*

Le verbe *savoir* est le seul qui permette d'employer quelquefois à la première personne le présent du subjonctif pour le présent de l'affirmatif. Dites : *Je ne* SACHE *pas* QUE *mon frère soit venu,* au lieu de : *Je ne sais pas si mon frère,* etc. Lorsqu'on emploie cette tournure de phrase, il faut toujours que le verbe *savoir* soit accompagné d'une négation, et suivi de *que.*

SEAU. — Dites : *Un* SEAU *d'eau,* et non : *Un sciau d'eau.*

SEMAINE, ANNÉE. — Dites : *La* SEMAINE PROCHAINE, *l'*ANNÉE PROCHAINE ; et non : *La* semaine qui vient, *l'*année qui vient.

IL SEMBLE QUE, IL ME SEMBLE QUE. — *Il semble que* veut le verbe suivant au mode *subjonctif.* Ex. : IL SEMBLE QUE *vous* SOYEZ *de mon avis.* — *Il me semble que* veut le verbe suivant à l'affirmatif. Ex. : Il me semble que *vous êtes* de *mon avis.*

SENS DESSUS DESSOUS. — N'écrivez pas *sans dessus dessous.* Dites : *Cette chambre est* sens dessus dessous, et non : Sans dessus dessous ; car une chambre comme toute chose a un dessus et un dessous.

SEPTANTE, OCTANTE, NONANTE. — Ces mots se disaient autrefois pour *soixante-dix, quatre-vingts* et *quatre-vingt-dix.* On n'en fait plus usage ; ils sont à regretter.

SES. — Dites : *Chacun doit avoir pour* son *père et pour* sa *mère les attentions les plus délicates.* Ne dites pas : *Chacun doit avoir pour ses père et mère,* etc.

SEULEMENT. — Ayez soin de n'employer jamais ce mot inutilement. C'est une faute de dire : *Je n'ai* seulement *qu'à paraître* ou *qu'à faire telle chose.* Dites : *Je n'ai* qu'à *paraître* ou qu'à *faire telle chose.*

SI, TRÈS. — Les adverbes *si, très* ne peuvent s'employer qu'avant d'autres adverbes ou des relatifs de qualité. On ne pourrait donc pas dire : *Il était* si *en colère, j'ai* très-*faim, j'ai* très-*soif.* On doit dire : *Il était* si fort *en colère, j'ai* bien *faim, j'ai* bien *soif.*

SEXE. — Lorsque dans une phrase, cette expression, LE SEXE, n'est pas accompagnée d'un relatif de qualité, elle signifie toujours le *sexe féminin*. Ex. LE SEXE *doit être traité avec beaucoup d'égards*, c'est-à-dire, *les femmes doivent être traitées*, etc.

SI CE N'EST. — Lorsque ces mots signifient *excepté*, ils sont un conjonctif composé, et par conséquent invariables. Ex. : *Ne lisez rien* SI CE N'EST *de bons livres*, c'est-à-dire *excepté* de bons livres.

* SI J'ÉTAIS QUE DE VOUS. — Cette expression très-commune est aussi très-vicieuse. Dites : SI J'ÉTAIS VOUS, SI J'ÉTAIS LUI.

SINON. — Ne mettez jamais *ou* avec *sinon*. Ne dites donc pas : *Obéissez aux lois*, ou sinon *vous serez criminel*; dites : *Obéissez aux lois*, SINON *vous serez criminel*.

* SI TELLEMENT. — Expression vicieuse. Dites : *Il est* SI *malade qu'il ne peut sortir*, et non : *Si tellement malade*.

SOC, SOCLE. — On confond souvent ces mots. *Soc* est un instrument de fer qui fait partie d'une charrue, et qui sert à fendre la terre qu'on laboure. *Socle* est un corps carré plus large que haut, et qui sert de base à toute décoration d'architecture et d'édifice; il se dit aussi d'un petit piédestal sur lequel on pose des vases, des statues, etc.

SOI. — On emploie *soi* au lieu de *lui* pour remplacer un nom vague ou un relatif indéterminé, tel que *on*, *quiconque*, *chacun*, etc. Ex. : Chacun *pense à* soi. On emploie encore *soi* au lieu de *lui* pour mieux préciser la personne que ce relatif personnel remplace, ou pour éviter de rendre douteux le sens de la phrase. Ex. : *L'avare qui a un fils prodigue n'amasse ni pour* soi, *ni pour* lui.

SOIT, SOIT QUE, NI. — Ces conjonctifs se répètent dans chacune des phrases qu'ils servent à lier. Ex. : Soit qu'*il le fasse*, soit qu'*il ne le fasse pas.*—*Un sot* ni *n'entre*, ni *ne sort*, ni *ne se lève*, ni *n'est sur ses jambes comme un homme d'esprit.*

On peut souvent remplacer *soit* par *ou*. Ex. : Soit *qu'il le fasse* ou *ne le fasse pas*. Dans ce cas *soit* n'est point verbe, il est toujours conjonctif.

SOLEIL. — Dites : *Il fait* du soleil; comme on dit, *il fait de la pluie*, *de la neige*, *du vent*. Ne dites pas : *Il fait* soleil, cette expression est vicieuse.

SOLIDITÉ. — On dit : La solidité de l'esprit, du caractère, des principes; on dit aussi, d'un homme dont le caractère est ferme et inspire la confiance : *C'est un homme* solide; mais on ne dit pas : *La* solidité *d'un homme.*

SOMME. — Nom des deux genres. Il est masculin quand il signifie *repos*, *assoupissement*. Au féminin, il signifie, *une quantité d'argent*, *une ri-*

vière de Picardie. Ne dites pas : *J'ai* dormi un bon somme ; dites : *J'ai* FAIT UN BON SOMME.

SONGER.— N'employez pas toujours *songer* pour *penser.* Dites : *On* PENSE *de lui mille choses* ; et non : *On* songe *de lui mille choses.*

SONNANT. — Dites : *Nous sommes arrivés à dix heures* SONNANTES ; et non, *à dix heures* sonnant.

SORTE, TOUTE SORTE, TOUTES SORTES. — On peut employer indifféremment ces deux expressions *toute sorte, toutes sortes.* Ex. : *Je vous souhaite* TOUTE SORTE DE PROSPÉRITÉS OU TOUTES SORTES DE PROSPÉRITÉS.

Après les mots SORTE, ESPÈCE, il faut faire accorder le relatif ou le verbe avec le nom qui dépend de ces mots et les suit immédiatement, et non avec SORTE OU ESPÈCE. EX. : *Il n'y a* SORTE *de* SOINS *qu'il n'ait* EUS *pour moi.* — TOUTES SORTES *d'*AUTORITÉ *n'*EST *pas à désirer.* — *Choisissez* UNE ESPÈCE *de* FRUIT *qui soit* MÛR *en cette saison.* —TOUTE ESPÈCE *de* GENS SONT *venus me voir.*

SORTIR (*voyez* ENTRER). — Dites : *Je* VIENS *d'être malade* ; et non : *Je* sors *d'être malade.* Dites aussi : FAITES SORTIR *ce cheval de l'écurie* ; et non : Sortez *ce cheval.*

SOUDAIN.— Ce relatif ne se dit que des choses. Dites : *Un événement* SOUDAIN, *un malheur* soudain; ne dites pas : *Un homme* soudain, *un en-fant* soudain.

*SOUFFRABLE. — N'employez jamais ce mot pour *supportable.* Ne dites pas : *Cette douleur est souffrable*; mais : *Cette douleur est* SUPPORTABLE. *Souffrable* n'est pas français.

SOULIERS. — Beaucoup de personnes disent : *Il a ses souliers* dans ses *pieds.* Cette faute est grossière, il faut dire : *Il a ses* SOULIERS AUX *pieds.*

SOURCIL, SOUCI. — Ne confondez pas ces mots. SOURCIL se dit du poil qui est en forme d'arc au-dessus des yeux. SOUCI signifie *soin fâcheux.* Dites : *Cette femme a les* SOURCILS *d'un beau noir.* — *Des* SOUCIS *importuns remplissent l'âme des puissants du monde.*

SOURIS. — Nom des deux genres. UN SOURIS signifie un sourire. UNE SOURIS est un petit animal.

SOUS. — (*Voyez* SUR.)

SOUSCRIPTION, SUSCRIPTION. — On confond ces deux mots. Une SOUSCRIPTION est la signature qu'on fait au-dessous d'un acte pour l'approuver, c'est aussi une reconnaissance donnée à un souscripteur. SUSCRIPTION se dit de ce qui est écrit au-dessus d'une lettre, ou d'un acte; ce mot se dit aussi de l'adresse qui se met au dos d'une lettre ou d'un paquet.

SOUS - LOUER. — Dites : *J'ai* SOUS-LOUÉ *ma maison ;* et non, sur-loué.

SOUSTRACTION. — Ne dites pas, en faisant une soustraction : *Qui* de neuf *ôte deux,* reste à sept ; dites : DE NEUF *ôtez deux,* RESTE SEPT, etc.

SOUVENIR , FAIRE SOUVENIR. — On dit : FAIRE SOUVENIR *quelqu'un ;* et non : Faire souvenir à *quelqu'un.* Ne dites donc pas : *Je* lui ai fait souvenir *de sa promesse, je* leur ferai souvenir *de cela ;* mais : *Je* L'AI FAIT SOUVENIR *de sa promesse, je* LES FERAI SOUVENIR *de cela.*

STOMACHIQUE. — Dites d'une chose bonne pour l'estomac : *C'est un* BON STOMACHIQUE ; et non : *Un* bon stomacal.

STYLE. — On appelle STYLE la manière de composer, d'écrire. Il y a différentes sortes de style, car il faut toujours que le style soit propre aux sujets que l'on traite, et l'on n'emploiera pas les mêmes tournures, les mêmes expressions en parlant de Dieu et de la majesté de ses œuvres, qu'en donnant à ses voisins des détails sur le ménage ou sur les occupations journalières. Les deux principales sortes de style sont le STYLE NOBLE ou SOUTENU et le STYLE FAMILIER. Certains mots conviennent exclusivement au premier style, comme *antique , aquilon., courroux , forfait, glaive , labeur, hymen.* Pour exprimer les mêmes choses en style familier, on dirait *ancien*, *vent*, *violent*, *crime*, *épée*, *travail*, *mariage*. Il est à remarquer que la plupart de ces derniers mots conviendraient aussi au style noble, mais que les expressions correspondantes employées dans celui-ci ne conviennent pas au style familier. Le premier style demande particulièrement de *l'harmonie*, de *l'élégance*, *de la noblesse dans l'expression*; le second veut surtout *de la simplicité*, *du naturel*. Les qualités les plus généralement nécessaires à toute espèce de styles sont : *la propriété des termes*, *la correction*, *la clarté*.

SUBVENIR. — (*Voyez* CONTREVENIR.)

SUITE, DE SUITE, TOUT DE SUITE. — DE SUITE veut dire sans interruption, et TOUT DE SUITE peut se remplacer par *immédiatement*, *sur-le-champ*. On ne doit donc pas dire : *Levez-vous* de suite; mais : *Levez-vous* TOUT DE SUITE, parce que c'est comme s'il y avait levez-vous immédiatement. Il faut dire : *Il marcha six jours* DE SUITE; et non : tout de suite, parce qu'on veut dire qu'il marcha six jours sans interruption.

SUIVANT. — Quand ce mot signifie *selon*, il n'est pas participe présent du verbe *suivre*, il est conjonctif. Ex. : *J'agirai* SUIVANT *les circonstances*, c'est-à-dire, *selon* les circonstances dans cette phrase SUIVANT est conjonctif.

SUIVRE.—(*Voyez* IMITER.)

SUPERBEMENT.—N'employez pas *supérieu-rement* pour ce mot. Ne dites donc pas : *Cette maison est* supérieurement *bien meublée ;* dites : SUPERBEMENT *meublée*, ou TRÈS-BIEN *meublée*.

SUPPLÉER. — SUPPLÉER UNE CHOSE, c'est y ajouter ce qui manque pour la rendre complète. Exemple : *Ce sac devrait être de mille francs, je* SUPPLÉERAI *ce qui peut y manquer.*

SUPPLÉER A UNE CHOSE, c'est la remplacer par une autre. Ex. : *La bonne volonté* SUPPLÉE A *beaucoup d'excellentes qualités.*

En général, SUPPLÉER UNE CHOSE suppose qu'il ne manque qu'une partie de cette chose ; SUPPLÉER A UNE CHOSE suppose qu'elle fait défaut, qu'elle manque entièrement.

SUR, SOUS.—Toutes les fois qu'on peut faire usage de ces mots, il faut éviter d'employer pour eux DESSUS et DESSOUS (*voyez* DESSUS).

SUR prend l'accent circonflexe lorsqu'il signifie *certain*. Ex. : *Le pêcheur est* SÛR *de trouver grâce devant Dieu s'il vient à repentance.* Dans tout autre cas, SUR ne prend pas l'accent. N'employez jamais *dans* pour *sur*. Ne dites pas : *Je demeure sur cette paroisse ;* dites : *Je demeure* DANS *cette paroisse.*

SURVIVRE.—Ce verbe exige toujours après lui le conjonctif *à*. Dites : *Il a* SURVÉCU A *son ami, il* SURVIT A *sa réputation ;* et non : *Il a* survécu *son ami, il* survit *sa réputation.*

SUSCEPTIBLE, CAPABLE. — N'employez pas ces termes l'un pour l'autre. CAPABLE signifie qui est en état de faire, et se dit des personnes. Ex. : *Desaix était* CAPABLE *d'entreprendre les plus grandes choses.* SUSCEPTIBLE signifie qui peut recevoir, et se dit des choses. Ex. : *La jeunesse étant* SUSCEPTIBLE *de toutes sortes d'impressions bonnes ou mauvaises, il est essentiel de la bien diriger.*

On ne dit SUSCEPTIBLE, en parlant des personnes, que pour donner à entendre qu'elles sont trop sensibles, trop promptes à s'offenser. On n'emploie CAPABLE qu'avec un seul nom de chose ; on dit quelquefois, en parlant d'une salle, qu'elle est CAPABLE *de tenir ou de contenir cent personnes.*

SYNONYMES. — On entend par SYNONYMES des mots qui ont à peu près la même signification. Ex. : GRAND HOMME, HÉROS. Ces expressions désignent toutes deux des hommes qui ont des qualités éclatantes, qui excitent l'admiration ; mais avec cette différence que *le héros* est toujours un guerrier, et que *le grand homme* est de tous les états. *Duguesclin fut un* HÉROS ; *le poète Corneille fut un* GRAND HOMME. On voit d'après cela que les synonymes ont une signification qui leur est commune, et qu'il se joint à chacun d'eux une signification particulière.

Illustre, fameux, sont des relatifs de qualité synonymes. Tous deux signifient *qui a de la réputation* ; mais illustre signifie toujours *qui a une réputation brillante, glorieuse* : l'illustre Ney, l'illustre Washington. — Fameux signifie seulement qui a de la réputation, et se prend en bonne ou en mauvaise part. On dit en bonne part : *Mirabeau était un orateur* fameux, et en mauvaise part : *Robespierre était un* fameux *scélérat.*

T.

TABLEAU. — (*Voyez* Cadre.)

TABLÉE. — Ce mot n'est qu'un terme de tondeur de drap, qui signifie longueur. Vous ne devez donc pas dire, à l'aspect d'un grand nombre de personnes réunies à table : *Voilà une belle tablée.*

TACHER. — Ce verbe s'écrit avec un accent circonflexe lorsqu'il signifie *viser* ou *s'efforcer.* Lorsqu'il signifie *salir*, il s'écrit sans accent.

Le verbe tacher, signifiant *viser, s'efforcer*, est toujours suivi d'un des conjonctifs *à* ou *de*, ou accompagné d'un mot qui les suppose. Ne dites donc pas : *Je ne* l'ai *pas* tâché ; mais : *Je n'y ai pas* taché ou *je n'y* tachais *pas.* Ne dites pas non plus : Tâcher *quelque chose*, tâcher faire quelque chose.

TACHER A signifie viser à quelque chose : TA-CHONS A *bien mériter de la patrie.*—TACHER DE exprime les efforts que l'on fait pour réussir. Ex. : TACHONS DE *bien savoir cette leçon; je* TACHE DE *sortir d'embarras.* TACHER ne peut pas être suivi de *que.* Ne dites donc pas : *Je* tâcherai que *vous soyez content;* dites : *Je* TACHERAI DE *vous contenter.*

TAIE D'OREILLER. — Linge qui sert d'enveloppe à un oreiller. On dit presque toujours *tête d'oreiller*, c'est une faute grossière.

TAMBOUR. — BATTRE DU TAMBOUR signifie tirer du son du tambour, jouer du tambour. Ex. : *Il a appris à* BATTRE DU TAMBOUR.

BATTRE LE TAMBOUR signifie donner une annonce, un signal sur le *tambour.* Ex. : *Le maire a fait* BATTRE LE TAMBOUR *pour publier la nouvelle ordonnance.*

TANDIS QUE. — N'employez pas TANDIS QUE pour *au lieu de, au lieu que.* Ne dites pas : *Mes enfants, vous jouez,* tandis que *vous devriez étudier;* dites : *vous jouez* AU LIEU D'*étudier.*

TANT. — Ne dites pas : *C'est* tant *bon!* — *il* est tant *malheureux qu'il désire mourir;* — tant *plus on lui donne,* tant *moins il est content;* — *j'y vais* tant *moins que je puis.* Dites : *Cela est* si *bon!*

— *il est* SI *malheureux qu'il désire mourir;* — PLUS *on lui donne,* MOINS *il est content;* — *j'y vais* LE MOINS *que je puis.*

Évitez soigneusement de dire : Tant qu'à cela, tant qu'à moi; dites : QUANT A CELA, QUANT A MOI.

* TANT Y A QUE. — Cette locution est vicieuse. Dites : *Il a travaillé pendant vingt ans avec une ardeur digne d'éloges,* SI BIEN QU'*enfin il est de-venu riche;* et non : tant y a qu'*enfin il est devenu riche.*

TANT PIS. (*Voyez* PIRE.)

TAPER. — Ne dites pas : *Le soleil me* tape *dans les yeux ;* mais : *Le soleil me* DONNE *dans les yeux.*

TARDER. — Quand ce verbe est employé comme unipersonnel, s'il est précédé de deux relatifs personnels, il veut après lui le conjonctif *de.* Ex. : *Il lui* TARDE DE *partir; il me* TARDE DE *vous voir.* Dans tout autre cas, TARDER veut après lui le conjonctif *à.* Ex. : *Ma sœur* TARDE A *rentrer, le jour* TARDE A *paraître.*

Dans le premier cas, TARDER exprime l'impatience de celui qui attend ou qui desire. Dans tout autre il signifie différer, il énonce la lenteur de la personne ou de la chose.

TEL, TELLE. — (*Voyez* QUEL.)

TEL QUEL. — On emploie cette expression dans le style familier, lorsqu'on attache une idée de médiocrité à la personne ou à la chose dont on parle : *C'est un avocat* TEL QUEL, *ce sont des peintres* TELS QUELS; c'est-à-dire, *c'est un avocat médiocre, ce sont des peintres médiocres.*

TÉMOIN. — Il y a une grande différence entre *je vous prends* A *témoin* et *je vous prends* POUR *témoin.* La première locution signifie *j'invoque votre témoignage*; et la seconde, *je désire que vous soyez témoin de ce que je ferai* ou *que vous témoigniez pour moi.* On peut prendre A TÉMOIN les rois, et Dieu même, mais on ne les prend pas POUR TÉMOINS.

TEMPS. — Ce mot peut s'écrire avec ou sans *p.* On dit TEMPS ou TEMS; mais il faut toujours le *p* dans l'adverbe LONG-TEMPS.

TENDRONS. — Cartilages qui sont à l'extrémité des os de la poitrine de quelques animaux. N'employez pas *tendons* pour ce mot. Dites : *Des* TENDRONS *de veau;* et non : *Des* tendons *de veau.*

TENDRESSE., TENDRETÉ. — TENDRESSE ne s'emploie qu'en parlant de l'affection du cœur. *La* TENDRESSE *maternelle, filiale,* etc. TENDRETÉ ne se dit que des viandes, des fruits et des légumes par opposition à *dureté.* Ex. : *Cette viande a beaucoup de* TENDRETÉ; et non : *de* tendresse.

TÊTE A TÊTE. — Cette expression ne prend point d's au pluriel. On écrit *des tête à tête.*

* TÊTIÈRE DE LIT. — Cette expression est vicieuse. Dites : CHEVET DE LIT.

THÉSAURISER. — Amasser de l'argent. Ne dites pas *trésoriser*.

TOMBER. — Ce verbe se conjugue toujours avec *être* dans ses formules composées : *Je* SUIS TOMBÉ, *nous* SOMMES TOMBÉS.

TOMBER PAR TERRE et TOMBER A TERRE ne s'emploient pas indifféremment. TOMBER PAR TERRE se dit de ce qui, touchant la terre, tombe de sa hauteur ; et TOMBER A TERRE, de ce qui, étant élevé au-dessus de terre, tombe d'en-haut. Ainsi, un arbre déraciné par le vent TOMBE PAR TERRE ; mais les fruits qui se détachent de l'arbre TOMBENT A TERRE.

TOME, VOLUME. — La reliure sépare les *volumes*, et les divisions de l'ouvrage séparent les *tomes*. Un *volume* peut donc contenir plusieurs *tomes*. Il est possible aussi qu'un seul *tome* soit partagé en plusieurs *volumes*.

TOUCHANT. — Quand ce mot peut être exprimé par *concernant* ou *à l'égard de*, il n'est pas participe présent du verbe *toucher*, il est conjonctif. Ex. : *Le médecin n'a rien prescrit* TOUCHANT *ma maladie*. Dans cette phrase *touchant* est conjonctif.

TOUCHER. — Dites : TOUCHER *un instrument* ; et non : Toucher d'*un instrument*. On TOUCHE LE

clavecin, LE *forte-piano*, L'*orgue*. On BAT *la caisse,
le tambour, les timballes.* On DONNE *du cor ; on*
SONNE *du cor et de la trompette.* On PINCE *la harpe,
la guitare, le luth, le théorbe.* On JOUE de tous les
instruments.

TOUR. — Nom des deux genres. Il est masculin quand il signifie un circuit, ou un tour de sou-
plesse, de couvent, de tourneur. TOUR au féminin désigne un bâtiment rond et élevé : *la* TOUR *de*
Babel, et aussi la partie d'une église qui contient
le clocher ou qui en tient lieu : *les* TOURS *de Notre-*
Dame.

TOUT. — Ce mot est invariable lorsqu'il signifie *tout-à-fait, entièrement,* ce qui arrive ordinairement lorsqu'il est suivi d'un relatif de
qualité, d'un adverbe ou d'un verbe. Ex. : *Nos*
vaisseaux sont TOUT PRÊTS, *et le vent est favorable.*
—*Ces fleurs sont* TOUT AUSSI *fraîches qu'hier.*
Cependant TOUT, signifiant *tout-à-fait,* s'accorde
quand il est devant un relatif de qualité féminin
qui commence par une consonne ou une *h* aspirée.
Ex. : TOUTE *belle,* TOUTE *honteuse.* — *La foule*
se retira TOUTE HONTEUSE *de ses violences,* c'est-
à-dire, *tout-à-fait honteuse.*

TOUTES. — Dites : *Une fois pour* TOUTES; et
non : *Une fois pour* tout.

TOUT DE SUITE. — (*Voyez* SUITE.)

TOUT D'UN COUP, TOUT A COUP. — Tout d'un coup signifie *en une seule fois*. Tout a coup signifie *sur-le-champ*. Ex. : *Il a pris sa médecine* tout d'un coup. — *La fièvre l'a saisi* tout a coup.

TOUT PLEIN. — N'employez pas cette expression pour *beaucoup*. Dites : *Cet enfant a* beaucoup *de bon sens*; et non : tout plein *de bon sens*.

TRAFIQUER. — Ce verbe veut ordinairement après lui les conjonctifs *de*, *en*, *sur*. On trafique d'une *marchandise*, sur une *marchandise* ; on trafique en *vins*, en *cotons*. On ne dit pas : Trafiquer une *marchandise*; trafiquer *les vins*, *les cotons*. Cependant l'usage permet de dire sans conjonctif : Trafiquer une *lettre de change*; trafiquer un *billet sur la place*.

TRAIT, AVOIR TRAIT. — Cette expression avoir trait *à quelque chose* signifie *avoir rapport à quelque chose*. Ex. : *Mes paroles* ont trait *à votre conduite*, c'est-à-dire, *ont rapport* à votre conduite.

TRAMONTANE. — *Il a perdu* la tramontane, cette expression signifie : il est déconcerté, il ne sait plus où il en est. Elle est du style familier; ne dites pas : *Trémontane*.

TRANSVASER. — Verser d'un vase dans un autre. Il ne se dit que des liqueurs. *Transvider* s'emploie à tort pour ce verbe. *Transvider* n'est pas français.

TRAVERS. — Après A TRAVERS, il faut mettre *le*, *la* ou *les*. Ex. : *Passer* A TRAVERS LE *camp ennemi*, A TRAVERS LES *blés*. Quelquefois cependant après A TRAVERS on supprime le relatif de nombre. Ex. : A TRAVERS *champs*; mais après AU TRAVERS il faut toujours mettre *de*, *du* ou *des*. Ex. : *Passer l'épée* AU TRAVERS DU *corps*; *se jeter* AU TRAVERS D'*une armée*.

TRÈS. — (*Voyez* SI.)

TRIER, TRIAGE. — Action de choisir. Ne dites pas : Trayer, *faire un* trayage.

TRIOMPHE. — Nom des deux genres. LE TRIOMPHE est une victoire, un succès, ou un honneur que l'on rend aux vainqueurs. LA TRIOMPHE est un jeu de cartes.

TROIS. — (*Voyez* DEUX.)

TROTTE. — N'employez jamais ce mot pour *course*. Ne dites pas : *Il y a une bonne* trotte *d'ici chez mon père*. Dites : *D'ici chez mon père il y a* UNE LONGUE COURSE.

TROUPE. — En parlant d'un militaire, ne dites pas : *Il est dans* la troupe; dites : *Il est dans* LES TROUPES.

TROUVER, INVENTER. — On INVENTE de nouvelles choses par la puissance de l'imagination. On TROUVE des choses cachées, par la recherche, par la persévérance, par l'étude. On dit : INVEN-

TER *une fable*, *une histoire*; et : TROUVER *une heureuse expression dans un discours, dans une phrase.*

Il faut prononcer sans accent : *Je trouverai, tu trouveras, il trouvera*; et ne pas dire : Je trouvèrai, tu trouvèras, il trouvèra.

TRUBLE. — Petit filet de pêcheur. Dites : *Pécher à la* TRUBLE; et non : *à la* trouble.

TU et TOI. — La règle exigerait, qu'en parlant à une seule personne, on employât les relatifs personnels TU et TOI; mais l'usage ordonne d'employer le relatif vous par politesse, à moins que l'on ne vive d'une manière très-familière avec cette personne. Dans le style très-noble ou très-soutenu on peut faire usage des relatifs TU et TOI en parlant aux étrangers et même aux princes. On emploie indifféremment vous ou bien TU et TOI lorsqu'on s'adresse à DIEU.

U.

UN, L'UN. — Il faut dire : *J'ai vu* UN *de vos amis.* — *J'ai dit à* UN *des membres de l'Académie.* Et non : *J'ai vu* l'un *de vos amis*; *j'ai dit à* l'un *des membres de l'Académie.* L'UN ne doit être en usage que quand il est opposé à L'AUTRE. EX. : *Deux hommes se disputaient,* L'UN *affirmait un fait,* L'AUTRE *le niait.*

*UN CHACUN. — Cette expression n'est plus française. Dites : CHACUN.

UNIÈME. — Ce relatif ne s'emploie qu'avec les nombres *vingt, trente, quarante, cinquante, soixante, cent, mille.* Ex. : *Le* VINGT ET UNIÈME *du mois.* — *Le* TRENTE ET UNIÈME *soldat.*

*UNIR ENSEMBLE. — Cette expression est vicieuse, elle est un véritable pléonasme ; car *ensemble* n'ajoute rien à l'idée exprimée par *unir.*

UNIVERS. — Ce mot signifie le monde entier ; n'employez donc jamais *tout* avec *univers.* Ne dites pas : *La religion chrétienne est répandue dans* tout l'univers ; dites *dans l'*UNIVERS, ou *dans* LE MONDE ENTIER.

USAGE. — En parlant d'une personne qui a de bonnes manières et une grande habitude du monde. Dites : *Cette personne a* DE L'USAGE DU MONDE ; et non : *Cette personne a* de l'usage.

USER. — Ne dites pas : *Ce drap est d'un bon usage* ; dites, *d'un bon* USER.

V.

VAIS, JE VAIS. — Dites : J'Y VAIS ; et non : *Je m'en y vas,* ou *je m'y en vas,* ces expressions ne sont pas françaises. Ne dites pas non plus : *Je vais y aller, j'y vais aller* ; dites simplement : J'Y VAIS.

VALOIR. — Dites : *Il faut que cela* VAILLE *peu*

de chose; et non : *Il faut que cela* vale *peu de chose*. Dites aussi : *Vaille* QUE *vaille* ; et non : *Vaille* qui *vaille.*

VASE. — Nom des deux genres. UN VASE est une sorte d'ustensile fait pour contenir de la liqueur. LA VASE est la bourbe qui est au fond de la mer, des étangs, etc.

VÉNÉNEUX, VENIMEUX. — On emploie le relatif VÉNÉNEUX pour les plantes, et VENIMEUX pour les animaux. Ex. : *Des herbes* VÉNÉNEUSES, *un insecte* VENIMEUX.

VÊPRES. — Dites : *Aller* A VÊPRES ; et non : *Aller* aux vêpres.

VERBES IRRÉGULIERS. (Voyez la *Grammaire*, n° 47.)

LES VERBES IRRÉGULIERS sont ceux qui dans la manière dont ils se conjuguent ne se conforment pas à toutes les règles établies pour les quatre conjugaisons. Il y a des verbes irréguliers qu'on nomme VERBES UNIPERSONNELS, parce qu'ils ne se conjuguent qu'à une seule personne, la troisième du singulier ; tels sont : *Il faut, il neige, il pleut, il tarde*, etc.

D'autres verbes irréguliers manquent de certaines formules. Le plus grand nombre des verbes irréguliers se conjuguent avec toutes les personnes et toutes les formules des verbes réguliers ; mais ils diffèrent de ces verbes dans la formation de leurs formules.

Tout verbe qui n'a point de *second passé simple* de l'*affirmatif* n'a point de *passé simple* du mode *subjonctif* ; tout verbe qui n'a point de *participe présent* n'a point de *premier passé simple* de l'af-firmatif, point de *pluriel* au *présent* de l'affirma-tif, et point de *présent* du mode *subjonctif* ; tout verbe qui n'a point de *futur* n'a point de *conditionnel*.

Pour trouver dans la liste suivante des verbes irréguliers, la manière de conjuguer un de ces verbes, il faut d'abord reconnaître par sa terminaison à laquelle des quatre conjugaisons il appartient, puis examiner s'il n'est pas dérivé d'un autre verbe plus simple, auquel cas ce serait ce dernier verbe qu'il faudrait chercher. Ainsi *apprendre* appartient à la 4e conjugaison et est dérivé du verbe simple *prendre* : c'est donc *prendre* qu'il faut chercher pour connaître la conjugaison d'*apprendre*. Mais si le verbe n'était pas dérivé d'un autre verbe, et si la manière dont il se conjugue n'était pas donnée, il faudrait trouver dans la liste, le verbe dont la terminaison est semblable à la sienne, et voir si au-dessous de ce dernier verbe, il est dit de conjuguer de même le verbe que l'on cherche. Ainsi *craindre* n'est dérivé d'aucun autre verbe ; la manière dont il se conjugue n'est pas donnée, mais *peindre* est compris dans la liste, et se termine de même : au-dessous de la conjugaison de ce verbe, il est dit que *craindre* et tous les verbes terminés en *indre* se conjuguent d'une manière semblable.

(Les formules simples des verbes irréguliers seront seules comprises dans le tableau suivant de ces verbes.)

VERBES IRRÉGULIERS DE LA Ire CONJUGAISON.

ALLER. — Mode affirmatif : *Je vais* ou *je vas, tu vas, il va, nous allons, vous allez, ils vont.* — *J'allais, nous allions.*—*J'irai, nous irons.*—Mode conditionnel. *J'irais, nous irions.* — Mode exhortatif : *Va, qu'il aille, allons, allez, qu'ils aillent.* Mode subjonctif : *Que j'aille, que nous allions.* — *Que j'allasse.* — Mode infinitif : *Aller.* — Mode participe : *allant.* — *Allé.*

Le verbe s'EN ALLER se conjugue comme le verbe ALLER, avec *en* et les relatifs personnels *me, te, se,* etc. Aux formules composées, on met le verbe *être* entre le relatif *en* et le participe : *Je m'en suis allé.*

ENVOYER. — Affirmat. : *J'enverrai.* — Condit.

J'enverrais. Ce verbe n'a pas d'autre irrégularité.

Conjuguez de même RENVOYER.

VERBES IRRÉGULIERS DE LA SECONDE CONJU-
GAISON.

ACQUÉRIR. — Affir. : *J'acquiers, tu acquiers, il acquiert, nous acquérons, vous acquérez, ils acquièrent. — J'acquérais, nous acquérions. — J'acquis, nous acquîmes.—J'acquerrai.* — Cond. *J'acquerrais.* — Exh. : *Acquiers, acquérons.* — Subj. : *Que j'acquière, que tu acquières, qu'il acquière, que nous acquérions, que vous acquériez, qu'ils acquièrent. — Que j'acquisse.* — Part. : *Acquérant. — Acquis, acquise.*

Conjuguez de même CONQUÉRIR, RECONQUÉRIR, REQUÉRIR, S'ENQUÉRIR.

ASSAILLIR. — Affir. : *J'assaille, nous assaillons. —J'assaillais, nous assaillions.— J'assaillis, nous assaillîmes.—J'assaillerai.* —Cond. : *J'assaillerais.* Exh. : *Assaille, assaillons.*—Subj. : *Que j'assaille, que nous assaillions.— Que j'assaillisse, que nous assaillissions.* —Part. : *Assaillant. — Assailli, assaillie.*

Conjuguez de même TRESSAILLIR ; mais dites : *Je tressaillirai,* et non : *Je tressaillerai.*

BOUILLIR. — Affir. : *Je bous, tu bous, il bout, nous bouillons, vous bouillez, ils bouillent. — Je bouillais, nous bouillions.* — *Je bouillis.* — *Je bouil-lirai.* — Cond. : *Je bouillirais.* — Subj. : *Que je bouille, que nous bouillions.* — *Que je bouillisse.* — Part. : *Bouillant.* — *Bouilli, bouillie.*

Courir. — Affir. : *Je cours, tu cours, il court, nous courons, vous courez, ils courent.* — *Je cou-rais, nous courions.* — *Je courus, nous courûmes.* — *Je courrai.* — Cond. : *Je courrais.* — Exh. : *Cours, courons.* — Subj. : *Que je coure, que nous courions.* — *Que je courusse, que nous courussions.* — Part. : *Courant.* — *Couru, courue.*

Ce verbe ne prend deux *r* qu'au futur et au conditionnel.

Conjuguez de même accourir, concourir, dis-courir, encourir, parcourir.

Cueillir. — Affir. : *Je cueille, tu cueilles, il cueille, nous cueillons, vous cueillez, ils cueillent.* — *Je cueil-lais, nous cueillions.* — *Je cueillis.* — *Je cueillerai.* — Cond. : *Je cueillerais.* — Exh. : *Cueille, cueillons.* — Subj. : *Que je cueille, que nous cueillions.* — *Que je cueillisse.* — Part. : *Cueillant.* — *Cueilli, cueillie.*

Faillir. — Ce verbe n'est guère d'usage qu'au second passé simple de l'affirmatif : *Je faillis, nous faillîmes*; aux formules composées de l'affirmatif et du subjonctif : *J'ai failli, J'aurais* ou *j'eusse failli*; à l'infinitif : *Faillir*, et au participe présent : *Faillant.*

Verbes irréguliers, 2ᵉ conj.

FLEURIR. — Ce verbe signifiant *pousser de la fleur* est régulier; mais lorsqu'il signifie *être en crédit, en honneur, en vogue*, il fait *florissait* au 1er passé simple de l'affirmatif, et *florissant* au participe présent.

FUIR. — Affir. : *Je fuis, tu fuis, il fuit, nous fuyons, vous fuyez, ils fuient. — Je fuyais, nous fuyions.—Je fuis, nous fuîmes.—Je fuirai.*—Cond.: *Je fuirais.* — Exh. : *Fuis, fuyons.* Subj. : *Que je fuie, qu'il fuie, que nous fuyions.— Que je fuisse, que nous fuissions.* — Part. : *Fuyant.— Fui, fuie.*

Conjuguez de même s'ENFUIR.

HAÏR. — Affir. : *Je hais, tu hais, il hait, nous haïssons, vous haïssez, ils haïssent. — Je haïssais, nous haïssions.—Je haïs, nous haïmes.—Je haïrai.* — Exh. : *Hais, haïssons.* — Subj.: *Que je haïsse, que nous haïssions.*—Part. : *Haïssant.—Haï, haïe.*

MOURIR. — Affir. : *Je meurs, tu meurs, il meurt, nous mourons, vous mourez, ils meurent. — Je mourais.—Je mourus, nous mourûmes.—Je mourrai.* — Cond. : *Je mourrais.* — Exh. : *Meurs, mourons.* — Subj. : *Que je meure, que tu meures, qu'il meure, que nous mourions, que vous mouriez, qu'ils meurent. — Que je mourusse, que nous mourussions.* — Part. : *Mourant. — Mort, morte.*

Ce verbe prend le verbe *être* dans ses formules composées.

Ouïr. — On ne se sert maintenant de ce verbe qu'au second passé simple de l'affirmatif : *J'ouïs*, *il ouït, nous ouïmes* ; au passé simple du subjonctif : *Que j'ouïsse, qu'il ouït, que nous ouïssions* ; à l'infinitif : *Ouïr* ; et dans les formules composées : *J'ai ouï, j'aurais ouï*, etc.

Ouvrir. — Affir. : *J'ouvre, tu ouvres, il ouvre, nous ouvrons, vous ouvrez, ils ouvrent.*—*J'ouvrais, nous ouvrions.*—*J'ouvris.*—*J'ouvrirai.* — Cond. : *J'ouvrirais.* — Exh. : *Ouvre, ouvrons.* — Subj. : *Que j'ouvre, que nous ouvrions.*—*Que j'ouvrisse.* — Part. : *Ouvrant.* — *Ouvert, ouverte.*

Conjuguez de même COUVRIR, DÉCOUVRIR, ENTR'OUVRIR, RECOUVRIR, ROUVRIR, SOUFFRIR, OFFRIR.

Partir. — Affir. : *Je pars, tu pars, il part, nous partons, vous partez, ils partent;*—*je partais, nous partions;*—*je partirai.*—Exh. : *Pars, partons.*— Subj. : *Que je parte, que nous partions.* Part. : *Partant.* — *Parti, partie.*

Ce verbe prend *être* dans ses formules composées.

Quérir. — Ce verbe signifie proprement, chercher avec charge d'amener celui qu'on nous envoie chercher, ou d'apporter la chose dont il est question; il n'est d'usage qu'*à l'infinitif*, et avec les verbes *aller, venir, envoyer*. Ex. : *Allez me* QUÉRIR *un tel, je l'ai envoyé* QUÉRIR*, il m'est venu* QUÉRIR.

Répartir. — Dans le sens de *distribuer, parta-*

ger, ce verbe est régulier et se conjugue comme *finir.* Dans tout autre sens, *repartir* se conjugue comme *partir,* avec cette différence qu'il prend *avoir* dans ses formules composées, quand il signifie *répliquer, répondre,* et *être,* quand il signifie *retourner, partir de nouveau.*

Saillir. — Dans le sens de *jaillir,* ce verbe est régulier et se conjugue comme *finir.* — *Je saillis, je saillissais,* etc.

Quand *saillir* est employé comme terme d'architecture, et se dit d'un balcon, d'une corniche ou de tout autre ornement d'architecture qui déborde la surface du mur, il n'est d'usage qu'à la troisième personne de certaines formules et à l'infinitif. : *Il saille, il saillait, il saillera, il saillerait.* — *Saillir.*

Saillant est plutôt relatif de qualité que participe présent.

Sentir. — Affir. : *Je sens, tu sens, il sent, nous sentons, vous sentez, ils sentent.* — *Je sentais, nous sentions.* — *Je sentis.* — *Je sentirai.* — Exh. : *Sens, sentons.* — Subj. : *Que je sente, que nous sentions.* — *Que je sentisse, que nous sentissions.* — Part. : *Sentant.* — *Senti. sentie.*

Conjuguez de même RESSENTIR, CONSENTIR, PRESSENTIR, MENTIR, DÉMENTIR.

Servir. — Affir. : *Je sers, tu sers, il sert, nous*

servons, vous servez, ils servent. — *Je servais, nous servions.* — *Je servis, nous servîmes.* — *Je servirai, nous servirons.* — Exh. : *Sers, servons.* — Subj. : *Que je serve, que nous servions.* — *Que je servisse, que nous servissions.* — Part. : *Servant.* — *Servi, servie.*

Sortir. — Ce verbe se conjugue comme *sentir.* — *Je sors, tu sors, il sort, nous sortons, vous sortez, ils sortent.* — *Je sortais.* — *Je sortis,* etc.

Consultez le Dictionnaire au mot *Entrer,* pour savoir dans quels cas *sortir* prend les verbes *être* ou *avoir* dans ses formules composées.

Dormir se conjugue comme *sortir,* mais il prend toujours le verbe *avoir* dans ses formules composées.

Tenir. — Affir. : *Je tiens, tu tiens, il tient, nous tenons, vous tenez, ils tiennent.* — *Je tenais, nous tenions.* — *Je tins, nous tînmes.* — *Je tiendrai, nous tiendrons.* — Cond. : *Je tiendrais, nous tiendrions.* — Exh. : *Tiens, tenons.* — Subj. : *Que je tienne, que nous tenions.* — *Que je tinsse, que nous tinssions.* Part. : *Tenant.* — *Tenu, tenue.*

On double la lettre *n* seulement lorsqu'elle doit être suivie d'un *e* muet.

Conjuguez de même s'abstenir, appartenir, détenir, entretenir, maintenir, retenir, obtenir et soutenir.

Verbes irréguliers, 2ᵉ conj.

Venir. — Affir. : *Je viens, tu viens, il vient, nous venons, vous venez, ils viennent.* — *Je venais, nous venions.* — *Je vins, nous vînmes.* — *Je viendrai.* — Cond. : *Je viendrais.* — Exh. : *Viens, venons.* — Subj. : *Que je vienne, que nous venions.* — *Que je vinsse, que nous vinssions.* — Part. : *Venant.* — *Venu, venue.*

Ce verbe se conjugue comme *tenir*. Conjuguez de même Devenir, disconvenir, intervenir, parvenir, ressouvenir, redevenir, souvenir, contrevenir et subvenir.

Vêtir. — Affir. : *Je vêts, tu vêts, il vêt, nous vêtons, vous vêtez, ils vêtent.* — *Je vêtais, nous vêtions.* — *Je vêtis, nous vêtîmes.* — *Je vêtirai,* — Cond. : *Je vêtirais.* — Exh. : *Vêts, vêtons.* Subj. : *Que je vête, que nous vêtions.* — *Que je vêtisse, que nous vêtissions.* — Part. : *Vêtant.* — *Vêtu, vêtue.*

Dans les formules composées *vêtir* prend le verbe *être.*

Conjuguez de même Dévêtir, revêtir, survêtir.

VERBES IRRÉGULIERS DE LA TROISIÈME CONJUGAISON.

Avoir. — Ce verbe est un des plus irréguliers ; nous en avons donné la conjugaison dans la Grammaire, page 36.

Asseoir. — Ce verbe se conjugue ordinairement avec le relatif personnel. Affir. : *Je m'assieds, tu t'assieds, il s'assied, nous nous asseyons, vous vous asseyez, ils s'asseyent. — Je m'asseyais, nous nous asseyions. — Je m'assis, nous nous assîmes. — Je m'assiérai. —* Cond. : *Je m'assiérais.* — Exh. : *Assieds-toi, asséyons-nous.* Subj. : *Que je m'asseye, que nous nous asseyions. — Que je m'assisse, que nous nous assissions.* — Part. : *S'asséyant. — Assis, assise.*

Conjuguez de même SE RASSEOIR.

Choir. — Ce verbe ne se dit guère qu'à l'infinitif *choir*, et au participe passé *chu, chue.*

Déchoir. — Affir. : *Je déchois, tu déchois, il déchoit, nous déchoyons, vous déchoyez, ils déchoient. — Je déchoyais, nous déchoyions. — Je déchus, nous déchûmes. — Je décherrai.* — Cond. : *Je décherrais.* — Exh. : *Déchois, déchoyons.* — Subj. : *Que je déchoie, que nous déchoyions. — Que je déchusse, que nous déchussions.* — Part. : Point de participe présent. — *Déchu, déchue.*

Échoir. — Ce verbe au présent de l'affirmatif n'est guère en usage qu'à la troisième personne du singulier, *il échoit*, qu'on prononce quelquefois *il échet*; on dit aussi au pluriel *ils échéent.* Il n'a point de premier passé simple; le second passé simple est *j'échus*, le futur *j'écherrai*, le conditionnel *j'écherrais.* Il n'a point de mode exhortatif. Le présent du subjonctif se dit seulement à la troisième personne : *Qu'il échée, qu'ils échéent.* Le passé simple de ce mode est *que j'échusse.* Le participe présent est *échéant*, le participe passé *échu, échue.*

L'emploi ordinaire des trois verbes *choir, déchoir, échoir* est au *participe* qui se construit avec *être*, et à l'*infinitif* que l'on accompagne du verbe *devoir.* Ex. : *Ces effets ont* DU ÉCHOIR OU SONT ÉCHUS.

FALLOIR. — Ce verbe est unipersonnel et ne se conjugue par conséquent qu'à la troisième personne du singulier. Affir. : *Il faut. — Il fallait. — Il fallut. — Il faudra. — Il faudrait.* — Pas d'exhortatif.—Subj. : *Qu'il faille.—Qu'il fallût.*—Pas de participe présent. — Participe passé : *Fallu, ayant fallu.*

MOUVOIR. — Affir. : *Je meus, tu meus, il meut, nous mouvons, vous mouvez, ils meuvent. — Je mouvais, nous mouvions. — Je mus, nous mûmes. — Je mouvrai.* — Cond. : *Je mouvrais.* — Exh. : *Meus, mouvons.*—Subj. : *Que je meuve, que nous mouvions. — Que je musse, que nous mussions. —* Part. : *Mouvant. — Mu, mue.*

Conjuguez de même s'ÉMOUVOIR.

PLEUVOIR.—Verbe unipersonnel. Affir. : *Il pleut. — Il pleuvait. — Il plut. — Il pleuvra.* — Cond. :

Il pleuvrait. — Pas d'exhortatif. — Subj. : *Qu'il pleuve.* — *Qu'il plût.* — Part. : *Pleuvant.* — **Plu.**

POURVOIR. — Affir. : *Je pourvois, tu pourvois, il pourvoit, nous pourvoyons, vous pourvoyez, ils pourvoient.* — *Je pourvoyais, nous pourvoyions.* — *Je pourvus.* — *Je pourvoirai.* — *Je pourvoirais.* — Exh. : *Pourvois, pourvoyons.* — Subj. : *Que je pourvoie, que nous pourvoyions.* — *Que je pourvusse, que nous pourvussions.* — Part. : *Pourvoyant.* — *Pourvu, pourvue.*

POUVOIR. — Affir. : *Je peux* ou *je puis, tu peux, il peut, nous pouvons, vous pouvez, ils peuvent.* — *Je pouvais, nous pouvions.* — *Je pus, nous pûmes.* — *Je pourrai.* — Cond. : *Je pourrais.* — Point d'exhortatif. — Subj. : *Que je puisse, que nous puissions.* — *Que je pusse, que nous pussions.* — Part. : *Pouvant.* — *Pu*, point de féminin.

PROMOUVOIR. — Ce verbe n'est guère d'usage qu'à l'infinitif et dans les formules composées *promouvoir, promu, promue.*

RAVOIR. — Ce verbe ne se dit qu'à l'infinitif.

SAVOIR. — *Je sais, tu sais, il sait, nous savons, vous savez, ils savent.* — *Je savais, nous savions.* — *Je sus, nous sûmes.* — *Je saurai.* — Cond. : *Je saurais.* Exh. : *Sache, sachons.* — Subj. : *Que je sache, que nous sachions.* — *Que je susse, que nous sussions.* Part. : *Sachant.* — *Su, sue.*

VERBES IRRÉGULIERS, 3e CONJ.

SEOIR. — Dans la signification d'être assis, ce verbe n'est plus d'usage. Dans la signification d'être convenable à la personne, à la condition, au lieu, au temps, etc., il n'est plus en usage à l'infinitif; il ne s'emploie que dans certains temps, et toujours à la troisième personne du singulier ou du pluriel. *Il sied, ils siéent.* — *Il siéyait.* — *Il siéra.* — *Il siérait. Seoir* n'a point de formules composées; il se dit au participe présent *Seyant.*

SURSEOIR. — Affir. : *Je sursois, tu sursois, il sursoit, nous sursoyons, vous sursoyez, ils sursoient.* — *Je sursoyais, nous sursoyions.* — *Je sursis, nous sursîmes.* — *Je surseoirai.* — Cond. : *Je surseoirais.* — Exh. : *Surseois, sursoyons.* — Subj. : *Que je surseoie, que nous sursoyions.* — *Que je sursisse, que nous sursissions.* — Part. : *Sursoyant.* — *Sursis, sursise.*

VALOIR. — Affir. : *Je vaux, tu vaux, il vaut, nous valons, vous valez, ils valent.* — *Je valais, nous valions.* — *Je valus, nous valûmes.* — *Je vaudrai.* — Cond. : *Je vaudrais.* — Exh. : *Vaux, valons.* Subj. : *Que je vaille, que nous valions, qu'ils vaillent.* — *Que je valusse.* — Part. : *Valant.* — *Valu,* point de féminin.

PRÉVALOIR se conjugue comme *valoir,* avec cette différence qu'au présent du subjonctif on dit : *Que je prévale, que nous prévalions,* et non : *Que je prévaille, que nous prévaillons.*

VOIR. — Affir. : *Je vois, tu vois, il voit, nous voyons, vous voyez, ils voient. — Je voyais, nous voyions. — Je vis, nous vîmes. — Je verrai.* — Cond. : *Je verrais.* — Exh. : *Vois, voyons.* — Subj. : *Que je voie, que nous voyions. — Que je visse.* — Part. : *Voyant. — Vu, vue.*

Conjuguez de même PRÉVOIR, REVOIR, ENTREVOIR.

VOULOIR. — Affir. : *Je veus, tu veux, il veut, nous voulons, vous voulez, ils veulent. — Je voulais. — Je voulus. — Je voudrai.* — Cond. : *Je voudrais.* Ce verbe est hors d'usage au mode exhortatif, excepté à la seconde personne du pluriel : *Veuillez.* Subj. : *Que je veuille, que nous voulions. — Que je voulusse, que nous voulussions.* —Part. : *Voulant. — Voulu, voulue.*

VERBES IRRÉGULIERS DE LA QUATRIÈME CONJUGAISON.

ABSOUDRE. — Affir. : *J'absous, tu absous, il absout, nous absolvons, vous absolvez, ils absolvent. — J'absolvais. — J'absoudrai.* — Cond. : *J'absoudrais.* — Exh. : *Absous, absolvons.* — Subj. : *Que j'absolve, que nous absolvions.* —Part. : *Absolvant. — Absous, absoute.* Ce verbe n'a point de second passé simple de l'*affirmatif*, et par conséquent pas de passé simple du *subjonctif.*

VERBES IRRÉGULIERS, 4ᵉ CONJ.

Conjuguez de même DISSOUDRE.

BATTRE. — Affir. : *Je bats, tu bats, il bat, nous battons, vous battez, ils battent.* — *Je battais.* — *Je battis.* — *Je battrai.* — Cond. : *Je battrais.* — Exh. : *Bats, battons.* — Subj. : *Que je batte, que nous battions.* — *Que je battisse.* — Part. : *Battant.* — *Battu, battue.*

Conjuguez de même ABATTRE, COMBATTRE, DÉBATTRE, REBATTRE, ÉBATTRE.

BOIRE. — Affir. : *Je bois, tu bois, il boit, nous buvons, vous buvez, ils boivent.* — *Je buvais.* — *Je bus, nous bûmes.* — *Je boirai.* — Cond. : *Je boirais.* — Exh. : *Bois, buvons.* — Subj. : *Que je boive, que nous buvions.* — *Que je busse, que nous bussions.* — Part. : *Buvant.* — *Bu, bue.*

Conjuguez de même REBOIRE.

BRAIRE. — Ce verbe ne s'emploie guère qu'à l'infinitif *Braire*; aux troisièmes personnes du présent de l'affirmatif : *Il brait, ils braient;* et aux troisièmes personnes du futur et du conditionnel : *Il braira, ils brairont; il brairait, ils brairaient.*

CIRCONCIRE. — Affir. : *Je circoncis, tu circoncis, il circoncit, nous circoncisons, vous circoncisez, ils circoncisent.* — Point de premier passé simple. — *Je circoncis, nous circoncîmes.* — *Je circoncirai.* — Cond. : *Je circoncirais.* — Exh. : *Circoncis, circoncisons.* — Subj. : Point de présent. — *Que je circoncise, que nous circoncisions.* — Part. : Point de participe présent. — *Circoncis, circoncise.*

CLORRE. — Ce verbe, quant aux formules simples, n'est en usage qu'aux trois personnes du singulier du présent de l'affirmatif : *Je clos, tu clos, il clôt;* au futur : *Je clorrai;* au conditionnel : *Je clorrais;* et au participe passé : *Clos, close.* Quant aux formules composées, on s'en sert avantageusement.

ENCLORRE et RENCLORRE ont les mêmes irrégularités.

CONCLURE. — Affir. : *Je conclus, tu conclus, il conclut, nous concluons, vous concluez, ils concluent.* — *Je concluais, nous concluions.* — *Je conclus, nous conclûmes.* — *Je conclurai, nous conclurons.* — Cond. : *Je conclurais.* — Exh. : *Conclus, concluons.* — Subj. : *Que je conclue, que nous concluions.* — *Que je conclusse.* — Part. : *Concluant.* — *Conclu, conclue.*

Conjuguez de même EXCLURE.

CONFIRE. — Affir. : *Je confis, tu confis, il confit, nous confisons, vous confisez, ils confisent.* — *Je confisais.* — *Je confis, nous confîmes.* — *Je confirai.* — Cond. : *Je confirais.* — Exh. : *Confis, confisons.* — Subj. : *Que je confise, que nous confisions.* — Part. : *Confisant.* — *Confit, confite.*

COUDRE. — Affir. : *Je couds, tu couds, il coud,*

nous cousons, vous cousez, ils cousent. — *Je cousais.* — *Je cousis.* — *Je coudrai.* — *Je coudrais.*— Exh. : *Cous, cousons.* — Subj. : *Que je couse, que nous cousions.* — *Que je cousisse, que nous cousissions.* — Part. : *Cousant.* — *Cousu, cousue.*

Conjuguez de même DÉCOUDRE et RECOUDRE.

CROIRE. — Affir. : *Je crois, tu crois, il croit, nous croyons, vous croyez, ils croient.* — *Je croyais, nous croyions.* — *Je crus, nous crûmes.* — *Je croirai.* — *Je croirais.* — Exh. : *Crois, croyons.* — Subj. : *Que je croie, qu'il croie, que nous croyions.* — *Que je crusse.* — Part. : *Croyant.* — *Cru, crue.*

DIRE. — Aff. : *Je dis, tu dis, il dit, nous disons, vous dites, ils disent.* — *Je disais.* — *Je dis, nous dîmes.* — *Je dirai.* — Cond. : *Je dirais.* — Exh. : *Dis, disons.*—Subj. : *Que je dise, que nous disions.* — *Que je disse.* — Part. : *Disant.* — *Dit, dite.*

De tous les composés du verbe DIRE, il n'y a que le verbe REDIRE qui se conjugue absolument de même. Les autres verbes dérivés DÉDIRE, CONTREDIRE, INTERDIRE, MÉDIRE, PRÉDIRE, se conjuguent comme DIRE, excepté qu'à la seconde personne du pluriel du présent de l'affirmatif ils font : *vous dédisez, vous contredisez, vous interdisez, vous médisez, vous prédisez.*

Le verbe MAUDIRE fait : *Je maudis, nous mau-*

dissons, *vous maudissez, ils maudissent.* — *Je maudissais,* etc. — *Maudissez, maudissons.* — *Que je maudisse,* etc. — *Maudissant.* Dans toutes les autres formules il se conjugue comme DIRE.

ÉCRIRE. — Aff. : *J'écris, tu écris, il écrit, nous écrivons, vous écrivez, ils écrivent.* — *J'écrivais.* — *J'écrivis.* — *J'écrirai.* — Cond.: *J'écrirais.* — Exh. : *Écris, écrivons.* — Subj. : *Que j'écrive.* — *Que j'écrivisse.* — Part. : *Écrivant.* — *Écrit, écrite.*

Conjuguez de même CIRCONSCRIRE, DÉCRIRE, INSCRIRE, PRESCRIRE, PROSCRIRE, RÉCRIRE, SOUSCRIRE, TRANSCRIRE.

FAIRE. — Aff. : *Je fais, tu fais, il fait, nous faisons, vous faites, ils font.* — *Je faisais.* — *Je fis.* — *Je ferai.* — Cond. : *Je ferais.* — Exh. : *Fais, faisons.* — Subj. : *Que je fasse, que nous fassions.* — *Que je fisse, que nous fissions.* — Part. : *Faisant.* — *Fait, faite.*

On écrit aussi maintenant, *nous fesons, je fesais, fesant.*

Conjuguez de même CONTREFAIRE, DÉFAIRE, FORFAIRE, REFAIRE, SURFAIRE, SATISFAIRE.

FRIRE. — Ce verbe n'est d'usage qu'au singulier du présent de l'affirmatif : *Je fris, tu fris, il frit.* — Au futur : *Je frirai, nous frirons,* etc. — Au conditionnel : *Je frirais, nous fririons.* — A la seconde personne du singulier de l'exhortatif : *Fris.*

VERBES IRRÉGULIERS, 4ᵉ CONJ.

— Aux formules composées. —Présent de l'infinitif : *Frire*, et au participe passé : *Frit, frite.*

Pour suppléer aux formules qui manquent, on se sert du verbe FAIRE et de l'infinitif FRIRE, comme : *Nous faisons frire ; je faisais frire*, etc.

LIRE. — Aff. : *Je lis, tu lis, il lit, nous lisons, vous lisez, ils lisent* — *Je lisais.* — *Je lus.* — *Je lirai..* —Cond. : *Je lirais.* — Exh. : *Lis, lisons.* — Subj.: *Que je lise, que nous lisions.*—Part. : *Lisant.* —*Lu, lue.*

Conjuguez de même ÉLIRE, RELIRE.

LUIRE.—Aff. : *Je luis, tu luis, il luit, nous luisons, vous luisez, ils luisent.* — *Je luisais.* — Point de second passé simple.—*Je luirai.*—Cond. : *Je luirais.*—Exh. : *Luis, luisons.* — Subj. : *Que Je luise, que nous luisions.*—Point de passé simple. —Part. : *Luisant.* — *Lui*, point de féminin.

Conjuguez ainsi RELUIRE.

METTRE. — Aff. : *Je mets, tu mets, il met, nous mettons, vous mettez, ils mettent.* —*Je mettais.* — *Je mis, nous mîmes.* — *Je mettrai.* — *Je mettrais.* — Exh. : *Mets, mettons.* —Subj. : *Que je mette, que nous mettions.* — *Que je misse, que nous missions.* —Part. : *Mettant.* — *Mis, mise.*

Conjuguez de même ADMETTRE, COMMETTRE, DÉMETTRE, ENTREMETTRE, OMETTRE, PERMETTRE, PROMETTRE, REMETTRE, TRANSMETTRE.

Moudre. — Aff. : *Je mouds, tu mouds, il moud, nous moulons, vous moulez, ils moulent.* — *Je moulais.* — *Je moulus.* — *Je moudrai.* — Cond. : *Je moudrais.* — Exh. : *Mouds, moulons.* — Subj. : *Que je moule, que nous moulions.* — *Que je moulusse.* — Part. : *Moulant.* — *Moulu, moulue.*

Conjuguez de même ÉMOUDRE, REMOUDRE.

Naître. — Aff. : *Je nais, tu nais, il naît, nous naissons, vous naissez, ils naissent.* — *Je naissais.* — *Je naquis.* — *Je naîtrai.* — *Je naîtrais.* — Exh. : *Nais, naissons.* — Subj. : *Que je naisse, que nous naissions.* — *Que je naquisse.* — Part. : *Naissant.* — *Né, née.*

Les formules composées se forment avec le verbe ÊTRE.

Conjuguez de même RENAÎTRE.

Nuire. — Aff. : *Je nuis, tu nuis, il nuit, nous nuisons, vous nuisez, ils nuisent.* — *Je nuisais.* — *Je nuisis, nous nuisîmes.* — *Je nuirai.* — *Je nuirais.* — Exh. : *Nuis, nuisons.* — Subj. : *Que je nuise.* — *Que je nuisisse.* — Part. : *Nuisant.* — *Nui*, point de féminin.

Conjuguez de même CONDUIRE, DÉDUIRE, INDUIRE, RÉDUIRE, avec cette différence que ces verbes font au participe passé : *conduit, conduite; déduit, déduite;* etc.

Paître. — Aff. : *Je pais, tu pais, il paît, nous*

paissons, vous paissez, ils paissent. — *Je paissais.*
— Point de second passé simple. — *Je paîtrai.*
— *Je paîtrais.* Exh. : *Pais, paissons.* — *Que je
paisse, que nous paissions.* — Point de passé simple. — Part. : *Paissant.* — *Pu,* point de féminin.

Les formules composées de ce verbe sont très-
rarement d'usage.

PEINDRE. Aff. : *Je peins, tu peins, il peint,
nous peignons, vous peignez, ils peignent.* — *Je
peignais, nous peignions.* — *Je peignis, nous pei-
gnîmes.* — *Je peindrai.* — Cond. : *Je peindrais.* —
Exh. : *Peins, peignons.* Subj. : *Que je peigne, que
nous peignions.* — *Que je peignisse.* — part. : *Pei-
gnant.* — *Peint, peinte.*

Conjuguez de même CRAINDRE, ASTREINDRE, JOIN-
DRE, ATTEINDRE, CEINDRE, et tous les verbes en
INDRE et OINDRE.

PRENDRE. — Aff. : *Je prends, tu prends, il prend,
nous prenons, vous prenez, ils prennent.* — *Je
prenais.* — *Je pris.* — *Je prendrai.* — Cond. : *Je
prendrais.* — Exh. : *Prends, prenons.* — Subj. : *Que
je prenne, que nous prenions.* — *Que je prisse.* —
Part. : *Prenant.* — *Pris, prise.*

Conjuguez de même APPRENDRE, DÉSAPPRENDRE,
COMPRENDRE, ENTREPRENDRE, RAPPRENDRE, REPREN-
DRE, SURPRENDRE.

RÉSOUDRE. — Ce verbe se conjugue comme ABsoudre, avec cette différence qu'il a un second passé simple de l'affirmatif : *Je résolus* ; et un passé simple du subjonctif ; *Que je résolusse.*—Consultez le Dictionnaire au mot Résoudre. (Page 236.)

Rire. — Aff. : *Je ris, tu ris, il rit, nous rions, vous riez, ils rient. — Je riais, nous riions. — Je ris, nous rîmes. — Je rirai.*—Cond. : *Je rirais. —* Exh. : *Ris, rions.*—Subj. : *Que je rie, que tu ries, qu'il rie, que nous riions, que vous riiez, qu'ils rient. — Que je risse, que nous rissions. —* Part. : *Riant. — Ri,* point de féminin.

Suffire.—Aff. : *Je suffis, tu suffis, il suffit, nous suffisons, vous suffisez, ils suffisent. — Je suffisais. —Je suffis.— Je suffirai.*—Cond. : *Je suffirais.—* Exh. : *Suffis, suffisons.*—Subj. : *Que je suffise, que nous suffisions.—Que je suffisse, que nous suffissions. —* Part. : *Suffisant. — Suffi,* point de féminin.

Suivre. — Aff. : *Je suis, tu suis, il suit, nous suivons, vous suivez, ils suivent. — Je suivais. — Je suivis. — Je suivrai. —* Cond. : *Je suivrais. —* Exh. : *Suis, suivons. —* Subj. : *Que je suive, que nous suivions. — Que je suivisse. —* Part. : *Suivant. — Suivi, suivie.*

Conjuguez de même poursuivre.

Taire. — Aff. : *Je tais, tu tais, il tait, nous taisons, vous taisez, ils taisent. — Je taisais. — Je tus, nous tûmes. — Je tairai.*—Cond. : *Je tairais.*

Verbes irréguliers, 4e conj.

Exh. : *Tais, taisons.*—Subj. : *Que je taise, que nous taisions.*—*Que je tusse.*—Part. : *Taisant.*—*Tu , tue.*

 Traire. —Aff. : *Je trais, tu trais , il trait , nous trayons , vous trayez , ils traient. — Je trayais , nous trayions.* — Point de second passé simple. — *Trayons. Je trairai.*— Cond. : *Je trairais.* — Exh. : *Trais.* — Subj. : *Que je traie , que nous trayions.* —Point de passé simple.—Part. : *Trayant.*—*Trait, traite.*

Conjuguez de même **abstraire** , **distraire** , **extraire** , **soustraire.**

 Vaincre. — Aff. : *Je vaincs , tu vaincs , il vainc, nous vainquons , vous vainquez , ils vainquent.* — *Je vainquais. — Je vainquis. — Je vaincrai.* — Cond. : *Je vaincrais.* — Exh. : Point de singulier, *Vainquons.* — Subj. : *Que je vainque , que nous vainquions. — Que je vainquisse.* — Part. : *Vainquant.* — *Vaincu, vaincue.*

Dans la conjugaison de ce verbe, la lettre *c* se change en *qu* avant les voyelles *a, e, i, o.*

 Conjuguez de même **convaincre.**

 Vivre. — Aff. : *Je vis , tu vis , il vit , nous vivons , vous vivez, ils vivent. — Je vivais. — Je vécus.*—*Je vivrai.*—Cond. *Je vivrais.* — Exh. : *Vis , vivons.* —Subj. : *Que je vive.*—*Que je vécusse.* — Part. : *Vivant. — Vécu,* point de féminin.

 Conjuguez de même **survivre**, et **revivre.**

VERDEUR. — Dites : *Ce vin a de la* VERDEUR ; et non : *Ce vin a de la* verdure.

VERGETTES. (Espèce de brosse.) — Ce mot ne s'emploie pas au singulier. Dites : *Donnez-moi* LES VERGETTES ; et non : la vergette.

VERS. — Ce conjonctif ne se dit plus pour ENVERS. On ne peut dire : *S'acquitter d'une chose ou d'un devoir* vers *quelqu'un* ; il faut dire : *S'acquitter* ENVERS *quelqu'un.*

VERS. — Les vers sont des paroles arrangées suivant certaines règles fixes, de manière à plaire à l'oreille par le retour des mêmes sons et par la mesure. On en fait usage dans la poésie. Il y a différentes espèces de vers. Leur longueur varie beaucoup ; mais ils ne peuvent pas avoir plus de douze syllabes, sans compter celles qui sont terminées par un *e* muet ou par *ent*, qui dans certains cas s'élident ou ne se prononcent point.

MODÈLE DE GRANDS VERS D'ÉGALE MESURE.

LA LICENCE ET LA LIBERTÉ.

A vous, puissants du monde, à vous, rois de la terre,
Qui tenez dans vos mains et la paix et la guerre,
A vous de décider si, lassés de souffrir,
Les Grecs ont pris le fer pour vaincre ou pour
      mourir ;

Si du Tage au Volga, de la Tamise au Tibre,
L'Europe désormais doit être esclave ou libre.
Libre, elle bénira votre auguste équité;
Non qu'elle offre ses vœux à cette liberté,
Qui des plus saintes lois s'affranchit par le glaive,
Marche sans but, sans frein, sur des débris s'élève,
Triomphe dans le trouble, et vantant ses bienfaits,
Pour un abus détruit enfante cent forfaits.
La sage liberté, qu'elle attend, qu'elle implore,
Qui préside à mes chants, que tout grand peuple
    adore,
Par le bonheur public affermit les états;
Créant des citoyens, elle fait des soldats,
Enchaîne la licence, abat la tyrannie,
Des pouvoirs balancés entretient l'harmonie,
Réunit les sujets sous le sceptre des rois,
Rapproche tous les rangs, garantit tous les droits,
Et, favorable à tous, de son ombre éternelle
Couvre jusqu'aux ingrats qui conspirent contre elle!
Ainsi le chêne épais reçoit sous ses rameaux,
Défend des feux du jour ces immondes troupeaux
Qui, cherchant à ses pieds leur sauvage pâture,
Des gazons soulevés flétrissent la verdure,
Insultent vainement dans ses profonds appuis
Ce tronc qui leur prodigue et son ombre et ses fruits,
Et les écraserait de ses vastes ruines
S'ils pouvaient de la terre arracher ses racines.

(Casimir DELAVIGNE.)

V

MODÈLE DE VERS DE DIFFÉRENTE MESURE.

DIEU A L'HOMME.

Tu naquis : ma tendresse, invisible et présente,
Ne livra pas mon œuvre aux chances du hasard;
J'échauffai de tes sens la sève languissante
    Des feux de mon regard.

D'un lait mystérieux je remplis la mamelle;
Tu t'enivras sans peine à ces sources d'amour.
J'affermis tes ressorts, j'arrondis ta prunelle
    Où se peignit le jour.

Ton âme quelque temps par les sens éclipsée,
Comme tes yeux au jour s'ouvrit à la raison :
Tu pensas; la parole acheva ta pensée,
    Et j'y gravai mon nom.

    En quel éclatant caractère
    Ce grand nom s'offrit à tes yeux!
    Tu vis ma bonté sur la terre,
    Tu lus ma grandeur dans les cieux!

. . . .

Ma voix chaque matin réveille l'univers;
J'appelle le soleil du fond de ses déserts;
    Franchissant la distance,

> Il monte en ma présence,
> Me répond et s'élance
> Sur le trône des airs.

Et toi, dont mon souffle est la vie ;
Toi, sur qui mes yeux sont ouverts,
Peux-tu craindre que je t'oublie,
Homme, roi de cet univers ?

DE LAMARTINE.

VERT. — Autrefois on écrivait VERD, VERTE.
Aujourd'hui l'usage donne un T à vert au masculin comme au féminin ; écrivez VERT, VERTE.

VILLE. —Dites : *Cet homme est* EN VILLE, pour
dire qu'il n'est pas chez lui ; et : *Cet homme est* A
LA VILLE, pour marquer qu'il n'est pas à la campagne.

NOMS DES VILLES. — Si le nom d'une ville se termine par un *e* muet suivi ou non d'une *s*, ce nom
est ordinairement féminin ; les noms de ville sont
presque toujours masculins dans les autres cas.
NANTES *est commerçante* ; TROYES *est manufactu-
rière* ; *l'ancienne* ROME *est presque toute détruite*.
AIX *est bien bâti* ; BORDEAUX *n'est pas si peuplé que*
Lyon. Il y a beaucoup d'exceptions à ces règles. LE
HAVRE est masculin, JÉRUSALEM est féminin.

VIS-A-VIS. — Les conjonctifs VIS-A-VIS, PRO-
CHE, EN FACE, doivent toujours dans le style soutenu être suivis de DE. Ex. : EN FACE DU *palais*

13

Vis-a-vis de *l'église*. On supprime quelquefois le de dans le style familier. Ex. : En face *la porte*; vis-a-vis *la Bourse*.

N'employez jamais envers pour vis-a-vis. Dites donc : *Je tiens* envers *lui la conduite qu'il tient* envers *moi*; et non : *Je tiens* vis-à-vis *lui*, etc.

VISER. — Ce verbe signifie mirer, regarder un but pour y adresser un coup de pierre, de trait, d'arme à feu, etc. Il est toujours accompagné du conjonctif a ou d'un mot qui le suppose. Ex. : *Il a* visé a *ce but; il a blessé cet homme sans* y viser. Ce serait une faute de dire : *Il a* visé ce but; *Il a blessé cet homme* sans le viser.

Viser signifie aussi avoir en vue une certaine fin, une certaine affaire, et s'emploie également avec a. Ex. : *Il ne* vise *pas* a *cette place ; je ne sais* a *quoi il* vise.

Cependant l'usage autorise à dire : *Il a* visé cet homme *au cœur.* — *On a* visé cet animal *à la téte*.

VIVE. — Ce mot est invariable lorsqu'il est pris dans le sens d'une exclamation. Vive *le roi !* Vive *les défenseurs de la patrie !* Ne dites pas : Vivent *les défenseurs de la patrie !*

VIVRE. — Il ne faut pas dire : *Cette terre me rapporte assez* pour vivre, mais : pour me faire vivre. Car la terre ne vit pas, mais elle procure les moyens de vivre.

VOICI, VOILA. — Voici, dans le discours, a toujours rapport à ce qui suit. Ex. : Voici *les commandements de Dieu : Aime ton Dieu par-dessus toute chóse et de toute ton áme, et ton prochain comme toi-méme.*

Voila a toujours rapport à ce qui précède. Ex. : *Il est mort de chagrin et de misère ;* voila *les suites de la passion du jeu.*

Ne dites pas : Le voilà qu'il *vient*, la voioi qu'elle *sort*, les voici qu'ils *entrent* ; dites : Le voila qui *vient*, la voici qui *sort*, les voici qui *entrent*.

Ne prononcez jamais *vla* pour *voilà*. Dites donc : Le voila, les voila ; et non : *Le* vla, *les* vla.

VOILE. — Nom des deux genres. Un voile est une pièce de toile ou d'étoffe destinée à couvrir la téte ou un objet quelconque. Une voile est la toile d'un vaisseau destinée à recevoir les vents.

VOIR GOUTTE. — On dit : *Il* ne *voit goutte, il* ne *voit pas clair, il voit clair* ; et non pas : *Il n'y voit goutte, il n'y voit pas clair, il y voit clair.* Cependant il est permis de dire : *Cette phrase est si obscure que les plus savants* n'y *voient goutte,* parce que, voulant exprimer une relation avec ce qui précède, on est obligé de faire usage du relatif

Y, et c'est alors comme si l'on disait : *Ils ne voient goutte à cette phrase, ils* N'Y *comprennent rien.*

VOTRE. — N'écrivez jamais à quelqu'un : *J'ai reçu la* vôtre, pour marquer que vous avez reçu une lettre de lui ; écrivez et dites : *J'ai reçu* VOTRE LETTRE.

*VOYONS VOIR, REGARDONS VOIR.—Ces expressions fort communes sont absurdes. Dites simplement : *Voyons, regardons, examinons.*

VRAI, PAS VRAI. — On emploie souvent cette expression *pas vrai?* pour *n'est-il pas vrai?* c'est une faute. Ne dites donc pas : *Voilà de bons fruits, pas vrai?* mais dites : *Voilà de bons fruits,* N'EST-IL PAS VRAI?

VU. — Toutes les fois que ce mot signifie *à cause de, en raison de,* il n'est pas participe passé du verbe VOIR, il est conjonctif. Ex. : *Il sera condamné,* VU *la loi de tel jour,* c'est-à-dire, A CAUSE DE, EN RAISON DE *la loi de tel jour.* Dans cette phrase VU est conjonctif.

VU QUE. — Cette expression s'emploie pour CAR OU PARCE QUE. Elle n'est pas heureuse quoique l'usage l'ait consacrée; ne l'employez pas lorsque vous pourrez l'éviter. Dites : *Vous devez être fatigué,* CAR *vous marchez depuis trois heures;* et non : VU *que vous marchez depuis trois heures.*

Y.

Y. — Le relatif personnel Y se place avant les autres relatifs personnels quand on les emploie au singulier; mais il se met après quand on les emploie au pluriel. Ne dites pas : *Mène-m'y, menez-m'y, mènes-y-nous, menez-y-nous, fiez-y-vous, reposez-y-vous*; mais dites : *Mènes-Y-moi, menez-Y-moi, mène-nous-Y, menez-nous-Y, fiez-vous-Y, reposez-vous-Y.*

YEUX, QUATRE YEUX.—*Regarder quelqu'un entre* QUATRE YEUX, signifie : *Examiner quelqu'un attentivement en le regardant en face.* Ecrivez : QUATRE YEUX; prononcez : QUATRE-Z-YEUX.

Z.

ZÉRO. — On dit très-souvent ZÉRO en CHIFFRE, pour, *sans valeur*; c'est une faute. Dites : ZÉRO SANS CHIFFRE.

ZEST, ZESTE.—On confond souvent ces mots. Le premier n'est qu'une exclamation du style familier qui marque qu'on rejette ce qu'un autre a dit, qu'on s'en moque. Ex. : *Il a promis de se battre contre nous tous :* ZEST, *le voilà devenu bien brave!*

On l'emploie encore dans cette expression proverbiale qui signifie être entre le bien et le mal, ni bon ni mauvais : *Il est entre le* ZIST *et le* ZEST.

Le ᴢᴇꜱᴛᴇ écrit avec un ᴇ final s'emploie pour signifier ce qui est au dedans de la noix et qui la sépare en quatre. Il se dit aussi familièrement pour marquer le peu de cas que l'on fait d'une chose, ou son peu de valeur : *Cela ne vaut pas un* ᴢᴇꜱᴛᴇ. Il énonce enfin une partie mince que l'on coupe sur l'écorce d'un citron, d'une orange, d'un cédrat. *Couper* ᴜɴ ᴢᴇꜱᴛᴇ, ᴅᴇꜱ ᴢᴇꜱᴛᴇꜱ *confits*.

PREMIER APPENDICE

AU

DICTIONNAIRE.

Noms dont le genre est généralement peu connu.

NOMS DU GENRE MASCULIN.

Anniversaire.

Appendice.—Ce qu'on ajoute à un ouvrage.

Armistice.—Suspension d'armes.

Arrhes.—Argent avancé pour assurer l'exécution d'un marché.

Arrosoir.

Astérisque.—Marque en forme d'étoile qui, dans un livre, indique un renvoi.

Asthme.—Respiration fréquente et pénible.

Augure.—Présage.

Auspices.

Autel.

Cacophonie.—Mélange de sons désagréables.

Centime.

Cigare.

Clystère.

Concombre.—Légume.

Crabe.—Poisson de mer.

Décombres.

Échange.

Éclair.

Élixir.

Emblème.

Emplâtre.

Entre-sol.—Appartement entre deux étages.

Épithalame.—Chant en l'honneur de nouveaux mariés.

Érysipèle.—Maladie inflammatoire de la peau.

Esclandre.—Accident bruyant et désagréable.

Été.

Évangile.

Éventail.

Exorde.—Commencement d'un discours.

Final.—Dernier morceau d'un opéra.

Hôtel.

Incendie.

Intervalle.

Ivoire.

Légume.

Mânes.—Ames des morts.

Monticule. Montagne très-peu élevée.

Obus.—Espèce de bombe.

Ongle.

Opprobre.

Opuscule.—Petit ouvrage de science ou de littérature.

Orage.

Organe.

Ouvrage.

Pair.

Panache.

Parafe.—Marque qu'on met après la signature ou qui la remplace.

Pétale.—Calice d'une fleur.

Pleurs.

Quaterne.—Assemblage de quatre numéros pris ensemble à la loterie.

Socque articulé.—Chaussure qui garantit le pied de l'humidité.

Simple.—Nom des plantes médicinales.

Ulcère.—plaie dans les chairs.

Uniforme.

Vestige.—Trace.

NOMS DU GENRE FÉMININ.

Alcôve.

Antichambre.

Argile.—Terre argileuse.

Atmosphère. — Masse d'air qui entoure la terre.

Avant-scène.—Partie du théâtre entre l'orchestre et la toile tombée.

Breloque.

Bretelles.

Chiquenaude.

Dartre.

Décrottoire.

Echarde.—Morceau de bois qui entre dans la chair.

Ecritoire.

Enigme. — Phrase ou discours dont le sens est difficile à saisir.

Epigramme.—Phrase ou petit discours qui renferme un sens malin à l'égard de quelqu'un.

Epitaphe. — Inscription faite pour être mise sur un tombeau.

Fibres. — Parties très-déliées du corps.

Hémisphère. — Moitié du globe terrestre.

Horloge.

Insomnie.—Défaut de sommeil.

Jujube. — Fruit excellent pour les maux de gorge et de poitrine.

Nacre.—Coquille au dedans de laquelle se trouvent les perles.

Offre.

Ouïe.—Sens par lequel on reçoit les sons.

Paroi.—Surface interne d'un vase.

Patère.—Ornement de croisée.

Pédale.—Tuyau d'orgue.

Réglisse.

Revanche.

Sandaraque.—Poudre blanche dont on fait souvent usage en écrivant.

Sentinelle.

DEUXIÈME APPENDICE

AU

DICTIONNAIRE.

Noms dont la prononciation est généralement vicieuse.

(Les noms marqués de ce signe * se prononcent comme ils s'écrivent.)

	bonne prononciation.	prononciation vicieuse.
ABJECT *, *bas, vil*........	abject..............	*abjè.*
ACHETER *.............	acheter...........	*ajeter.*
AÉRÉ *, *en plein air, en grand air*	a-é-ré.	*eré.*
AIGUILLON *.............	aigu-illon.	
AIGUISER *.....	aigu-iser.	
ALORS................	alor...............	*alorce.*
AMBLE *, *allure d'un cheval.*	amble............	*ambe.*
ANGOISSE *, *tourment , vive douleur*................	angoisse..........	*angoize.*
AOÛT , LA MI-AOÛT.......	ou , la mi-ou......	*a-ou , la mi-a-ou.*
APPARITION *............	apparition....... ..	*apparution.*
APPENDICE............	appindice..........	*appandice.*
APPRENTI *, APPRENTIE *..	apprenti , apprentie.	*apprentif , apprentive.*
ARC-BOUTANT, *pilier de voûte terminé en demi-arc*......	ar-boutant.........	*ark-boutant.*
ARCTIQUE , PÔLE ARCTIQUE.	artique............	*arktique.*
ARMOIRE *.............	armoire...........	*ormoire.*
ARRIÈRE *.............	arrière............	*érière.*
ASTHME , ASTHMATIQUE....	asme , asmatique....	*a-tme , a-tmatique.*
AUJOURD'HUI *..........	aujourd'hui........	*aujord'hui.*
AUXERRE , AUXONNE, *villes de France*.............	Ossère , Ossonne.	
AVANT-HIER...........	avan-tière.	
AVEC................	avek..............	*avè.*
AVIS................	avi...............	*avice.*
BALAYER.............	balè-ier...........	*balier.*
BALSAMINE, *plante des jardins*	balzamine.........	*balsamine , belzamine.*
BAROMÈTRE *, *instrument qui mesure la pesanteur de l'air.*	baromètre.........	*baromette.*
BASTONNADE *..........	ba-stonnade	*batonnade.*
BERLINE *, *voiture*.......	berline...........	*breline.*
BERLUE *, *il a la berlue*....	berlue............	*brelue.*
BILIEUX *.............	bilieux...........	*bileux , biyeux.*
BLANCHISSEUR *..........	blanchisseur......	*blanchisseux.*
BOEUFS , DES BOEUFS.....	beux.............	*beufs.*

13.

	bonne prononciation.	prononciation vicieuse.
Bonnetier * (sans accent)..	bonnetier.........	bonétier.
Bouilli *............	bouilli.........	bouli.
Bouleau.............	boulô...........	bouillô.
Boubacan *, sorte de gros camelot....	bouracan..........	baracan.
Brelan *, jouer au brelan.	brelan...........	berlan.
Breloque *, bijou de peu de valeur, batterie de tambour.............	breloque..........	berloque.
Bretelles *............	bretelles..........	beurtelles, bertelles.
Bruxelles, capitale de la Belgique..............	Brucèle.	
Cabanon *, lieu qui sert de prison dans les hôpitaux...	cabanon.........	gabanon.
Cacheter *, sceller une lettre.	ca-che-ter, je ca-che-te, nous ca-che-tons...	cachter, je cachte, nous cachtons.
Cacophonie *............	cacophonie........	cacaphonie.
Caen, ville de Normandie..	Kan.	
Café *.............	café...........	caffé.
Caleçon *............	caleçon..........	caneçon.
Calville *, pomme calville.	calville...........	calvine, calvi.
Casserole *............	casserole........	casterole.
Cassonade *............	cassonade........	castonade.
Cataplasme *............	cataplasme........ (prononcez l's.)	cataplame.
Cérébral *, fièvre cérébrale.	cérébral...........	célébral.
Charcutier *............	charcutier... ...	chartutier, chaircuitier.
Chique-naude...........	chi-ke-naude......	chique-naude.
Chirurgie *, Chirurgien..	chirurgie, chirurgien.	chirugie, chirugien.
Chrétienté............	kretienté..........	kretienneté.
Chrysocalque, montre en chrysocalque...........	krysocalque.......	chrysocale
Clarinette *............	clarinette...... ...	clérinette.
Clystère *............	clystère..	crystere.
Colophane *, sorte de résine dont les joueurs d'instrument se servent pour frotter leur archet...............	colophane... , ..	colaphane.
Condamné, condamnable..	condané, condanable.	
Corridor *............	corridor......t...	colidor, couridor.
Couvercle *............	cou-ver-cle........	couvéque.
Crémaillère *............	crémaillère........	cramaillère.
Crussane *, poire de Crussane	crussaue..........	creusane.
Cueillir *............	cueillir..........	cueiller.
Curaçao, liqueur........	curaço.	
Damnable, damné......	da-nable, da-né.	
Dangereux *............	dangereux.. ... .. (sans accent.)	dangéreux.
Dartre *, maladie de la peau.	dartre............	darte.
Décret *, avec accent......	décret...........	decret.
Dehors.........	dehors (sans accent)..	déhors.
Démantibuler *.........	démantibuler.......	demandibuler.
Désir...............	désir (avec accent)..	desir.
Deux, trois............	deu, troi.........	deuce, troice.

	bonne prononciation.	prononciation vicieuse.
DIGESTION *	diges-ti-on	*digession.*
DILIGENCE *	diligence	*déligence.-*
DOMPTER	don-ter	*dom-pe-ter.*
DORÉNAVANT *	dorénavant	*doranavant.*
DROIT, DROITE	droa, droate	*drè, drète.*
DOUCHE *, *épanchement d'eau sur la tête*	douche	*douge.*
DUNKERQUE, *ville de France.*	Donkerque	*Dunkerque.*
ÉCHAUFFOURÉE *, *mélée, combat imprévu*	échauffourée	*échaffourée.*
ÉCHEC (un), DES ÉCHECS	échek (un), des échè.	
ÉCHINER *	échiner	*échi-gner.*
ÉLIXIR *	élixir	*élèxir.*
ENCHIFRENÉ *, *enrhumé du cerveau*	enchifrené	*enchiferner, enchifor-ner.*
ENGRENER *, *mettre son blé dans la trémie du moulin*	engrener (sans accent)	*engréner.*
ENHARDIR *	en-har-dir (l'h est aspirée)	*en-nardir.*
ENHARNACHER *	en-har-nacher (l'h est aspirée)	*en-nar-nacher.*
ENNIVRER	annivrer.	
ENORGUEILLIR	an-norgueillir	*e-norgueillir.*
ENSEVELIR *	ensevelir (sans accent)	*ensévélir.*
ENVENIMER *	euvenimer (sans acc.)	*anvénimer.*
ÉRYSIPÈLE *, *maladie de la peau*	erysipèle	*erésipèle.*
ESCALIER *	esca-lier	*escayer.*
ESPADON *, *large épée qu'on tient à deux mains*	espadon	*espadron.*
ESQUINANCIE *, *maladie qui fait enfler la gorge*	esquinaneie.-	*esquilancie.*
ESTOMAC	estoma	*estomak.*
EUCHARISTIE, EUCOLOGE, EUGÈNE, EUROPE *	Eucharistie, Eucologe, Eugène, Europe.. (dans aucun des mots où se trouve la syllabe *eu* il ne faut la prononcer *u*.)	*U-charistie, U-cologe, U-gène, U-rope.*
EXACT *	exact	*exa.*
EXPLICATION	eksplication	*esplication*
FAINÉANT, FAINÉANTISE	fé-né-ant, fé-né-antise.	*fé-ni-ant, fé-ni-antise.*
FAON, *petit de la biche*	fan	*fa-on.*
FILIGRANE *, *ouvrage d'orfévrerie*	filigrane	*filagrame.*
FOUET, FOUETTER	fouè, fouèter	*foua, fouater.*
FRANGIPANE *	frangipane	*franchipale.*
FREDAINE *	fredaine	*ferdaine.*
FRELATER *, *falsifier le vin.*	frelater	*ferlater.*
FRELUQUET *, *homme léger, frivole*	freluquet	*ferluquet.*
FRILEUX *	frileux	*frilieux.*
GALIOTE *, *long bateau couvert*	ga-li-ote	*gaïote.*

	bonne prononciation.	prononciation vicieuse.
GANGRÈNE, *mal qui ronge le corps et le détruit*.......	kangrène.	gangrène.
GÉNEVOIS*, *citoyen de Genève,*	Génevois (avec accent)	Genevois.
GENS....................	jan...................	jance.
GÉRANIUM, *plante de jardin.*	géraniome.	
GÉSIER*, *second ventricule de certains oiseaux qui se nourrissent de graine*....	gésier..............	gigier.
GESTION*, *administration*...	gestion............	gécion.
GIROFLE*	girofle............	gérofle.
GOMME-GUTTE*, *violent purgatif*..................	gomme-gutte.......	gomme d'ut.
GRAMMAIRE*.............	grammaire......... (faites bien sentir les deux *m*.)	gran-mère.
GRUYÈRE*, *fromage*......	gruyère...........	gri-ère.
HENNIR..............	ha-nir............	hénir.
HURLUBERLU*, *étourdi, inconsidéré*..............	hurluberlu........	hustuberlu.
HYDROPISIE*, *enflure causée par un épanchement d'eau dans quelques parties du corps*............	hydropisie........	hytropisie.
HYMEN, *mariage*..........	hymenne.	
HYPOCONDRE*, *homme bizarre et mélancolique*..........	hypocondre........	hypoconde.
IMMANQUABLE, IMMENSE, IMMORTEL..............	immanquable, immense, immortel. (prononcez les deux *m* bien distinctement dans tous les mots où la voyelle *i* les précède.	i-manquable, i-mense, i-mortel.
INCOGNITO*, *sans être connu.*	inco-gnito.........	incog-nito.
INDIGESTION*..........	indigesti-on.......	indigécion.
INEXPUGNABLE*, *qui ne peut être forcé*............	inexpug-nable.....	inexpu-gnable.
INGRÉDIENT............	ingredian.........	ingrédi-in.
INTRUS*, *entré par force et sans droit*............	intrus............	intruce.
JONCHETS, *jouer aux jonchets.*	jonchets..........	honchets.
JOUG*..............	joug............	jou.
JUILLET............	juil-lié..........	jui-let, juyet.
JUIN*..............	ju-in............	jou-in, jun.
LAON, *ville de France*......	Lan..............	La-on.
LAONNAIS, *citoyen de Lan*..	Lanais............	La-onais.
LAVIS, *manière de laver un dessin*..............	lavi.............	la-vice.
LIARD*..............	li-ard............	rard.
LIBRAIRIE*............	librairie..........	librai-rerie.
LIMANDE*, *poisson*......	limande.	limandre.
LIQUOREUX............	liqoreux..........	liqueureux.
LOQUACITÉ, *habitude de parler beaucoup*..........	lokouacité........	lokacité, loku-a-cité.

	bonne prononciation.	prononciation vicieuse.
LORSQUE	lorce que	lor-que.
LUETTE *, *partie de chair placée à l'entrée du gosier*	luette	louette.
LUTHÉRANISME, *nom de religion*	lutéranisme	lutéri-anisme.
MAGNIFIQUE *	magnifique. (faites sentir le *g*.)	manifique.
MAIRIE *	mairie	mairerie.
MALHEUREUX	maleureux	malureux, malreux.
MALIGNE *, FIÈVRE MALIGNE.	mali-gne. (faites sentir le *g*.)	mali-ne.
MARC, *poids, ou ce qui reste de plus grossier d'une chose qu'on a fait bouillir*	mar	mark.
MARMELADE *	marmelade	marmelade.
MATÉRIAUX *	matériaux	matéraux.
MÉLISSE *, EAU DE MÉLISSE.	mélisse	milisse.
MENUISIER *	menuisier	menusier.
MERCREDI *	mer-cre-di	mecredi.
MIAULER *	mi-auler	mialer.
MŒURS	mœur	mœurces.
MOINEAU *	moineau	moi-gniau.
MONNAYAGE, MONNAYER	moné-iage, moné-ier.	monnoi-iage, monnoiier.
MONSIEUR	mocieu	monsieu, monsieure.
MORIGÉNER *, *réprimander, corriger*	morigéner	moriginer.
NÈFLE *	nèfle	nèfe.
NENNI	nani	néni.
NERFS	nèr	nerfes.
NOYER *	noyer	nèyer.
NERPRUN * (sirop de), *arbrisseau*	nerprun	noirprun.
OBLIQUITÉ	oblikité	obliku-ité.
OBUS, *petite bombe*	obuce	obu.
OCCIPUT, *le derrière de la tête*	occipute	occipu.
OGNON *	ognon	oagnon, oègnou.
ORANG-OUTANG, *espèce de singe*	orangoutan	orangontanque.
ORCHESTRE	orkestre.	
OREILLER *	orejller	orailler, orier.
ORTIE *	ortie	ourtie.
ORVIÉTAN *, *espèce de contre-poison*	orviétan	orviatan.
OS	o.	osse.
OUATE *, OUATÉ	ouate, ouaté	ouète, ouèté.
OUI	oui (ne faites entendre qu'un son)	voui, ou-i.
OURAGAN *, *vent impétueux*	ouragan	oragan.
PALEFRENIER *	palefrenier (sans acc.)	palefrénier.
PALIER *. PALLIER	pa-lier, paillier	paier.
PANÉGYRIQUE *, *discours à la louange de quelqu'un*	panégyrique	panagyrique.

	bonne prononciation.	prononciation vicieuse.
PANTOMIME *, *sorte de danse*	pantomime.........	*pantomine.*
PAON..............	pan..............	*pa-on.*
PAPETERIE *, *manufacture de papier*............	papeterie (sans acc.).	*papéterie.*
PAQUEBOT, *bateau de transport*	pakbô............	*pakébô.*
PARALYSIE *, *privation du mouvement des membres*..	paralysie.........	*paralésie.*
PARAPET..............	parapè............	*parapel.*
PARAPLUIE *..............	parapluie............	*pare-pluie.*
PARASOL *..............	parasol............	*pare-sol.*
PAYSAN..............	pé-izan......	*pézan.*
PAYSAGE.............	pé-izage............	*pézage.*
PÉLERINAGE *,*voyage de dévotion*............	pèlerinage (avec un accent sur le premier *e* seulement.).	*pélérinage.*
PENSUM, *surcroît de travail exigé d'un écolier pour le punir*.............	pinsome............	*pinson.*
PÉPIN *..............	pépin (avec accent)..	*pepin.*
PÉPINIÉRISTE *...........	pépiniériste........	*pepinériste.*
PÉREMPTOIRE, *décisif*....	péranptoire........	*perinptoire.*
PERSIL..............	persi............	*persile.*
PERSISTER, PERSISTANCE *	persister, persistance	*perzister, perzistance.*
PESER, PESANT *.........	peser, pesant (sans accent)...........	*péser, pésant.*
PÉPIE *, *pellicule qui vient au bout de la langue des oiseaux et qui les empêche de manger*...........	pépie............	*pipie.*
PLEURÉSIE *, *maladie*....	pleurésie........	*plurésie.*
POUMON, PULMONIQUE *...	poumon, pulmonique *	*pomon, pomonique.*
PORTEUR D'EAU *........	porteur d'eau......	*porteux d'eau.*
POSTICHE *, CHEVEUX POSTICHES, *faux cheveux*..	postiche...........	*postige.*
POTIRON *..............	potiron...........	*poturon.*
POULIE *, *roue qui sert à élever et descendre des fardeaux*............	poulie............	*polie.*
PREMIER *............	premier (sans accent)	*prémier.*
PRETENTAINE *, COURIR LA PRETENTAINE, *courir çà et là au hasard*........	pretentaine........	*pertantaine.*
PRÉVÔT, PRÉVÔT D'ARMES.	prévô.............	*provô.*
PROPHÉTIE, *prédiction*....	prophécie........	*prophé-tie.*
PRORATA *, AU PRORATA, *eñ proportion*.........	au prorata........	*à prorata.*
PSALMISTE *, *auteur de psaumes, David est le roi psalmiste*....	psalmiste (prononcez les deux *s*).......	
PSAUME *, *chant religieux*..	psaume) prononcez	
PSAUTIER * *recueil de psaumes*	psautier (l's......	
PUNCH, *liqueur*......	ponche...........	*ponche.*

	bonne prononciation.	prononciation vicieuse.
QUADRUPLER............	kouadrupler........	
QUAKER, *membre d'une secte chrétienne*...............	kouakre..........	
QUATERNE..............	kouaterne.........	*katerne.*
QUATRE YEUX, *regarder quelqu'un entre quatre yeux*..............	katrieux...........	*katre-z-yeux.*
QUERELLE.............	kerelle (sans accent).	*kérelle.*
QUINTUPLE.............	kuintuple.........	*kintuple.*
REBELLE, REBELLION *...	rebelle, rebellion(sans accent)..........	*rébelle , rébellion.*
RAS, *poil ras*...........	ra...............	*raze.*
RÉCÉPISSÉ *, *acquit*......	récépissé..........	*récipissé.*
RECHIGNER *...........		*réchignier.*
REFLÉTER *............		*réfléter, etc.*
REFROIDIR *...		
REFUGE *.............		
REGISTRE, REGÎTRE *.....	la voyelle *e* de la syllabe *re* ne prend l'accent aigu dans aucun de ces mots.	
REHAUSSER *...........		
REJAILLIR *...........		
RELATION *...........		
RELÉGUER *...........		
RENOUVELER *.........		
REPORTÉE *...........		
REPRÉSAILLES *.........		
RÉPRIMANDE *.........	la voyelle *e* de la première syllabe *ré* prend l'accent aigu dans ces 4 mots...	*reprimande.*
RÉQUISITION *.........		*requisition , etc.*
RÉVERBÈRE *..........		
RÉVISION...		
ROIDE...............	rède.............	
RUM, *liqueur*..........	rome............	*rume.*
SABBAT, *dernier jour de la semaine chez les Juifs*...	saba.............	*sab-bat.*
SAONE...............	sône..	
SAUF, SAUVE *, *qui est hors de péril*...........	sauf , sauve........	*saufre.*
SCÉLÉRAT.............	célérat...	*zélérat.*
SCIENCE.............	cience...........	*zience.*
	tous les mots qui commencent par *sce* ou *scie* se prononcent comme s'il n'y avait pas d'*s* dans cette syllabe.........	
SCHELLING, *monnaie d'Angleterre, valeur 24 sols*..	chelin...........	
SCULPTER, SCULPTEUR...	sculter, sculteur...	*scul-pter , scul-pteur.*
SECOND.............	segond..........	*sckon.*
SECRET.............	sekrè...........	*segrè.*
SÉCRÉTION, *séparation des humeurs qui nourrissent le corps*...........	sekrécion (sans accent sur le premier *e*)..	*sékrécion.*
SEIGNEURIE *..........	seigneurie.........	*seigneurerie.*

	bonne prononciation.	prononciation vicieuse.
SEMESTRE *	semestre (sans accent)	sémestre.
SEMOULE, *pâte faite avec la plus fine farine*	semouille	
SIBYLLE, *sorcière*	sìbile	
SIGNET, *ruban d'un livre* ..	si-net	si-gnet.
SOBRIQUET *, *surnom ridicule*	sobriquet	soubriquet.
SOLENNEL	solanel	solen-nel.
SOUCOUPE *	soucoupe	secoupe.
SOUQUENILLE *, *long surtout de grosse toile*	souquenille	souguenille.
SOURCIL	sourci	sourcile.
SOUHAIT	souè	soua.
SPLEEN, *maladie, état de consomption*	spline	
STAGNANT *, STAGNATION *, *qui demeure immobile, immobilité*	stag-nant, stag-nation	sta-gnant, sta-gnation.
STENTOR, VOIX DE STENTOR, *très-forte voix*	voix de stantor	voix de stintor ou de centaure.
STERLING, *monnaie d'Angleterre, valeur 25 francs.*	sterlin	
STRICT *	strict	stri ou strik.
SURDITÉ *	surdité	sourdité.
SUS, EN SUS	suce, en suce	su, ensu.
TABAC	taba	tabak.
TABERNACLE *	tabernacle	tabernake.
TABLETIER *	tabletier (sans accent)	tablétier.
TABLIER *	tablier.	tabélier.
TACT, *sens du toucher*	takt	tak.
TALUS, *pente qu'on donne à un mur, à une terrasse* ..	talu	taluce.
TAON, *sorte de grosse mouche qui tourmente les chevaux, les vaches*	ton	ta-on.
TÉDÉUM, *cantique d'action de grâces pour un heureux événement public*	tédéome	
TEMPE, *partie de la tête* ..	tampe	tample.
TEMPS	tan	tance.
TENACE *, *qui s'attache fortement*	tenace (sans accent) ..	ténace.
TOTON * *jouet d'enfant*	toton	tonton.
TRANSACTION		trançaction.
TRANSIGER	la lettre *s* dans ces	tranciger, etc.
TRANSALPINE	mots se prononce	
TRANSIT	comme un z, tranzaction, tranziger,	
TRANSITIF	etc.	
TRANSITION		
TRANSITOIRE		
	bonne prononciation.	prononciation vicieuse.
TRANSIR, TRANSI *	trancir, tranci	tranzir, tranzi.
URÈTRE *, *canal de l'urètre.*	urêtre	urète.

	bonne prononciation.	prononciation vicieuse.
UTOPIE *, *plan de gouvernement imaginaire*	utopie	eutopie.
VACILLER *	vacil-ler	vacillier.
VAGABOND *	vagabon	vakabon.
VASISTAS *, *partie qui s'ouvre à volonté dans une fenêtre*	vasistas	vagistas.
VAUGIRARD, *nom d'un village aux environs de Paris*	vaugirar	vaugérard.
VÉLIN *, *papier velin*	velin (sans accent)	vélin.
VERMICELLE *	vermicelle	vermichelle.
VERS	ver	verse.
VÉSICATOIRE *	vésicatoire	visicatoire.
VIEILLE	vieil-le	vièle.
VILEBREQUIN *, *instrument de menuiserie*	vilbrequin	virbrequin.
VIOLONCELLE *, *très-grand violon*	violoncelle	violonchelle.
VIRGOULEUSE *, *poire qui vient de Virgoulé près de Limoges*	virgouleuse	vigoureuse.
VIDE *	vide	vuide.

TABLE DES MATIÈRES.

GRAMMAIRE.

PREMIÈRE PARTIE.

DE LA SIGNIFICATION DES MOTS.

FIN.